RÉGIME DES EAUX.

Tous les exemplaires sont revêtus de la signature de l'auteur.

DE L'IMPRIMERIE DE BEAUCÉ-RUSAND.

RÉGIME DES EAUX

OU

DES RIVIÈRES

NAVIGABLES, FLOTTABLES OU NON,

ET

DE TOUS LES AUTRES COURS D'EAU ;

Des obligations, droits et actions qui en résultent pour l'État et pour les Particuliers, et de la compétence des Autorités Administratives et Judiciaires, même des Justices de Paix en matière possessoire, SUIVANT LA JURISPRUDENCE DU CONSEIL-D'ÉTAT ET DE LA COUR DE CASSATION.

PAR M. GARNIER, AVOCAT AUX CONSEILS DU ROI ET A LA COUR DE CASSATION.

PARIS,

CHEZ L'AUTEUR, rue de l'Eperon, n.° 10.

———

1822.

AVERTISSEMENT.

Notre jurisprudence n'offre pas de matière plus importante ni plus embarrassante que celle des eaux. Les avantages et les inconvéniens qu'elles produisent, le besoin que chacun éprouve d'en user, l'extrême diversité des usages auxquels on les emploie dans un but d'utilité ou d'agrément, et pour l'intérêt de l'agriculture et des arts, donnent lieu à des contestations presque continuelles; et ce n'est pas seulement entre les particuliers qu'elles existent. Il en naît fréquemment encore entr'eux et l'autorité administrative. De toutes les questions que ces discussions font éclore, les plus ardues sont sans contredit celles qui résultent des conflits de juridiction, parce que leur solution consiste à déterminer la ligne de démarcation qui sépare le pouvoir administratif du pouvoir judiciaire.

D'un autre côté, cette matière qui par son importance même aurait dû fixer particulièrement l'attention du législateur , est peut-être celle dont il s'est le moins occupé. Encore le petit nombre de dispositions qu'il y a consacrées, sont-elles souvent obscures, incohérentes , contradictoires entr'elles , et presque toujours incapables par conséquent d'éclairer et de diriger l'opinion.

La jurisprudence est donc, pour ainsi dire, le seul flambeau qui puisse répandre quelque clarté sur un sujet si embarrassant.

Il faut néanmoins se garder de s'y abandonner sans discernement. On trouve en effet, dans la foule de décisions déjà rendues, des principes contradictoires. Cet inconvénient, on en convient, était même inévitable. Les tribunaux et les administrations marchant d'abord sans guide ont dû commettre plus d'une erreur ; et la jurisprudence s'est ressentie de l'imperfection de la législation. Mais les principes se sont établis peu-à-peu, le temps a fixé la jurisprudence, et son dernier état fournit des règles que les autorités et les citoyens peuvent prendre pour bases de leurs devoirs et de leurs droits.

C'est à rassembler ces dernières décisions éparses dans une foule de recueils, ou souvent même restées dans les archives du Conseil d'Etat, et à les rapprocher des lois corrélatives, que je me suis principalement attaché. J'ai tâché de les présenter dans un ordre clair et méthodique qui pût en faciliter l'intelligence. Les principes qu'on trouvera dans cet ouvrage, sont donc appuyés de la jurisprudence du Conseil d'Etat et de la cour de Cassation. En rapportant les décisions de ces illustres corps de magistrature, j'ai eu soin d'en faire ressortir les conséquences; et si par fois je me suis permis d'émettre une opinion sur quelque question non encore décidée, je ne l'ai fait qu'avec une grande réserve, et en l'appuyant sur le texte de lois ou d'ordonnances anciennes, ou du sentiment des auteurs les plus estimés.

J'ai donné quelques développemens à la partie des actions possessoires, parce qu'elles sont les plus fréquentes en matière de cours d'eau. Cet élément étant destiné au besoin de tous les moments, il est indispensable que celui qui est troublé dans l'usage qu'il a le droit d'en faire, puisse employer une voie prompte et économique pour recouvrer la possession qu'il en a, ou pour y être maintenu.

En rassemblant dans un même cadre ce qui se rattache aux cours d'eau navigables et flottables et à tous les autres, mon but a été d'être utile non-seulement aux particuliers, mais encore aux tribunaux et aux administrations. Ces deux autorités, en effet, ont sur chacun de ces cours d'eau un pouvoir plus ou moins étendu, suivant leurs différentes natures ; et il n'est pas de meilleure méthode, suivant moi, pour faire comprendre à l'une les principes qui établissent sa compétence, que de placer à côté ceux qui constituent le pouvoir de l'autre.

On jugera parce que j'ai dit, qu'il aurait été possible de donner encore plus de développemens sur une matière aussi importante, et le peu de mérite de l'ouvrage fera penser que ma tâche n'a pas été difficile. Loin de récuser ce sentiment, j'ajouterai que ce qui en a encore diminué la difficulté, c'est l'habitude que j'ai du sujet que j'explique, puisqu'avant d'être attaché à la cour de cassation, j'ai exercé ma profession dans une province célèbre par son industrie manufacturière et agricole, que traversent plusieurs cours d'eau, et dont les habitans me font fréquemment l'honneur de me consulter sur les différends qui s'y rattachent.

Au surplus, j'ai l'espérance que cet ouvrage tout imparfait qu'il est, sera de quelqu'utilité, et que les personnes instruites qui le liront voudront bien m'aider de leurs conseils, dont je m'empresserai de profiter pour faire mieux par la suite.

ERRATA.

Page 16, ligne 22, au lieu de *rejetée* lisez *rejetées*; ligne 24, au lieu de *voix* lisez *voie*.

Page 29 ligne 5, au lieu de *l'ordre royale*, lisez *l'ordonnance royale*.

Page 30, ligne 25 au lieu de *conflis*, lisez *conflit*.

Page 43 lignes 23 et 24, supprimez les mots, *et flottables*.

Page 63 ligne 10, au lieu de *l'exécution*, lisez *l'inexécution*.

Page 96 ligne 3, au lieu de *les* lisez *la*.

Page 159 ligne 13, avant ces mots *les eaux* lisez *175*

Page 163 ligne 1ʳᵉ, au lieu de *par* lisez *pour*.

Page 168 ligne 7, au lieu de *poit* lisez *doit*.

Page 190 ligne 18, après les mots : *ces faits* ajoutez *de construction de canal et d'usine*.

Page 191 dernière ligne, au lieu de *est* lisez *et*.

Page 192, ligne 5, supprimez le mot *elles*.

Page 196 ligne 26, au lieu de *parlans*, lisez *parlant*.

Page 222, ligne 12, au lieu de *jugé*, lisez *jugée*.

Page 223, ligne 23 au lieu de *pricipes*, lisez *principes*.

Page 248, ligne 20, au lieu de *demande*, lisez *demander*.

Page 249, ligne 23, au lieu de *les arréts*, lisez *les arrétés*.

Page 253, ligne 27, au lieu de *conseil*, lisez *conflit*.

Page 333, ligne 15, au lieu de *1ᵉʳ fructidor*, lisez *16 fructidor*.

TABLE DE LA DIVISION

DE L'OUVRAGE.

PREMIÈRE PARTIE.

Des Rivières navigables et flottables.

DEUXIÈME PARTIE.

Des rivières non navigables ni flottables, sources, eaux pluviales, ruisseaux, etc.

RÉGIME DES EAUX

ou

DES RIVIÈRES.

NAVIGABLES, FLOTTABLES

ET DE TOUS LES AUTRES COURS D'EAUX.

Observations préliminaires.

1. Dans l'état primitif, les hommes jouissaient de toutes choses en commun. Mais les sociétés s'étant formées, et l'usage s'étant introduit de posséder particulièrement la plupart d'entr'elles et d'en disposer à volonté, ce qu'on a appelé propriété, il n'est plus resté dans la communauté originaire, désignée par les jurisconsultes sous le nom de *communauté négative*, que les choses qui, par leur nature ou par leur destination, ne sont susceptibles ni de division ni d'occupation particulière et exclusive. Tels sont l'air, l'eau courante, que la nature a des-

destinés à l'usage de tous les êtres. L'eau courante, dont l'écoulement est inévitable et commandé par la force des choses, puisqu'elle n'est pas susceptible d'une déperdition totale et que celui qui la reçoit est obligé de la rendre à son cours après en avoir usé, pour éviter d'être submergé par elle ; cette eau qui n'a rien de fixe, qui dans le moment actuel est sur un point et l'instant d'après sur un autre, et qui est indispensable à la subsistance de tous les êtres, des hommes comme des animaux, ne peut être l'objet d'une propriété.

2. En raisonnant ainsi, nous ne considérons l'eau que comme élément et séparément du lit qu'elle occupe. C'est une distinction qu'il ne faut pas perdre de vue. Le code civil, à la vérité, attribue à l'Etat la propriété des fleuves et rivières navigables et flottables, et aux particuliers celle des autres cours d'eau ; mais il prend le contenu pour le contenant ; et les dispositions qu'il renferme à cet égard doivent s'entendre du lit qui reçoit l'élément. Ce lit seul est susceptible d'une propriété réelle ; l'eau ne peut être que l'objet d'un usage que la loi attribue en général, *par droit d'accession*, à celui sur le terrein duquel elle coule.

Aussi, comme nous le verrons dans la suite, l'écoulement des eaux ne constitue en général qu'une servitude imposée par la nature sur les fonds à travers desquels il se fait, et les propriétaires de ces fonds sont réputés l'être aussi par égale portion du terrein qui le souffre et qu'on appelle le lit.

3. Il existe deux sortes d'eaux.

Celles qui sortent du sein de la terre et dont l'existence est continuelle ; tels que les fleuves , rivières, ruisseaux, fontaines , puits ; et les eaux qui tombent du ciel ou ne coulent sur la terre que par l'effet particulier de la température de l'air ; ce sont les pluies et les eaux qui proviennent de la fonte des neiges ou des glaces.

4. Les eaux , suivant leur volume , leur nature , leur origine ou leur destination , forment

ou des rivières navigables ou flottables ;
ou des rivières seulement flottables ;
ou des rivières non navigables ni flottables ;
ou des sources ;
ou des eaux pluviales et vicinales ;
ou des ruisseaux , fontaines , puits, étangs , ravins , torrens , eaux thermales.

Ce que nous avons à dire sur toutes ces eaux sera divisé en deux parties.

Dans la première, nous parlerons des eaux qui forment des rivières navigables ou flottables , et la seconde sera consacrée aux autres cours d'eau.

PREMIÈRE PARTIE.

DES RIVIÈRES NAVIGABLES ET FLOTTABLES.

ARTICLE PREMIER.

Quelles rivières sont navigables et flottables,
et à qui appartiennent-elles ?

5. Toutes les rivières navigables sont en même temps flottables ; mais il y a des rivières qui sont flottables sans être navigables.

6. Ces différentes rivières ont toujours fait partie du domaine public.

L'ordonnance de 1669, art. 41, titre 27, s'exprime en ces termes : « Déclarons la propriété de » tous *les fleuves et rivières portant bateaux de leur* » *fonds, sans artifices et ouvrages de mains*, dans » notre royaume et terres de notre obéissance, faire » partie du domaine de notre couronne, nonobstant » tous titres et possessions contraires ; sauf les » droits de pêche, moulins, bacs et autres usages » que les particuliers peuvent y avoir par titre et » possession valables auxquels ils seront main- » tenus. »

Cet article ne parle, comme on le voit, que des rivières navigables, dont il nous donne la définition sans faire mention de celles qui sont seulement flottables. Mais l'art. 3, titre 1.er de la même ordonnance, fait clairement entendre que celles ci font aussi partie du domaine public, puisqu'il attribue aux maîtrises et autres juridictions supérieures des eaux et forêts la connaissance de toutes les entreprises, prétentions, etc. sur les rivières navigables et flottables. La même conséquence résulte des articles 42, 43 et 44 du titre 27 qui placent sur la même ligne les rivières navigables et flottables, défendent d'en détourner ou altérer le cours et d'y faire aucune entreprise ou établissement.

Les rivières flottables sont celles où l'on peut faire flotter le bois, sans le conduire et le voiturer dans des bateaux.

Un édit de 1683 porte que les fleuves et les rivières navigables appartiennent en pleine propriété aux rois et aux souverains, par le seul titre de leur souveraineté. En conséquence, ajoute-t-il, nul n'y peut prétendre aucun droit, sans titre exprès et possession légitime, auparavant l'année 1566. Enfin, l'édit explique ce qu'il entend par titre exprès et de quelle manière on peut prouver la possession légitime ; c'est à savoir : inféodations, engagemens, contrats d'aliénation, aveu et dénombremens qui nous auront été rendus sans blâme. C'est par suite

de ces principes que l'ordonnance de 1669 (titre 27,
art. 44) « défend à toutes personnes de détourner
» l'eau des rivières navigables et flottables ou d'en
» affaiblir et altérer le cours, par tranchées, fossés
» et canaux, à peine contre les contrevenans d'être
» punis comme usurpateurs et les choses réparées
» à leurs dépens. »

7. L'ordonnance, s'occupant ensuite des marche-
pieds ou chemins de halage qui sont indispensables
pour le service de la navigation, s'exprime ainsi,
art. 7, titre 28 : « Les propriétaires des héritages
» aboutissant aux rivières navigables laisseront le
» long des bords 24 pieds au moins en largeur pour
» chemin royal et trait de chevaux, sans qu'ils
» puissent planter arbres ou tenir clôture ou haie
» plus près de 30 pieds du côté où les bateaux se
» tirent, et 10 pieds de l'autre bord, à peine de
» 500 fr. d'amende, confiscation des arbres, et
» d'être les contrevenans contraints à réparer et
» remettre les chemins en état à leurs frais.

Mais l'art. 4, section 1.ere, titre 1.er du code
rural de 1791, a changé cette législation en ces
termes : « Nul ne peut se prétendre propriétaire
» exclusif des eaux d'un fleuve ou d'une rivière
» navigable ou flottable : En conséquence, tout
» propriétaire riverain peut, en vertu du droit
» commun, y faire des prises d'eau, sans néan-
» moins en détourner ni embarrasser le cours d'une

» manière nuisible au bien général et à la navigation
» établie. »

Comme on le voit, cet article ne met que deux restrictions à la faculté qu'il accorde ; l'une de ne pas extraire un volume d'eau tel que la navigation devienne impossible ; l'autre de ne pas *embarrasser* le cours de la rivière d'une manière qui gêne la navigation ou le flottage. Il n'impose pas aux propriétaires riverains l'obligation de conserver les chemins de halage. Dès lors ils avaient le droit de les couper et intercepter par des tranchées et canaux.

Cette faculté, donnée par le code rural, était d'autant plus extraordinaire que l'art. 2.ᵉ de la loi du 22 novembre 1790 sur la législation domaniale « porte : Les fleuves et rivières navigables sont consi-
» dérés comme des dépendances du domaine public.

En vertu de cette faculté beaucoup de particuliers ont construit des usines, moulins, écluses et autres établissemens ; ont fait des prises d'eau et se sont emparés des chemins de halage ; de sorte que, dans une grande partie de la France, la navigation est devenue extrêmement difficile. Le législateur a reconnu alors l'erreur dans laquelle il était tombé par la concession inconsidérée qu'il avait faite en 1791 ; et par une loi du 19 ventose an 6 (9 mars 1798), il l'a révoquée en ces termes :

Art. 9 : « Il est enjoint aux administrations cen-
» trales et municipales et aux commissaires du

» directoire exécutif établis près d'elles, de veiller
» avec la plus sévère exactitude, à ce qu'il ne soit
» établi par la suite aucun pont, aucune chaussée
» permanente ou mobile, aucune écluse ou usine,
» aucun batardeau, moulin, digue ou autre obs-
» tacle quelconque au libre cours des eaux dans les
» rivières navigables et flottables, dans les canaux
» d'irrigation ou dessèchement généraux, sans en
» avoir préalablement obtenu la permission de l'ad-
» ministration centrale, qui ne pourra l'accorder
» que de l'autorisation expresse du directoire exé-
» cutif?

Art. 10. » Ils veilleront pareillement à ce que
» nul ne détourne le cours des eaux des rivières et
» canaux navigables ou flottables, et n'y fasse des
» ·prises d'eau ou saignées pour l'irrigation des
» terres, qu'après y avoir été autorisé par l'admi-
» nistration centrale et sans pouvoir excéder le
» niveau qui aura été déterminé. »

Quant aux chemins de halage, il y avait été précédemment pourvu par une loi du 13 nivose an 5.

L'art. 1.er porte : « Les lois et règlemens de police
» sur le fait de la navigation et chemins de halage
» seront exécutés selon leur forme et teneur. »

L'art. 2 remet en vigueur l'art. 7, titre 28 de
l'ordonnance de 1669.

Et l'art. 3 est ainsi conçu : « Seront également
» tenus tous propriétaires d'héritages aboutissans

» aux rivières et ruisseaux flottables à buches per-
» dues, de laisser le long des bords 4 pieds pour le
» passage des employés à la conduite des flots sous
» les peines portées à l'art. 2. »

Voici quelles sont à cet égard les dispositions du code civil.

Art. 538 : « Les chemins, routes et rues à la
» charge de l'Etat, les fleuves et rivières navigables
« ou flottables, les rivages, lais et relais de la mer,
» les ports, les havres, les rades et généralement
» toutes les portions du territoire national, qui ne
» sont pas susceptibles d'une propriété privée,
» sont considérés comme des dépendances du do-
» maine public.

» Art. 556 : L'alluvion profite au·propriétaire
» riverain, soit qu'il s'agisse d'un fleuve ou d'une
» rivière navigable, flottable ou non ; à la charge
» dans le premier cas de laisser le marche-pied ou
» chemins de halage conformément aux règlemens.

Art. 644 : « Celui dont la propriété borde une
« eau courante, autre que celle qui est déclarée dé-
« pendance du domaine publique par l'art. 538, au
« titre de la distinction des biens, peut s'en servir à
* son passage pour l'irrigation de ses propriétés.

« Celui dont cette eau traverse l'héritage, peut
« même en user dans l'intervalle qu'elle y parcourt ;
« mais à la charge de la rendre à la sortie de ses
« fonds à son cours ordinaire.

Art. 650. « Celles, (*les servitudes*) établies
« pour l'utilité publique ou communale, ont pour
« objet, le marche pied le long des rivières navi-
« gables ou flottables, la construction ou réparation
« des chemins et autres ouvrages publics ou com-
« munaux.

« Tout ce qui concerne cette espèce de servitude
« est déterminée par des lois et des règlemens par-
« ticuliers ».

Il résulte bien clairement de la combinaison de
ces différents articles de loi, que la faculté accordée
par le Code rural est révoquée, que les chemins de
hallage sont rétablis, et que l'ordonnance de 1669
continue d'être exécutoire.

Aussi un décret du 8 vendémiaire an 14 ordonne que les contraventions à l'art. 7 du titre 28 de
l'ordonnance des eaux et forêts de 1669, seront
jugées administrativement, conformément à la loi
du 29 floréal an 10 ; et révoque la disposition contraire qui se trouvait dans le décret du 4 prairial
an 13 par lequel le même art. avait été déclaré commun aux départemens de la Belgique qui appartenait alors à la France.

Ajoutons à cela un décret du 22 janvier 1808,
dont voici les dispositions :

Art. 1er. « Les dispositions de l'art. 7 titre 28 de
« l'ordonnance de 1669 sont applicables à toutes
« les rivières navigables de l'empire, soit que la na-

« vigation y fut établie à cette époque, soit que le
« gouvernement se soit déterminé depuis, ou se dé-
« termine aujourd'hui et à l'avenir à les rendre na-
« vigables.

Art. 2. « En conséquence les propriétaires rive-
« rains, en quelque temps que la navigation ait été
« ou soit établie, sont tenus de laisser le passage
« pour le chemin de hallage.

Art. 3. « Il sera payé aux riverains des fleuves ou
« rivières, où la navigation n'existait pas et où elle
« s'établira, une indemnité proportionnée au dom-
« mage qu'ils éprouveront ; et cette indemnité sera
« évaluée conformément aux dispositions de la loi
« du 16 septembre dernier.

Art. 4. « L'Administration pourra, lorsque le
« service n'en souffrira pas, restreindre la largeur
« des chemins de hallage, notamment quand il y
« aura antérieurement des clôtures en hayes vives,
« murailles ou travaux d'art, ou des maisons à dé-
« truire.   .

8. On conçoit bien qu'il doit s'élever de fréquentes contestations, soit entre les particuliers
seulement, soit entre les particuliers et l'Administration, sur la question de savoir si une rivière est ou
non navigable ou flottable.

9. Sous l'empire de l'ordonnance de 1669, la décision de cette question appartenait aux grands-
maîtres et aux officiers des maîtrises ; ainsi c'était

également à eux à régler l'indemnité qui pouvait être due à ce sujet. Jousse, sur l'art. 3 titre 1. de cette ordonnance, soutient cette opinion qui en effet est fondée sur un arrêt du conseil rendu le 13 octobre 1722.

10. Il n'existe plus aujourd'hui de maîtrises ni de juges spéciaux des eaux et forêts.

Mais le décret déjà cité du 22 janvier 1808 attribue au gouvernement le droit de rendre navigable une rivière qui n'aurait pas encore été considérée comme telle. Il en résulte donc qu'à lui seul appartient le droit de juger si une rivière est navigable ou flottable.

Cette disposition est une conséquence des principes établis dans le rapport fait au directoire par le ministre de la justice et converti en arrêté le 2 nivôse an 6 : d'après lesquels, c'est au gouvernement qu'est confié le droit de distinguer conformément aux lois, à quels signes on doit reconnaître la propriété publique.

11. Le préfet sera donc compétent pour statuer sur la question proposée, sauf recours au ministre et ensuite au conseil d'Etat.

12. L'ordonannce de 1669 ne considère comme rivières navigables que *celles portant bateaux de leur fonds sans artifice et ouvrages de mains.* Que doit-on décider aujourd'hui à cet égard ? La loi du 22 novembre 1790 et le code civil ne reproduisent

pas cette restriction. Ils disposent en termes généraux, que les rivières navigables ou flottables appartiennent à l'Etat.

L'esprit de notre nouvelle législation est d'abandonner entièrement au gouvernement la décision de
cette question comme un objet de haute administration et sans lui tracer particulièrement aucune règle.
Il pourra donc, suivant que l'intérêt public l'exi-
gera, déclarer navigable une rivière qui n'obtien-
drait ce caractère qu'avec le secours de l'art ; il
pourra aussi ne pas la ranger dans le domaine public et en abandonner la jouissance aux riverains.

15. Et lorsque l'état rend navigable une rivière
qui ne l'était pas auparavant, il ne doit aucune indemnité aux propriétaires riverains à raison du lit de
cette rivière ; car l'écoulement de l'eau constitue une
servitude naturelle qu'on est obligé de souffrir sans
indemnité. Aussi le décret du 22 janvier 1808, qui
prévoit le cas, n'accorde d'indemnité aux propriétaires riverains que pour les terreins consacrés aux
chemins de hallage ; il n'étend pas cette disposition
aux lits des rivières, ni à la privation de la pêche.

« Il est généralement reconnu, dit M. Merlin V°
« *Rivière:* que le gouvernement peut, par des travaux,
« rendre navigable une rivière qui ne l'est pas, et
« par ce moyen la faire entrer dans le domaine fon-
« cier de l'Etat, sans être tenu d'en payer le prix aux
« propriétaires riverains.

(14)

Nous pensons néanmoins que ce que dit cet auteur ne doit pas s'entendre d'une manière absolue, et que les riverains n'étant chargés que d'une servitude, conservent toujours la propriété du lit de la rivière pour en jouir dans le cas où elle cesserait d'être navigable, ou si l'Etat ou un évènement quelconque lui donnait un autre cours.

14. Lorsqu'une rivière n'est navigable que dans certains endroits, appartient-elle à l'État dans tout son cours ; ou rentre-t-elle, quant aux endroits où elle ne porte pas bateaux, dans la classe des rivières non navigables ?

Cette question a été jugée par le parlement de Paris.

« Au surplus, dit Jousse, sur l'art. 4, titre 27
» de l'ordonnance de 1669, il faut observer que les
» rivières navigables ne sont du domaine du roi
» que depuis l'endroit où elles sont navigables.
» Ainsi jugé par arrêt du 9 décembre 1651 ; rap-
» porté par Henrys, tome 2, livre 3, question 49,
» qui a jugé que la Loire, au-dessus de Roanne
» où elle ne porte point bateaux, était seigneuriale
» et non royale. Telle est aussi, ajoute-t-il, la rivière
» du Loiret près d'Orléans qui n'est navigable que
» depuis le pont de Saint-Mesmin.

» Comme la rivière de Loire, dit Henrys, à l'en-
» droit cité, descendant du Velay, traverse la plaine
» du Forêt et ne commence néanmoins à porter

» bateaux qu'à Roanne , il y avait lieu de douter si,
» avant qu'elle soit à Roanne , elle peut passer pour
» un fleuve navigable et qui dépend de S. M. , at-
» tendu même que , sans le saut de Piney , endroit
» dangereux et plein de rochers entre deux mon-
» tagnes, elle pourrait commencer à porter bateaux
» au pont de Saint-Rambert.

Henrys rapporte ensuite les moyens respectifs
des parties et la décision.

Remarquons que l'édit du mois d'avril 1683 confirme cette décision , lorsqu'il dit : « Et quant aux
» possesseurs desdites îles , îlots , fonds , édifices
» et droits susdits sur lesdites rivières , *depuis les*
» *lieux où elles sont navigables* , etc. » Il est clair
que par ces mots : *depuis les lieux où elles sont*
navigables , cet édit exclut de sa disposition les
lieux qui ne le sont pas.

La même conséquence résulte d'un arrêt du conseil
du 9 novembre 1694 , qui ordonne que l'édit de
décembre 1693 sera exécuté contre les possesseurs
d'îles dans la Garonne , *aux lieux où elle est navi-*
gable, soit par bateaux ou radeaux; et d'une déclaration du 13 août 1709.

Ces principes ont été consacrés par deux arrêts
assez récens de la cour de cassation des 29 juin 1813 ,
et 25 août 1819. Ce dernier est rapporté par Sirey ,
tome 20 , page 65. Le 1.er se trouve au répertoire
de jurisprudence , v.º *rivière* , en voici l'espèce.

Une anticipation avait été commise sur la rivière d'Aisne.

Cette rivière est navigable dans plusieurs de ses parties ; mais elle ne l'est pas au point où l'anticipation avait eu lieu. Et comme l'anticipation sur les rivières non navigables, n'est qualifiée de délit par aucune loi ; que la législation ne donne cette qualification qu'à l'usurpation commise sur les rivières navigables ou flottables, la question était de savoir si la rivière navigable dans une partie seulement, devait être considérée comme telle dans toutes ses parties et comme étant en conséquence la propriété de l'État dans sa totalité.

M. le procureur général, dans son réquisitoire, établit la négative qui fut en effet jugée par l'arrêt ci-devant daté.

Voici l'espèce du second arrêt.

Les sieurs Brousse et Iché de Ton étaient propriétaires sur les rives opposées de la rivière d'Orb.

Brousse ayant fait une plantation d'arbres sur sa propriété, le sieur Iché de Ton crut que les eaux seraient par là rejetée sur son héritage et l'innonderaient : De là action devant le juge de paix par voix de complainte.

Le défendeur a soutenu que l'autorité administrative était seule compétente, attendu que la rivière était navigable. Le demandeur repliqua qu'elle n'était pas navigable au point où avait eu lieu l'anticipation.

(17)

Jugements de 1.re instance et d'appel qui accueil-
lent cette distinction. Pourvoi en cassation. Arrêt.

« Considérant que le tribunal qui a rendu le ju-
» gement dénoncé, n'eut à juger sur l'appel du de-
» mandeur que l'unique question de savoir si la
» justice de paix avait été compétemment saisie,
» comme le prétendait le sieur Brousse en suppo-
» sant que la rivière d'Orb était une rivière navi-
» gable dont la police appartenait exclusivement
» aux corps administratifs, et qu'il résultait des
» pièces produites que, si ladite rivière est navi-
» gable à Sérignan jusqu'à son embouchure, elle
» ne l'est pas depuis Sérignan en remontant vers
» sa source, et qu'elle ne l'est pas notamment sur
» le terrein de Béziers, lieu de la situation des pro-
» priétés respectives ; d'où il suit, qu'en déclarant
» que la justice de paix avait pu être compétemment
» saisie, le tribunal n'a pu violer aucune loi. La
» cour rejette le pourvoi.

Il ne faudrait pas conclure de ce que nous venons
de dire que le riverain put arbitrairement détourner
l'eau d'une rivière navigable dans les parties où elle
ne l'est pas encore ; car c'est la réunion de toutes
ses eaux qui la rend navigable. C'est ce qui résulte
de la loi 10, §. 2. ff. *de aq. et aq. plu. arcendæ*,
qui interdit toute dérivation *quæ flumen minus na-*
vigabile efficiat, des lois des 12, 20 août 1790,
et 19 ventôse an 6, et de l'art. 714 du code civil.

2

15. Mais que doit on décider à l'égard des bras non navigables des rivières navigables ?

Un arrêt du conseil du 10 août 1794, décide qu'ils font partie du domaine public. Il établit en outre la différence qui les distingue des parties supérieures non navigables des rivières devenues navigables dans leurs parties inférieures.

Le roi, y est-il dit, s'étant fait représenter son édit du mois de décembre 1693, par lequel S. M. a confirmé tous les détenteurs, propriétaires, ou possesseurs des biens et des droits sur les rivières navigables dans la propriété et possession desdits biens et droits, en payant par eux les sommes pour lesquelles ils seraient compris dans les rôles qui seraient arrêtés en son conseil; et S. M. ayant été instruite que plusieurs des détenteurs refusaient de payer lesdites taxes, parce qu'encore que leurs îles, moulins et autres biens et droits soient sur des bras et courans desdites rivières navigables; cependant lesdits bras et courans n'étant point navigables ou n'étant navigables que par écluses et que par artifices, ils soutiennent n'être point dans le cas de l'édit; quoique toutes ces distinctions soient inutiles parce que l'eau desdits bras dérivant d'une rivière navigable, laquelle appartient au roi *depuis le lieu où elle est navigable* de son *fond*, il n'est permis à personne de s'en servir pour établir des droits ou pour bâtir des moulins et autres édifices sans la permission de S. M., parce que c'est une chose de son domaine, ainsi qu'il paraît non-seulement par les déclarations de S. M. des mois d'avril 1668 et 1680, mais encore par l'ordonnance des eaux et forêts du mois d'août 1669, titre de la police de conservation des forêts, eaux et rivières, aux termes desquels S. M. pourrait les priver desdits biens et droits, et S. M. désirant expliquer ses intentions pour ce regard et traiter favorablement lesdits détenteurs, propriétaires ou possesseurs ; S. M. en son conseil interprétant en tant que de besoin serait ledit édit du mois de décembre dernier, a ordonné et ordonne que les détenteurs desdits biens et droits sur les bras et courans qui dérivent des rivières navigables, soit que lesdits bras et courans soient navigables ou non, seront confirmés dans lesdits biens et droits, en payant les sommes pour lesquelles ils sont ou seront compris dans les rôles arrêtés en son conseil aux termes et en exécution dudit édit qui sera exécuté selon sa forme et teneur.

16. La décision de cet arrêt est une conséquence de la prohibition d'altérer les rivières par tranchées, fossés ou canaux. Si quelque particulier enfreint cette défense, il n'acquiert pas par là de droit sur l'eau qu'il détourne, autrement la prohibition deviendrait illusoire, l'intérêt public serait compromis, la navigation deviendrait impossible.

A r t.   II.

*Des droits de Police et de Conservation de l'Admi-
nistration sur les rivières navigables et flottables.*

17. Les lois attribuent à l'Administration la police
de surveillance et de conservation de ces rivières.
Cette attribution consiste à empêcher qu'on n'y fasse
aucun établissement sans autorisation, qu'on n'y
commette aucune entreprise, aucune dégradation.
C'est ce qu'on peut appeler le droit de prévenir les
contraventions. Elle consiste aussi à punir les contraventions commises, c'est ce que nous appellerons
le droit de réprimer. Ce droit de répression appartient aux conseils de préfecture; nous en parlerons
n°ˢ 36 et suivans.

18. Le droit de prendre toutes les mesures pour
prévenir les contraventions appartient aux préfets.
Ils ont la surveillance de toutes les rivières, des canaux chemins de halage, francs-bords, fossés et ouvrages d'art qui en dépendent.

La loi du 19 ventôse an 6 leur impose l'obligation de veiller avec la plus sévère exactitude à ce
qu'il n'y soit fait aucune entreprise ou dégradation;
la loi du 29 floréal an 10 attribue même aux préfets
et aux sous-préfets le pouvoir d'ordonner par provision, dans l'intérêt général, ce qui est nécessaire
pour faire cesser la contravention, mais là se borne

leur pouvoir; si donc il s'élève une question de propriété, si des titres sont invoqués, le préfet où sous-préfet, après avoir prescrit provisoirement ce qu'exige l'intérêt général, doit renvoyer la décision définitive à l'autorité compétente.

19 Il résulte de là que les préfets peuvent faire, sauf l'approbation du ministre de l'intérieur, des réglemens pour la police des rivières navigables et flotables et accessoires, pour leur conservation, et pour prévenir les contraventions.

« Le pouvoir administratif, dit, M. Heurion, « (compétence des juges de paix, page 294,) a une « sphère d'activité plus étendue : Il peut disposer « pour l'avenir; il peut agir sans être provoqué; il « peut donner des décisions qui ne lui sont pas de- « mandées, et prendre des mesures de conservation « et de prévoyance sur les objets, qui par leur na- « ture, par leur destination et par l'habitude et le « besoin d'en user, intéressent l'universalité des ci- « toyens ».

Un arrêt du conseil d'Etat en date du 27 février 1820, n° 3148, rendu entre les sieurs Champigny et autres, a consacré ces principes; il a décidé que les préfets peuvent faire des règlemens généraux et locaux pour la police des rivières navigables et flottables, et que toutes réclamations contre leurs arrêtés dans les limites de cette compétence doivent être portées au ministre par voie administrative et non au conseil d'Etat par voie contentieuse.

20. Par suite de ces principes, c'est au préfet qu'il appartient de décider comme nous l'avons dit ci-devant, n° onze si une rivière est navigable ou flottable.

21 Deux arrêts du conseil d'un même jour, 6 décembre 1820, ont jugé qu'une rivière ne peut être considérée comme navigable qu'autant que la navigabilité est constatée et reconnue par acte administratif.

22. Comme les préfets ont la police et la surveillance des rivières navigables et flottables, ils doivent prendre, dans l'intérêt général, toutes les mesures nécessaires pour préserver les propriétés riveraines des dangers et des dommages que pourraient leur causer les eaux, pour assurer et faciliter la navigation et pour protéger les établissemens existans sur les rivières; mais s'il s'agit d'élargir le lit des rivières ou de le changer, en leur donnant une autre direction, les préfets ne peuvent seuls prescrire cette mesure, lors même qu'elle serait exécutée aux dépens de la propriété publique; car ce n'est plus la un simple acte de surveillance et de conservation, et dès lors il doit être autorisé par une ordonnance royale.

C'est ce qui résulte d'une décision du conseil d'Etat du 17 juillet 1811, n° 861.

23. Les propriétaires riverains, soit du cours ac-

tuel de la rivière, soit du cours qu'on veut lui donner, peuvent proposer leurs observations sur la nouvelle mesure qu'on veut adopter.

A plus forte raison auraient-ils ce droit, si les changemens devaient être exécutés aux dépens de leur propriété : comme si l'on voulait prendre leurs héritages pour creuser ou pour élargir le lit de la rivière. Il est même à remarquer que, dans ce cas, la mesure ne pourrait avoir lieu qu'autant qu'après avoir été jugée nécessaire par une ordonnance royale, l'ex propriation aurait été prononcée par les tribunaux et qu'une juste et préalable indemnité aurait été réglée et payée aux propriétaires dépossédés, conformément à l'art. 545 du code civil. C'est ce qui résulte de la loi du 16 septembre 1807 article 49 et de celle du 8 mars 1810.

24. Nous devons faire observer que l'art. 20 de la dernière loi fait exception au payement de l'indemnité préalable dans un cas qu'il exprime en ces « termes : Si des circonstances particulières em- « pêchent le payement actuel de tout ou partie de « l'indemnité, les intérêts seront dus à compter du « jour de la dépossession, d'après l'évaluation provi- « soire ou définitive de l'indemnité, et payés de 6 « en 6 mois, sans que le payement du capital puisse « être retardé au-delà de 3 ans, si les propriétaires « n'y consentent.

Nous ne nous arrêterons pas à faire remarquer ce

que cette disposition législative contient d'extraordinaire et d'attentatoire au droit de propriété. La loi existe; il faut la respecter. Nous nous bornerons à former des vœux pour qu'elle soit par une nouvelle loi restreinte au cas où ces circonstances particulières qui empêchent le payement proviennent du fait du propriétaire dépossédé, comme s'il est en faillite, s'il a des créanciers inscrits ou opposans, si un autre que lui se prétend propriétaire des objets expropriés.

En un mot, il nous semble que la loi a assez fait en faveur de l'État, lorsque pour cause d'utilité publique elle a forcé le propriétaire à lui vendre, à lui abandonner son héritage, mais qu'elle ne peut le contraindre à lui accorder un délai pour le payement du prix, et que sous ce rapport il doit subir la loi commune.

Il nous semble même, quoique cette opinion ne soit pas la plus générale, que les termes de l'article précité de la loi de 1810 ne résistent pas à cette interprétation, et que dans l'état actuel de la législation ce serait entendre sainement sa disposition que de donner à ses expressions le sens conforme au droit commun.

25. Les préfets peuvent, dans l'intérêt des propriétaires riverains et pour empêcher la déperdition des eaux, ordonner la construction des barrages à l'embouchure des canaux de dérivation, sauf recours devant le ministre de l'intérieur, de la part des tiers

qui se croiraient lésés par ces mesures et sans préjudice des questions d'intérêt privé, dont la connaissance appartient aux tribunaux civils : le conseil d'état l'a ainsi décidé par arrêt du 20 novembre 1815, n° 2358.

« Considérant, y est-il dit, qu'il résulte des arrêtés attaqués que le préfet d'Eure et Loire a cru devoir, par des motifs d'utilité publique, intervenir dans la contestation existante entre le S. Lemoine et le S. charpentier.

« Qu'il a en conséquence, dans l'intérêt des propriétaires riverains et pour empêcher la déperdition des eaux, ordonné la construction d'un barrage à l'embouchure des deux canaux de dérivation creusés par le S. Lemoine ».

« Que de pareilles mesures, envisagées sous ce rapport, sont purement administratives et rentrent dans l'exécution des réglemens relatifs à la police des rivières.

« Que le préfet, en les prescrivant, n'a point excédé ses attributions.

« Que les arrêtés des préfets, pris dans les bornes de leur compétence, doivent être préalablement déférés aux ministres, chacun en ce qui le concerne.

« Et qu'il y a lieu par conséquent de renvoyer la cause devant le ministre de l'intérieur, afin qu'il approuve, modifie ou rejette les mesures prescrites par les arétés du préfet d'Eure-et-Loire, sous les rapports seulement d'ordre public et d'intérêts généraux, toutes questions d'un intérêt purement privé, demeurant toute fois réservées aux juges qui en doivent connaître.

26. Les contestations élevées au sujet des moulins et usines peuvent intéresser l'ordre public sous les rapports du flottage, de la navigation, de l'intérêt des riverains, du passage des gués, et par conséquent de la fixation des diverses hauteurs des eaux : sous ces différens aspects, l'administration doit en connaître, et les préfets doivent prendre les mesures qui y sont relatives. Ils agissent alors dans les limites de leur compétence, et leurs arrêtés ne peuvent être attaqués que devant le Ministre de l'intérieur, sauf pourvoi au conseil d'état contre la décision de Son Excellence.

27. Lorsqu'un particulier a détruit un puisard existant dans sa propriété pour le service de la grande route, et qu'il prétend n'être pas obligé de conserver comme servitude envers l'Etat, le préfet peut ordonner le rétablissement de ce puisard pour cause d'utilité publique.

Cette décision n'empêche pas le particulier de faire statuer sur la question de servitude par les tribunaux. Arrêt du conseil du 27 mai 1816, n° 2,363.

Mais la servitude n'en existerait pas moins, lors même qu'il serait jugé qu'elle n'est pas légitimement établie, s'il n'y avait pas d'autre moyen d'assainir la grande route ; sauf l'indemnité envers le propriétaire.

28. Lorsque, par un arrêté, un préfet a fixé la hauteur des eaux d'un moulin, et a assujetti cette usine à certaines dispositions prescrites dans l'intérêt de l'ordre public et des propriétaires riverains, cet arrêté ne peut préjudicier aux droits des tiers et ne fait point obstacle à ce que l'autorité administrative fasse un nouveau réglement sur le cours de la même rivière, dans l'intérêt des propriétaires riverains, sur-tout s'il résulte de l'inexécution des travaux ordonnés par le premier arrêté, un changement dans l'état du cours d'eau qui soit préjudiciable aux propriétaires, et spécialement à ceux qui n'y étaient point parties.

C'est ce qu'a décidé le conseil d'Etat, par arrêt du 10 février 1816, n° 2,290.

29. Lorsqu'une ordonnance royale confirmative de l'avis du préfet a autorisé la construction d'une usine sur un bras d'eau d'une rivière navigable, cette ordonnance ne préjudicie point aux droits des tiers, et si elle les blesse, ils peuvent la frapper d'opposition et la faire annuler par voie de recours au conseil d'Etat, comité du contentieux.

Si les moyens d'opposition sont fondés sur des titres de propriété et des droits acquis, les parties doivent être préalablement renvoyées devant les tribunaux pour faire prononcer sur ces points : ainsi décidé, dans l'espèce suivante :

Une ordonnance royale avait autorisé les sieur et dame Lemaître, fabricans de draps à Louviers, à construire à leurs frais une digue qui divise en deux parties un bras d'eau non navigable de la rivière d'Eure qui est navigable, et à l'extrémité de cette digue, une roue destinée à donner l'action aux machines employées à la préparation des laines.

Le sieur Terneaux, propriétaire d'usine à Louviers, prétendit, en vertu de titres, avoir seul droit à employer l'eau de ce bras de rivière, au point ou son usine est située.

Le 18 mars 1816, le Roi, en son conseil d'Etat, rendit une ordonnance ainsi conçue : « Considérant que, parmi les moyens d'oppositions du sieur Terneaux, il en est qui sont fondés sur les anciens titres de propriété auxquels l'acte de vente administratif se réfère, et que les autres opposans fondent également leurs oppositions sur des titres de propriété et droits acquis,

Notre conseil d'Etat entendu,

Nous avons ordonné et ordonnons ce qui suit :

« Les opposans à notre dite ordonnance du 8 février 1815 sont renvoyés à se pourvoir devant les tribunaux pour y faire prononcer sur tous les droits de propriété et de servitude résultant des titres invoqués par eux. Il est sursis jusqu'à ladite décision à statuer sur le surplus de l'affaire, toutes choses demeurant en état, dépens réservés. »

Il résulte formellement de cette décision que lorsque les riverains ne se sont pas opposés à l'usine avant qu'elle fut autorisée par l'ordre royale, ils ne peuvent plus prétendre qu'elle leur est nuisible; mais que s'ils ont des titres de propriété particulière, ils peuvent tant que la prescription n'est pas acquise se pourvoir pour faire reconnaître cette propriété

30. Lorsqu'il est constaté par les rapports des agens des ponts et chaussées que des travaux exécutés par des particuliers entravent le cours des rivières publiques et pourraient, dans la crue des eaux, occasionner des inondations, le préfet est compétent pour en ordonner la destruction, dans l'intérêt public.

Arrêt du conseil du 28 mars 1807, n° 57.

31. Lorsque les rivières sont flottables, et que les préfets, sous l'approbation du directeur-général des ponts et chaussées, ont, par des arrêtés, ordonné des ouvrages tendant à favoriser le flottage des bois destinés à l'approvisionnement des villes, ces arrêtés doivent être confirmés par le Ministre de l'intérieur et sur recours par le conseil d'Etat, si toutefois ils ne changent rien au point d'eau, ni au régime des ponts, écluses, etc.; s'ils contiennent les réserves nécessaires au service des moulins et bateaux, et

s'ils ne préjugent rien enfin sur les indemnités que les propriétaires des moulins qui ont des titres valables, peuvent réclamer conformément aux lois, au sujet des constructions ordonnées, à cause des dépenses qu'ils prétendraient avoir faites au profit des marchands de bois, ou encore à cause du chômage habituel de leurs moulins pendant le temps de la flottaison.

Arrêt du 14 juillet 1811, n.° 734.

32. Les préfets n'excèdent point leur compétence, lorsqu'ils ordonnent la destruction d'une usine pour des motifs d'utilité publique régulièrement constatés.

Mais si le propriétaire possède, en vertu de titres valables, la destruction ne peut avoir lieu que sauf indemnité.

Arrêt du conseil du 16 avril 1811, n.° 778.

33. Les préfets sont également compétens pour empêcher de continuer et même pour faire détruire les ouvrages d'usines construites sans permission préalable.

Les jugemens ou poursuites judiciaires qui tendraient à paralyser l'effet des arrêtés administratifs pris à cet égard, doivent être annulés par la voie du conflis.

Le tout sans préjudice des questions de propriété, qui doivent être portées devant les tribunaux ordinaires.

(31)

Arrêt du conseil du 21 août de 1816, n.° 2967.

Remarquons à cet égard, que lorsque par un excès de pouvoir l'autorité administrative statue sur une question de propriété, les tribunaux civils ne peuvent annuler cette décision et qu'ils doivent y déférer jusqu'à ce que l'incompétence et la nullité aient été reconnues par l'autorité supérieure. Autrement, sous le prétexte d'incompétence, les tribunaux ordinaires annuleraient les actes de l'administration.

C'est, dit M. Henrion, autorité judiciaire, chap. 17, pag. 310, une maxime constante. Elle a été consacrée par une foule d'arrêts de la cour de cassation ; elle est fondée sur la disposition de la loi du 16 fructidor an 3, qui défend aux tribunaux de connaître des actes d'administration de quelqu'espèce qu'ils soient.

Mais, si l'acte administratif se borne à renvoyer une affaire devant un tribunal, autre que celui qui en doit connaître, ce tribunal n'est pas lié et peut déclarer son incompétence. C'est ce qu'a jugé la cour de cassation, le 8 thermidor an 13, par le motif que les arrêtés administratifs ne peuvent changer l'ordre de juridiction établi par la loi.

34. Les préfets, en matières d'eaux, sont compétens pour prendre sauf réclamation devant le ministre de l'intérieur, et recours au conseil d'Etat, toutes les mesures de haute administration qu'ils

jugent nécessaires ; mais il ne leur appartient pas de décider les questions qui touchent aux intérêts des divers propriétaires en discord sur la validité de leurs titres : ces questions sont du ressort des tribunaux.

Arrêt du conseil du 22 janvier 1808.

35. Nous avons développé le pouvoir de police et de surveillance des préfets que nous avons appelé droit de prévenir les contraventions.

36. Quant au pouvoir de réprimer, qui consiste dans la punition des contraventions et qui forme la partie contentieuse administrative, nous avons déjà dit qu'il appartient aux conseils de préfecture.

La loi du 28 pluviose an 8, leur attribue la connaissance des difficultés qui peuvent s'élever en matière de grande voirie.

La loi du 29 floréal an 10 explique et développe cette attribution ; elle donne bien aux sous-préfets, sauf recours aux préfets, le pouvoir de prendre les mesures pour faire cesser le dommage ; mais cette décision n'est que provisoire ; la décision définitive appartient aux conseils de préfecture.

Ainsi donc, si un propriétaire riverain se permettait de construire un moulin, un barrage ou de faire un attérissement dans la rivière par plantation de pieux ou autrement, le sous-préfet et le préfet auraient le droit d'ordonner provisoirement la destruction de ce qui aurait été fait et le rétablissement

des lieux dans leur premier état. La seule circonstance que l'entreprise sur la rivière peut être préjudiciable à l'intérêt public et à la navigation, suffit
pour autoriser cette mesure qui constitue un acte
d'administration ; mais quant à la décision définitive qui consiste dans la solution de la question de
savoir s'il y a réellement contravention et dans la
condamnation à l'amende, elle doit être prononcée
par les conseils de préfecture.

37. Nous avons déjà vu que d'après la loi du 19
ventôse an 6, lorsqu'un établissement gêne la navigation, et que cependant la propriété en est garantie
à un particulier par un titre, il a droit à une indemnité pour le sacrifice qu'il fait à la chose publique.
Sans doute, si sa propriété est reconnue, et qu'il ne
s'agisse que de décider si l'établissement est nuisible
à la navigation, ou quels moyens il faut prendre
pour empêcher que cet établissement ne nuise ,
c'est uniquement à l'administration qu'il appartient de statuer sur ce point ; mais si la difficulté
roule sur la question de savoir si le particulier est
réellement propriétaire , sur la validité ou invalidité
des titres qu'il représente , est-ce encore aux conseils de préfecture d'en connaître? Oui ; car d'après
l'ordonnance de 1669, nul ne pouvait construire de
moulin sans l'autorisation du gouvernement; peu
importe que les fonctionnaires auxquels il avait
confié ses pouvoirs à cet égard , eussent une autre

dénomination , une autre organisation qu'aujour-
d'hui. Ce sont toujours les actes de l'autorité publique qu'il s'agit d'interpréter. Or , le gouvernement
est seul compétent pour connaître des difficultés
relatives à ses actes, sur tout lorsqu'elles s'élevent ,
dans l'intérêt général , entre lui et un particulier.
Ces principes sont fondés sur l'art. 15 , du titre 2
de la loi du 24 août 1790 , qui porte que les juges
ne peuvent troubler de quelque manière que ce
soit, les opérations des corps administratifs , et sur
la loi du 16 fructidor an 3 , portant qu'il est défendu
aux tribunaux de connaître des actes d'administration ; mais si la contestation ne portait pas sur
les actes d'autorisation émanés du Gouvernement,
si elle ne se référait qu'aux actes privés par lesquels
le possesseur actuel prétendrait avoir acquis l'usine
du concessionnaire ou de ses successeurs , cette
question de validité d'actes ordinaires serait uniforme-
ment du ressort des tribunaux.

58 Si un particulier se prétendant porteur d'une
autorisation de construire une usine en établissait
une en effet, et que l'administration contestât le
sens, ou la validité de cette autorisation, ou soutînt
que ce particulier lui donne trop d'extension, le préfet pourrait sans doute, se fondant sur l'intérêt
public , ou empêcher la construction ou la faire
détruire provisoirement , ainsi que nous allons le
voir, car le bien général est la première loi ; L'admi-

nistration doit avant tout prendre les mesures pour qu'il ne soit pas compromis: mais les autres questions relatives à la validité, au sens, à l'étendue de l'autorisation, seraient de la compétence du conseil de préfecture.

39. Lorsqu'il s'agit de construire une usine, un moulin ou tout autre établissement sur une rivière navigable ou flottable, ainsi que sur les canaux et bras d'eau en dépendant, ou d'y faire quelque changement, c'est à l'autorité administrative qu'il faut s'adresser, elle seule est compétente pour donner l'autorisation nécessaire.

40. Mais, lorsque l'établissement est terminé, il peut arriver que la suppression en soit demandée, parce que le propriétaire ne se sera pas conformé exactement aux dispositions de l'acte de concession, ou lorsqu'après avoir exécuté fidèlement les conditions qui lui auront été imposées, il viendrait par la suite à former quelqu'entreprise sur le cours d'eau ou à changer l'état des lieux sans s'y être fait autoriser.

Il est manifeste que c'est uniquement à l'autorité administrative qu'il appartient de reconnaître et de constater cette contravention et même de la punir.

Dans le premier cas, le préfet peut ordonner la destruction de l'établissement ; le Conseil d'Etat l'a ainsi décidé le 13 janvier 1813, dans une affaire entre le sieur Simon et les sieurs Mayen, Fournier et autres.

Le sieur Simon avait obtenu l'autorisation de construire un moulin à farine, sous différentes conditions;

Le sieur Simon ne s'étant pas conformé à ces conditions, le préfet ordonna la démolition de l'usine et le rétablissement de l'ancien état des choses.

Le sieur Simon s'étant pourvu au Conseil d'Etat, pour cause d'incompétence, il y intervint un arrêt confirmatif ainsi motivé :

« Considérant que la concession de dériver les eaux du fossé d'Hourgousse n'avait été faite au sieur Simon, par l'arrêté du 9 ventôse an 13, que sous diverses conditions tendant à conserver les droits des riverains pour l'arrosage de leurs propriétés ;

Qu'il a été constaté que le sieur Simon avait manqué à ces conditions et causé aux riverains des préjudices qui ont excité leurs plaintes; que le préfet était compétent pour prononcer dès lors la révocation de la concession, soit en exécution de l'art. 7 de l'arrêté du 9 ventôse an 13, qui contenait à ce sujet une clause expresse, soit en conformité des dispositions de l'arrêté du gouvernement, du 9 ventôse an 6, et des instructions données aux administrations centrales, pour les autoriser à révoquer toutes les concessions dont les conditions ne seraient pas fidèlement exécutées. »

Bien entendu que la question définitive de savoir si le propriétaire de l'usine a commis la contravention qu'on lui reproche, doit être, en cas de contestation de sa part, déférée au conseil de préfecture.

Bien entendu aussi que l'application de la peine particulière de destruction de l'usine n'empêchera pas de prononcer en outre celle portée par les lois et règlements spéciaux de la grande voirie. Ces peines sont indépendantes les unes des autres, et résultent de lois différentes. Ainsi, outre la destruction de l'établissement, il pourra être prononcé une amende. Cette amende ne peut être prononcée que par le conseil de préfecture. Nous citerons, à cette occasion, un arrêt du Conseil du 20 juin 1821 (Macarel , tom. 2 ,pag. 97.)

Dury était propriétaire d'une ferme située sur les bords de l'Eure.

Il obtint l'autorisation de percer un canal de dérivation, et de construire une usine dans sa propriété.

Il paraît qu'il ne se conforma pas à son titre de concession , qu'il l'outre-passa en quelques points , et fit quelques travaux dans le canal de dérivation.

En septembre 1814 , le sieur Delescaille fit l'acquisition de cette usine.

Près de trois ans s'étaient écoulés depuis cette acquisition, lorsque les sieurs Piéton de Fontenay et Frigard Pétou prétendirent que les constructions faites dans le canal de dérivation, interceptaient le passage des eaux et les refoulaient sous les roues de leurs usines, ce qui en ralentissait la marche.

Ils s'en plaignirent au préfet.

Ce magistrat ayant poursuivi l'affaire, le conseil de préfecture rendit un arrêté portant : 1.°, que les travaux seraient démolis et que les choses seraient rétablies conformément à l'acte de concession ; 2.° qu'il était prononcé une amende de 300 fr. et les frais.

Le sieur Delescaille s'étant pourvu au Conseil d'Etat, l'arrêté attaqué fut confirmé par le motif que les conseils de préfecture sont compétens pour réprimer les contraventions commises sur les rivières navigables et flottables, ordonner la destruction des ouvrages faits sans autorisation et prononcer les amendes contre les contrevenans.

41. Le contentieux de la grande voirie appartient donc aux conseils de préfecture ; en cas de réclamations contre les contraventions, c'est à eux de statuer.

42. Mais s'il s'élevait une question de propriété non fondée sur des actes de concession administrative ; si , par exemple , un particulier poursuivi pour avoir fait des attérissemens , soit sur le bord , soit

dans le lit d'une rivière navigable ou flottable, prétendait que les premiers se sont formés naturellement et imperceptiblement, ce qui suffit pour lui en attribuer la propriété (art. 556 et 557 du code civil), et que quant aux autres, la propriété lui en est acquise par titre ou par prescription aux termes de l'art. 560, il est manifeste que cette question serait uniquement de la compétence des tribunaux. Il faut appliquer ici la jurisprudence du Conseil d'Etat qui veut, en matière de grande route, que lorsqu'un particulier se prétend propriétaire de la partie du chemin qu'on l'accuse d'avoir usurpée, la contestation soit soumise à l'autorité judiciaire. (Décret du 12 janvier 1811.)

43. Les arrêtés des conseils de préfecture sont exécutoires à la poursuite et diligence des préfets et sous-préfets par tous les moyens indiqués par l'article 4 de la loi du 29 floréal an 10. Les ingénieurs des ponts et chaussées ne doivent que surveiller et constater les délits ou contraventions, suivant l'art. 2.

44 L'autorité administrative doit, en vertu de la même loi, seule et sans le concours de l'autorité judiciaire, statuer, ainsi qu'il est ci-dessus dit, sur les contraventions en matière de grande voierie, et prononcer même sur les amendes qu'entraînent les contraventions, amendes dont elle fixe le taux, sans préjudice de l'indemnité qui pourra être due pour

détérioration sur laquelle elle peut également prononcer, conformément aux anciens réglemens sur la grande voierie.

Ainsi décidé, par arrêt du conseil du 3 août 1811. Il paraît que cette décision est fondée sur l'article 44, titre 27 de l'ordonnance de 1669, qui prononce une amende arbitraire et dans certains cas celle de 500 francs.

45. Ainsi la police de conservation des rivières et canaux navigables et flottables qui consiste dans l'application des peines, n'appartient pas aux tribunaux ; la répression des contraventions en matière de grande voierie est attribuée aujourd'hui à l'autorité administrative, qui était chargée seulement par les lois des 14 et 22 décembre 1789 et 11 septembre 1790, de constater les délits et d'en poursuivre la punition devant les tribunaux.

46. Le conseil de préfecture doit appliquer les peines pécuniaires, en prononçant sur les amendes encourues par les contrevenans, comme sur les indemnités, restitutions et réparations auxquelles les contraventions pourraient donner lieu.

47. Remarquons toutefois, à l'égard de ce dernier objet, que le conseil de préfecture ne peut en connaître qu'autant qu'il ne s'agit que de l'intérêt public ; comme si un particulier a détruit ou endommagé une écluse construite par l'État ; mais si la contravention commise par un particu-

lier au préjudice d'un autre donnait lieu à une action en indemnité, elle devrait être portée , ainsi que nous le verrons bientôt, devant l'autorité judiciaire.

48. Dans le cas où les contraventions de voirie constituent un délit soumis à la peine corporelle et d'emprisonnement, ce n'est pas une raison pour que l'autorité administrative s'abstienne de connaître de la contravention. Elle ne doit pas moins prononcer alors les dispositions qui sont de sa compétence, c'est-à-dire en ce qui concerne les peines pécuniaires, sauf à renvoyer les contrevenans ou délinquans devant le tribunal correctionnel pour l'application de la peine corporelle.

Le Conseil d'État l'a ainsi décidé le 21 mars 1807, sur un conflit négatif d'attributions, élevé entre le conseil de préfecture du département de la Côte-d'Or, et un tribunal de première instance du même département, au sujet d'un délit de ce genre dont était prévenu le sieur Pavillon.

Voyez M. Merlin, Rep. de Jurisp., v° chemin vicinal, n° 14.

49. Par la même raison, lorsqu'une contravention aux réglemens de la voirie se trouve accompagnée d'un délit étranger à la voirie; par exemple, d'une voie de fait envers un employé de l'administration, les tribunaux prononcent sur le délit, mais les conseils de préfecture statuent sur la contravention.

50. La loi du 29 floréal ne s'étant pas expliquée

sur les peines, on doit se conformer aux lois antérieures.

Il faut voir sur tout cela cette dernière loi, ainsi
que deux décisions de Son Excellence le Ministre de
la justice des 23 fructidor an 10 et 28 vendémiaire
an 11, et une circulaire du directeur-général des
ponts et chaussées, en date du 13 frimaire an 11.

51. Lorsque des réparations ont été ordonnées
par l'administration des ponts et chaussées pour dégradations commises sur les chaussées ou le cours
des rivières, par les meuniers ou autres propriétaires d'usines, les frais de ces reconstructions ou
réparations doivent être proportionnellement sup-
portés par ceux dans l'intérêt desquels elles ont été
entreprises, et les conseils de préfecture sont compétens pour les y condamner.

Ainsi décidé, par arrêt du conseil du 13 avril 1809,
n° 546.

52. Un conseil de préfecture se renferme dans les
bornes de sa compétence lorsqu'il ne prononce que sur
les questions qui intéressent l'ordre public, comme
l'obstruction d'un passage public, l'immersion des
propriétés riveraines et la stagnation des eaux; mais
il doit renvoyer aux tribunaux les prétentions des
parties qui ont trait à des droits de prise d'eau.
Arrêt du conseil du 26 avril 1811, n° 972.

53. C'est bien aux préfets qu'il appartient de
fixer la hauteur des eaux et de régler les dimensions

de la retenue et des biez des moulins ou usines ; mais les contestations que ce réglement peut exciter de la part des riverains qui prétendraient avoir éprouvé des dommages par suite ou par extension des mesures ordonnées, doivent être portées devant les conseils de préfecture ou devant les tribunaux, suivant qu'elles ont ou non la propriété pour objet ; ainsi les conseils de préfecture doivent en connaître, s'il s'agit seulement de l'intérêt commun des propriétaires riverains ou de l'intérêt de l'Etat.

Arrêts du conseil des 19 mars 1808, n° 245, et 2 juillet 1812, n° 1297.

54. L'état de répartition des dépenses faites pour les travaux de réparation et reconstruction d'un canal d'arrosement tiré des rivières publiques est vu, approuvé et arrêté par les préfets après les expertises convenables, dans les proportions relatives au profit que chacun des contribuables retire de ces constructions ou réparations ; et s'il y a des contestations au sujet de ce réglement, ce n'est point aux tribunaux, mais aux conseils de préfecture qu'il appartient d'en connaître.

55. Quoique la pêche dans les rivières navigables et flottables appartienne à l'Etat, les délits et contraventions que les particuliers peuvent commettre en pêchant sans en avoir le droit, ou avec des engins et en temps prohibés, ne peuvent être réprimés par les conseils de préfecture, lors même qu'ils ne don-

neraient lieu qu'à des condamnations pécuniaires.
Ces délits sont de la compétence des tribunaux correctionnels, aux termes des articles 15 de la loi
du 14 floréal an 10 et 179 du Code d'instruction
criminelle. Pour ce qui constitue les délits et les
peines à y appliquer, il faut se reporter à l'ordonnance des eaux et forêts de 1669 qui est encore
en vigueur.

56. Mais un établissement de pêche fait sans droit
constituerait un délit de grande voirie, pour la répression duquel il faudrait suivre les règles que nous
avons déjà données relativement aux délits de cette
nature.

57. Remarquons, en passant, qu'un arrêt du conseil
du 30 mai 1821 décide que les préfets sont compétens pour faire des réglemens sur la pêche des rivières navigables et flottables.

58. Le curage des rivières navigables et flottables
est comme l'entretien des grandes routes, à la charge
de l'Etat. Voyez Rep. de Jurispr., v° Curage.

Nous pensons néanmoins qu'il ne faut pas entendre cette décision d'une manière absolue.

Ainsi, par exemple, s'il était justifié que ce fût
l'usine, l'établissement quelconque d'un particulier
qui, par sa seule existence et sans même le fait de ce
particulier, nécessitât ce curage, il devrait être contraint à le faire à ses frais, d'après la maxime : *qui
sentit commoda, debet quoque sentire incommoda.*

Cette décision est conforme à l'article 4, titre 1er de l'ordonnance de 1669, et à un arrêt du conseil du 27 septembre 1723, qui a obligé des meuniers à nettoyer la rivière des herbes qui en empêchaient ou altéraient le cours.

59. Il en serait de même à *fortiori*, dans le cas où ce curage serait nécessité par le fait de ce particulier.

60. Il en serait encore de même relativement à un canal non navigable d'une rivière navigable, si l'État en avait abandonné la jouissance, par exemple le droit de pêche aux riverains, ou s'il n'avait par le fait d'autre destination que d'alimenter les usines qui y seraient établies.

Les articles 33 et 34 de la loi du 16 septembre 1807 fortifient cette opinion ; ils sont ainsi conçus :

Art. 33. « Lorsqu'il s'agira de construire des di-
« gues à la mer ou contre les fleuves, rivières et tor-
« rens navigables ou non navigables, la nécessité en
« sera constatée par le Gouvernement, et la dépense
« supportée par les propriétés protégées dans la
« proportion de leurs intérêts respectifs aux travaux,
« sauf les cas où le Gouvernement croirait utile et
« juste d'accorder des secours sur les fonds publics.

Art. 34. « Les formes précédemment établies et
« l'intervention d'une commission seront appliquées
« à l'exécution du précédent article.

« Lorsqu'il y aura lieu de pourvoir aux dépenses

« d'entretien ou de réparation des mêmes travaux,
« au curage des canaux qui sont en même temps de
« navigation et de desséchement, il sera fait des ré-
« glemens d'administration publique qui fixeront la
« part contributive du Gouvernement et des pro-
« priétaires. Il en sera de même lorsqu'il s'agira de
« levées, de barrages, de pertuis, d'écluses, aux-
« quels des propriétaires de moulins seraient inté-
« ressés. »

Il résulte clairement de cette dernière disposition
que lorsqu'une rivière est navigable, mais en même
temps consacrée à un usage privé, par exemple à un
desséchement, les propriétaires qui tirent avantage
de cette rivière doivent contribuer au curage à proportion de l'utilité dont elle est pour eux. Cet exemple suffit pour établir le principe que nous avons
rappelé.

61. Il en serait encore de même pour les parties
non navigables des rivières navigables, puisque,
comme nous l'avons vu, elles n'appartiennent pas à
l'Etat.

Et bien que la loi du 14 floréal an 11 qui autorise
les préfets à prescrire le curage et à prendre les
mesures nécessaires pour cet objet, ne parle que des
rivières non navigables, il nous semble que ces administrateurs ont au moins le même pouvoir pour les
rivières navigables lorsque le curage est à la charge
des particuliers. Nous sommes autorisés à le penser

ainsi par les termes de la loi du 29 floréal an 10 et de celle du 19 ventose an 6, dont nous croyons que les dispositions doivent régir en tous points la difficulté qui nous occupe.

Art. III.

Des droits que les particuliers peuvent avoir sur les rivières navigables et flottables.

62. Il n'est pas douteux que les propriétaires riverains sont propriétaires des rives. L'obligation de laisser le marche-pied ou chemin de halage en est la preuve incontestable, puisque les art. 556 et 650 du code civil qualifient cette obligation de servitude légale.

D'après le premier de ces deux articles, le particulier à l'héritage duquel se forme une alluvion, en devient propriétaire, soit qu'il s'agisse d'une rivière navigable, flottable ou non, à la charge, dans le premier cas, de laisser le marche-pied ou chemin de halage, conformément aux règlemens.

63. Mais si les propriétaires riverains ne peuvent se dispenser de souffrir le passage pour le halage des navires, par la raison qu'ils doivent, comme tous les sujets du royaume, le sacrifice total ou partiel de leur propriété à l'utilité publique, il n'est pas juste qu'ils le fassent gratuitement. Aussi, les art. 545 du code civil et 3 de la loi du 22 jan-

vier 1808 leur assurent une indemnité conformément à la loi du 16 septembre 1807 ; mais cette indemnité n'est calculée qu'à raison du dommage que leur fait éprouver la non jouissance et la détérioration de la chose qui ne cesse pas de leur appartenir, et n'a lieu que pour les rivières que le Gouvernement a rendues ou rendrait navigables depuis le décret du 22 janvier 1808.

64. D'après l'art 557 , les riverains sont propriétaires des relais que forme l'eau , lorsqu'elle se retire insensiblement d'une de ses rives en se portant sur l'autre.

65. Mais quant aux îles, ilots et attérissemens qui se forment dans le lit des fleuves ou des rivières navigables ou flottables, ils appartiennent à l'Etat , s'il n'y a titre ou prescription contraires. (art. 560.)

65. *Bis*. Chacun a le droit de défendre sa propriété contre les ravages des eaux courantes de toute espèce , par tels ouvrages que bon lui semble , pourvu qu'il n'entreprenne point sur leur lit et qu'il ne nuise point à autrui.

Tout particulier peut donc entretenir ses rives , les réparer ou relever lorsqu'elles ont été détériorées par les eaux ; il n'a pas besoin pour cela d'autorisation administrative ; cependant la prudence doit lui prescrire de faire constater l'état des choses et les travaux nécessaires , avant de rien entreprendre;

autrement l'administration pourrait prétendre qu'il y a eu anticipation, ce qui serait difficile à constater ; et dans le doute, on jugerait en sa faveur.

L'autorisation est indispensable pour la construction des digues.

66. Nous avons vu que, d'après l'art. 44, titre 27 de l'ordonnance de 1669, il est expressément défendu de détourner l'eau des rivières navigables ou flottables, ou d'en altérer et affaiblir le cours par tranchées, fossés et canaux.

67. Mais cette défense n'empêche pas d'y puiser de l'eau, d'y laver et d'y abreuver les bestiaux.

68. Cette défense ayant pour but l'intérêt public, le Gouvernement qui en est le dépositaire et l'arbitre, peut la lever et faire aux particuliers telles concessions que bon lui semble ; mais alors il prend les mesures nécessaires pour que la navigation n'en souffre pas.

69. Le gouvernement peut même abandonner aux riverains la jouissance totale d'une rivière navigable ou flottable ; ce qui a lieu lorsque la navigation ou la pêche ne l'indemnisent pas des frais que son entretien nécessite.

Henrys, tome 2, livre 5, question 49, après avoir établi que les rivières navigables et flottables sont la propriété du roi, rapporte néanmoins plusieurs décisions qui ont attribué aux seigneurs la jouissance de quelques-unes de ces rivières.

70. Les articles 42 et 43 de l'ordonnance de 1669 s'expriment ainsi :

Art. 42 : « Nul, soit propriétaire ou engagiste ne pourra faire moulins, batardeaux, écluses, gords, pertuis, murs, plants d'arbres, amas de pierres, de terre et de fascines, ni autres édifices ou empêchemens nuisibles au cours de l'eau, dans les fleuves et rivières navigables et flottables, ni même y jeter aucunes ordures, immondices, ou les amasser sur les quais et rivages ; à peine d'amende arbitraire. Enjoignons à toutes personnes de les ôter dans trois mois du jour de la publication des présentes et si aucuns se trouvent subsister après ce temps, voulons qu'ils soient incessamment ôtés et enlevés à la diligence de nos procureurs des maîtrises, aux frais et dépens de ceux qui les auront faits et causés, sur peine de 500 fr. d'amende, tant contre les particuliers que contre le juge et notre procureur qui auront négligé de le faire et de répondre, en leurs privés noms, des dommages et intérêts. »

Art. 43 : « Ceux qui ont fait bâtir des moulins, écluses, vannes, gords et autres édifices dans l'étendue des fleuves et rivières navigables, sans en avoir obtenu la permission de nous ou de nos prédécesseurs, seront tenus de les démolir ; sinon le seront à leurs frais. »

L'art. 41 du même titre, dont nous avons rapporté ailleurs la disposition, distingue la propriété des fleuves et rivières navigables et flottables, de celle des droits de pêche, moulins, bacs, etc. La première appartient à l'état, nonobstant tous titres et possessions contraires. Quant à l'autre, les particuliers pouvaient l'acquérir à titre d'usage par titres ou concessions émanées de l'autorité compétente. ·

Une déclaration du mois d'avril 1668 avait ordonné que les possesseurs des îles, crémens, péages, ponts, bacs, moulins, etc. qui justifieraient d'une possession centenaire y seraient maintenus, en payant annuellement par forme de surcens et redevance foncière, le 20.ᵉ du revenu, et que ceux qui ne pourraient justifier une pareille possession seraient privés de ces biens, lesquels seraient réunis au domaine.

L'édit de 1683 a confirmé purement et simplement la propriété de ceux qui possédaient de semblables biens et droits, en vertu de titres authentiques faits avec les rois avant 1566.

A l'égard de ceux qui n'ont rapporté que des titres probatifs de la possession de ces biens, antérieure à 1566, l'édit de 1683 les a confirmés, en payant le 20.ᵉ du revenu annuel desdits biens : mais ceux dont les possesseurs ne purent justifier ni propriété ni possession antérieure à l'année 1566, furent réunis au domaine avec restitution de 29 années de jouissance.

Par un édit du mois de décembre 1693, enregistré le 15 du même mois, les détenteurs, propriétaires et possesseurs des îles, ilots, attérissemens, accroissemens, alluvion, droit de pêche, péages, passages, ponts, moulins, bacs, coches, bateaux, édifices et droits sur les rivières navigables du royaume qui ont rapporté des titres de propriété ou de possession avant le 1.er avril 1566, ont été maintenus à perpétuité, en payant une année de revenu ou le 20.e de la valeur des biens et une redevance seigneuriale et annuelle de cinq sous par arpent de terrein ; de pareils cinq sous pour chaque droit de pêche, passage, par forme de surcens outre les censives et autres rentes dont ils pourraient être chargés, soit envers le roi, soit envers d'autres seigneurs et quant à ceux qui jouissaient des mêmes biens et droits, sans titre ni possession antérieure au 1.er avril 1566, ils ont été maintenus par l'édit de 1693, en payant deux années de revenu outre leur redevance de cinq sous.

Il résulte de tout ce qu'on vient de dire, que depuis l'édit de 1566 il est devenu indispensable pour établir ou pour conserver une usine, un moulin ou autre droit sur les rivières navigables et flottables, d'être porteur d'une permission du Gouvernement, et qu'une possession quelque longue qu'elle soit ne pourrait remplacer le titre ou autorisation exigée par l'art. 43, titre 27 de ladite ordonnance.

C'est ce que confirme en termes exprès un ar—
rêté du directoire exécutif, du 19 ventôse an 6.

Cet arrêté, après avoir transcrit les art. 42, 43
et 44 du titre 27 de l'ordonnance de 1669, ainsi
que plusieurs autres lois et notamment celle du 21
septembre 1792, portant que jusqu'à ce qu'il en ait
été autrement ordonné, les lois non abrogées seront provisoirement exécutées,

Dispose art. 4 : « Les administrations départementales dresseront un état séparé de toutes les
usines, moulins, chaussées etc. reconnus dange--
reux ou nuisibles à la navigation, au libre cours
des eaux, au dessèchement, à l'irrigation des terres,
mais dont la propriété *sera fondée en titres.* »

Art. 5. « Elles ordonneront la destruction, dans
le mois, de tous ceux de ces établissemens *qui ne se
trouveront pas fondés en titres ou qui n'auront d'autres titres que des concessions féodales abolies.* »

Comme on le voit, cette loi ne dit pas un mot de
la possession. Elle déclare bien formellement que
pour pouvoir conserver les établissemens dont elle
parle, il faut en avoir un titre exprès. Par là, elle
exclut la possession, quelque longue qu'elle soit,
à moins qu'elle ne soit antérieure à l'édit de 1566.

Néanmoins il résulte d'une instruction du ministre de l'intérieur, en date du 21 germinal an 6,
que l'esprit de la loi étant seulement de faciliter la
navigation et de détruire les obstacles qui l'entra--

vaient, l'autorité administrative doit conserver les établissemens qui ne gênent pas la navigation, quoique non fondés en titre, et à plus forte raison qui lui sont utiles.

Seulement dans ce cas, les propriétaires de ces établissemens sont obligés de faire légaliser leur existence, et de remplir les formalités nécessaires pour obtenir l'autorisation du Gouvernement qui n'est pas refusée.

71. L'instruction dont nous avons parlé établit la différence qui existe entre le cas où il y a titre et celui où il n'y en a pas, ou ce qui est la même chose, lorsqu'il est anéanti par la loi; c'est que dans le premier cas le sacrifice exigé du propriétaire pour l'intérêt public peut selon les circonstances donner lieu à une indemnité, tandis que dans le second il n'en est dû aucune.

72. Nous venons de rapporter le texte même de l'instruction ministérielle; elle porte l'empreinte du temps où elle parut; car le droit de l'indemnité ne doit pas dépendre des circonstances, elle doit être acordée dans tous les cas, et par cela seul qu'on exige pour cause d'utilité publique le sacrifice d'une propriété particulière.

73. Puisque les établissemens antérieurs à la loi du 19 ventôse, quoique faits sans autorisation, sont maintenus s'ils ne nuisent pas à la navigation à la charge d'obtenir l'autorisation du Gouvernement, et

que d'après les art. 9 et 10 de la même loi, il n'en peut être fait de nouveaux sans cette autorisation, il est important de retracer les formalités qu'on doit observer pour l'obtenir.

La demande doit être adressée au préfet du département dans lequel on se propose de faire l'établissement.

Le préfet, après avoir examiné la pétition, la renvoie au maire de la commune dans l'étendue de laquelle on veut construire l'établissement, à l'ingénieur d'arrondissement et à l'inspecteur de la navigation lorsqu'il y en a un.

Le maire, pour mettre les intéressés à même de former leurs réclamations, affiche la pétition à la porte principale de la mairie; cette affiche demeure exposée pendant vingt jours, avec invitation à ceux qui auraient des observations à proposer de les faire au secrétariat de la mairie dans le délai de vingt jours, ou au plus tard, dans les trois jours qui suivent l'expiration de ce délai.

Le maire, l'ingénieur ordinaire et l'inspecteur de la navigation rédigent leur avis motivé, ensemble ou séparément; l'ingénieur doit dresser un plan pour accompagner son avis.

Le maire adresse son avis au préfet.

L'ingénieur ordinaire adresse le sien à l'ingénieur en chef.

L'inspecteur de la navigation, au bureau de la navigation.

L'ingénieur en chef donne son avis.

Aussitôt la clôture des visites et rapports, toutes les pièces sont remises au préfet pour former son arrêté motivé; lequel, par une disposition expresse porte surséance d'exécution jusqu'à l'intervention de la sanction du roi.

Conformément à la loi du 19 ventose an 6, les arrêtés d'autorisation des préfets doivent contenir :

1° L'obligation expresse aux ingénieurs de surveiller immédiatement l'exécution des travaux indiqués aux plans et devis ;

2° Celle au concessionnaire de faire à ses frais, après les travaux achevés, constater leur état par un rapport de l'ingénieur dont une expédition sera déposée aux archives de la préfecture , et une autre adressée au ministre de l'intérieur ;

3° D'insérer la clause expresse que dans aucun temps ni sous aucun prétexte , il ne pourra être prétendu indemnité , chomages ni dédommagemens par les concessionnaires ou ceux qui les représenteront par suite des dispositions que le Gouvernement jugerait convenable de faire pour l'avantage de la navigation du commerce ou de l'industrie , sur les cours d'eau où seront situés les établissemens.

L'arrêté du préfet étant formé, il est adressé avec

les pièces au ministre de l'intérieur, pour d'après l'examen être présenté, s'il y a lieu, à l'homologation du roi.

Les mêmes règles ont lieu pour les anciens établissemens, toutes les fois qu'on veut les changer de place ou y faire quelqu'innovation importante, (*Voyez une instruction du ministre de l' intérieur en date du 19 thermidor an 6.*)

74. Les règles relatives à la propriété, au régime, à la police et à l'administration des bacs et bateaux sur les fleuves, rivières et canaux navigables, sont établies par la loi du 6 frimaire an 7.

75. Il résulte de cette loi que l'Etat est seul propriétaire nonobstant tous titres contraires qui sont annulés, non seulement de l'exploitation du bac, du droit de passage et de la rétribution qui y est attachée, mais encore des objets matériels servant à l'exercice de ce droit. L'Etat n'est tenu qu'au remboursement de la valeur de ces objets matériels pourvu que les pariculiers prouvent par titres qu'ils leur appartiennent; mais ils ne peuvent réclamer aucune indemnité pour la privation de l'exploitation du droit de passage lors même qu'ils l'auraient acheté et payé.

76. Cette disposition ne s'applique pas aux bacs et bateaux non employés à un passage commun, mais établis pour le seul usage d'un particulier ou

pour l'exploitation d'une propriété circonscrite par les eaux.

Néanmoins ces bacs et bateaux ne peuvent être maintenus, et il ne peut en être établi de nouveaux qu'en vertu d'autorisation administrative.

77. Cette disposition ne s'applique pas non plus aux barques, batelets et bachots servant à l'usage de la pêche et de la marine marchande; mais les propriétaires et conducteurs desdites barques, batelets et bachots ne peuvent établir de passages à heure ni lieu fixes.

78. Le droit de pêche est régi par la loi du 14 floréal an 10.

D'après l'article 12 de cette loi, nul ne peut pêcher dans les fleuves et rivières navigables s'il n'est muni d'une licence, ou s'il n'est adjudicataire de la ferme de la pêche.

« L'art. 16 ajoute : Les gords, barrages et autres établissemens fixes de pêche construits ou à construire seront pareillement affermés après qu'il aura été reconnu qu'ils ne nuisent point à la navigation, qu'ils ne peuvent produire aucun attérissement dangereux et que les propriétaires riverains n'en peuvent souffrir de dommage ».

79. Il résulte de là que la disposition de l'article 41 du titre 23 de l'ordonnance des eaux et forêts de 1669 qui maintient les droits de pêche que des par-

ticuliers ont, par titre et possession légitimes dans les rivières navigables, ne subsiste plus.

Voici au surplus un avis du conseil d'État, du 3o messidor an 12, approuvé le 11 thermidor suivant, qui le décide formellement.

Le conseil d'État, après avoir entendu le rapport de la section des finances sur le renvoi qui lui a été fait..... d'un projet de décret..... dont l'objet principal est de maintenir provisoirement les possesseurs de droits de pêche dans les fleuves et rivières navigables, dont les titres sont antérieurs à l'édit de 1566, est d'avis qu'on ne peut adopter le projet. . . . . attendu 1° que la Convention nationale ayant, par son décret du 3o juillet 1793, rangé les droits exclusifs de pêche et de chasse dans la classe des droits féodaux supprimés sans indemnité, le droit de pêche s'est trouvé irrévocablement anéanti dans la main de ceux qui en jouissaient soit patrimonialement, soit à titre d'engagistes ou d'échangistes; 2° et que le rétablissement du droit exclusif de pêche dans les fleuves et rivières navigables, ordonné en faveur de l'Etat par le titre 5 de la loi du 14 floréal an 10, n'a apporté, à l'égard des particuliers, aucun changement dans la législation établie par le décret du 3o juillet 1793.

8o. De là, le décret suivant, qui a été rendu le 11 avril 1810.

Sur le rapport de notre Ministre des finances, relatif à un arrêté du conseil de préfecture du département de l'Eure, du 16 juin 1807, qui a maintenu
le sieur Leuffroy–Leroux dans la propriété et possession d'une pêcherie située en la rivière de Seine,
sous une des arches du pont de Vernon, dite l'*Arche-du-Saulx*;

Vu ledit arrêté, ensemble les observations du
Conseiller d'Etat, directeur-général des eaux et forêts;

Vu la pétition du sieur André Leroy, adjudicataire
du premier cantonnement de pêche établi sur la
Seine, tendant à être maintenu dans la jouissance
de la pêcherie dont il s'agit, laquelle est comprise
dans son adjudication.

Vu pareillement l'avis de notre conseil d'Etat,
approuvé par nous le 11 thermidor an 12, et les
observations du Conseiller d'État, directeur-général
des forêts;

Considérant que l'avis de notre conseil d'Etat,
approuvé par nous le 11 thermidor an 12, a décidé
que le droit de pêche dans les fleuves et rivières navigables était irrévocablement anéanti par la loi du
30 juillet 1793, dans la main de ceux qui en jouissaient soit patrimonialement, soit à titre d'engagiste,
d'échangiste, lors même que les titres de possession
seraient antérieurs à 1566;

Que l'arrêté du conseil de préfecture de l'Eure est
contraire à cette disposition;

Que le droit de pêche dont jouissait indûment le sieur Leuffroy-Leroux, étant compris dans l'adjudication faite au sieur Leroy, c'est à ce dernier à se pourvoir, s'il y a lieu, contre ledit Leroux, pour raison de non-jouissance ;

Notre conseil d'Etat entendu, nous avons décrété et décrétons ce qui suit :

L'arrêté du conseil de préfecture du département de l'Eure, du 16 juin 1807, qui a maintenu le sieur Leuffroy-Leroux dans la propriété de la pêcherie située sous une des arches du pont de Vernon, dite l'*Arche-du-Saulx*, est annulé.

81. Ces principes ont été encore confirmés par un arrêt du Conseil du 20 juillet 1817, rapporté par Sirey dans sa Jurisprudence du Conseil, quatrième volume, qui décide que les décrets des 6 et 3o juillet 1793 et du 8 frimaire an 2 ont supprimé, comme féodaux, tous droits de pêche dans un canal de navigation, bien qu'il y eut un titre de concession émané de l'ancien Gouvernement. Le titre 5 de la loi du 14 floréal an 10, qui a rétabli au profit de l'Etat le droit exclusif de pêche dans les fleuves et rivières navigables, ne profite qu'à l'Etat et ne profite point aux anciens propriétaires dépouillés, d'après les avis du conseil d'Etat des 11 thermidor an 12 et 17 juillet 1808. L'ancien propriétaire ne peut plus réclamer qu'un droit d'indemnité à raison des bâtimens, ustensiles et agrès à lui appartenant, dont l'adminis-

tration se serait emparée; et dans ce cas, la demande en indemnité doit être détachée du litige ou contestation de la pêche, pour être portée directement devant l'administration des ponts et chaussées.

82. Il est donc impossible à un particulier d'acquérir, soit par titre, soit par possession, la propriété irrévocable du droit de pêche dans une rivière navigable. Il peut seulement en avoir la jouissance temporaire en vertu d'une licence ou d'un contrat de bail.

Par cela même que ces dispositions ne concernent que les rivières navigables, on en doit conclure que l'Etat abandonne aux riverains la pêche des rivières simplement flottables. Je sais que le conseil d'Etat, consulté à cet égard par le Ministre des finances, vient de décider la question dans ce sens; mais je ne crois pas que son avis ait encore reçu l'approbation du Roi.

Art. IV.

Des actions qui naissent en faveur des particuliers, des dispositions contenues dans l'article précédent, et des autorités qui en doivent connaître.

83. Nous avons vu que c'est à l'administration qu'il appartient de poursuivre et de punir les contraventions commises sur les rivières navigables;

mais cela n'empêche pas que les particuliers qui souf-
frent un dommage de ces contraventions ne puissent
en demander la réparation. Ils ont une action relative
à leur intérêt privé; ils peuvent l'exercer soit que
l'administration poursuive, soit qu'elle ne poursuive
pas.

84. C'est bien à l'autorité administrative qu'appartient le droit d'autoriser les établissemens sur les
rivières navigables, et de faire des réglemens sur le
mode de se servir des eaux. Mais l'exécution, les
violations ou extensions de ces réglemens peuvent
causer des dommages aux propriétaires riverains et
donner lieu à des demandes qui sont de la compétence des tribunaux ordinaires. Ces tribunaux peuvent ordonner l'exécution de ces réglemens sur la
réclamation des particuliers, pourvu qu'il ne s'agisse
que de l'intérêt de ceux-ci, et qu'ils soient présens
devant eux.

85. Supposons d'après cela qu'un particulier, en
construisant dans la rivière une digue ou en y rassemblant des matières quelconques, arrête une partie des eaux destinées à faire mouvoir l'usine inférieure ;

Ou bien qu'il existe sur une rivière plusïeurs usines : les actes de concession et des réglemens antérieurs ont déterminé et la hauteur des eaux et le
temps pendant lequel chaque propriétaire peut les
retenir pour que tous en jouissent également; cepen-

dant l'un de ces propriétaires retient les eaux plus long-temps qu'il n'en a le droit, et les autres en sont privés ; ou, soit par la trop grande élévation du déversoir de son moulin, soit autrement, il inonde les héritages riverains, il est manifeste que le dommage causé devra être réparé. Les conseils de préfecture ne peuvent condamner à l'indemnité, parce que la contestation existe entre particuliers. Ils ne peuvent, par le même motif, ordonner la destruction du nouvel œuvre et le rétablissement de l'ancien état des choses sur la poursuite du particulier lésé ; ils ne le pourraient qu'autant que le préfet poursuivrait spécialement à ces fins. Ce particulier devra donc se pourvoir devant l'autorité judiciaire. Telle est la jurisprudence du conseil d'Etat consacrée par plusieurs arrêts, et entr'autres par ceux des 25 avril 1812 (Jurisprudence du conseil d'État, tome 2, p. 60.) et 28 juillet 1819, entre Jourdain et Bourgois, n° 3944. Dans ce dernier arrêt on en cite même un précédent du 18 août 1810.

Le lecteur sera bien aise sans doute de connaître plus particulièrement les arrêts des 25 avril 1812 et 28 juillet 1819.

Voici l'espèce du premier.

La dame veuve de Brassac est propriétaire d'un moulin situé sur le Tarn, rivière navigable.

Il existe sur la même rivière un autre moulin

pelé *moulin de Beaucaire*, appartenant à plusieurs particuliers.

Ceux-ci, détournant continuellement les eaux destinées à alimenter le moulin de la dame de Brassac, cette dernière les fit citer devant le conseil de préfecture pour les faire condamner en 10,000 fr. de dommages-intérêts.

Ayant succombé devant le conseil de préfecture, elle se pourvut au conseil d'Etat, et plus éclairée sur ses droits, elle proposa l'incompétence de l'autorité administrative qui fut en effet reconnue en ces termes : « Considérant que l'attribution accordée aux conseils de préfecture par la loi du 29 floréal an 10, est uniquement relative aux contraventions qui auraient lieu, au préjudice de l'intérêt public, sur les grandes routes, canaux, rivières navigables, etc. ; mais que les contraventions de cette nature qui n'intéressent que des parties privées, et qui donnent lieu à des dommages-intérêts de particulier à particulier, sont nécessairement, et sous ce dernier rapport, du ressort des tribunaux ordinaires. »

Voici l'espèce du second arrêt.

La rivière d'Eure traverse la ville de Louviers, en Normandie.

Cette rivière s'y divise en deux bras, dont l'un est navigable par artifice, à l'aide d'écluses et de portes marinières, et l'autre n'est point navigable. Celui-ci au contraire est couvert de ces riches manufactures de très-beaux draps qui ont élevé si haut l'antique réputation de cette industrieuse cité.

De ce bras se détache un cours d'eau qui fait mouvoir l'usine du sieur Hache Bourgois, nommée *l'usine du Gril*.

En tête de ce cours d'eau, il existe un déversoir nommé *la cascade*, et un repère destinés à fixer la hauteur à laquelle les eaux doivent être tenues dans l'intérêt de toutes les usines riveraines.

Ce déversoir et ce repère furent placés en vertu d'un règlement du préfet de l'Eure, qui fixait aussi les jours et le temps pendant lesquels chaque riverain jouirait de l'eau pour le service de son moulin.

Il paraît que le soin de tenir les eaux à la hauteur fixée par le préfet, fut confié au fermier d'un moulin dit des *quatre Moulins*, situé sur la partie principale du bras non navigable.

Il paraît aussi que le fermier de ce moulin, au lieu d'exécuter le règlement, tenait fréquemment les eaux au-dessous de la hauteur du déversoir et du repère, de telle sorte qu'il n'en arrivait plus à l'usine du sieur Hache Bourgois, dont la marche étoit paralysée.

Celui-ci fit dresser procès-verbal du fait par le conducteur des ponts et chaussées, et, armé de cette pièce, traduisit le fermier (le sieur Jourdain) devant le conseil de préfecture pour le faire condamner à l'amende.

Remarquons qu'il ne conclut à aucuns dommages-intérêts.

Le conseil de préfecture, s'étant déclaré compétent, condamna le sieur Jourdain en 500 fr. d'amende, attendu qu'il se faisait un jeu de violer le règlement et de détourner l'eau nécessaire à l'activité de l'usine du sieur Bourgois.

Le sieur Jourdain se pourvut au conseil d'Etat, et proposa deux moyens d'incompétence.

1°. La loi du 29 floréal an 10, disait-il, n'attribue aux conseils de préfecture que la connaissance des contraventions commises sur les rivières et canaux navigables.

(Nous ferons remarquer que ce moyen n'était pas fondé, puisque si le canal sur lequel la contravention avait été commise n'était pas navigable par lui-même, il faisait partie d'une rivière navigable.)

2°. En supposant que l'on put considérer ce canal, comme ayant le même caractère que la rivière, comme il s'agissait de la violation d'un règlement, commise au préjudice d'un particulier, sans atteinte portée à l'intérêt public, la contestation ne pouvait être soumise qu'aux tribunaux.

Le premier moyen fut rejeté; mais le second fut accueilli en ces termes:

Vu l'arrêt du conseil du 10 août 1694, la déclaration du 13 août 1709, la loi du 29 floréal an 10, les décrets des 18 août 1810 et 25 avril 1812;

Considérant que la contravention reprochée au sieur Jourdain ne concerne nullement l'intérêt public; qu'il s'agit uniquement d'une contestation d'intérêt privé qui est dans les attributions des tribunaux ordinaires, le Roi, en son conseil d'Etat, a annulé l'arrêté attaqué, et renvoyé l'affaire à l'autorité judiciaire.

La compétence de cette autorité est donc incontestable. Mais, est-ce aux tribunaux civils, est-ce aux tribunaux correctionnels que le demandeur devra s'adresser?

D'abord, il est indubitable qu'il pourra s'adresser aux tribunaux civils; car, lors même que le fait qui donne lieu à la poursuite constitue un délit, la partie lésée peut se borner à une action devant le tribunal civil en réparation du dommage qu'elle en éprouve.

86. Cette action civile, comme toutes celles de la même nature, pourra être dirigée directement devant le tribunal de première instance, ou par voie de complainte devant le juge de paix.

87. Mais, pour pouvoir prendre cette dernière voie, il faudra avoir une possession annale, et se pourvoir dans l'année du trouble. Ainsi, il sera indispensable que depuis un an au moins le demandeur ait la jouissance du cours d'eau pour le service de son usine, conformément au règlement dont nous avons supposé l'existence, et que la complainte

soit intentée dans l'année de la retenue des eaux ou de l'inondation.

Ces principes reposent sur une décision du conseil d'Etat du 10 septembre 1808, ainsi conçue : « Vu la loi des 16 et 24 août 1790, qui charge le juge de paix de connaître entre particuliers sans appel, jusqu'à la valeur de 50 francs, et à charge d'appel à quelque valeur que la demande puisse monter, des entreprises sur les cours d'eau servant à l'arrosement des prés commises dans l'année.

Considérant qu'il ne s'agit point ici d'une entreprise faite sur le Lauzon, rivière publique, mais de la manière dont quelques particuliers doivent jouir d'une portion des eaux de cette rivière, en vertu des concessions qui leur ont été faites ;

Considérant qu'au moyen desdites concessions, la dame Sobiratz et le sieur Desisnards ont des droits de propriété sur des prises d'eau dérivant du Lauzon, que les tribunaux sont seuls compétens pour statuer sur l'étendue de ces droits, et fixer le mode de jouissance de chacun des concessionnaires d'après les titres par eux produits ;

Notre conseil d'Etat entendu,

Nous avons décrété et décrétons ce qui suit :

Les arrêtés des 6 pluviose an 10 et 16 sepsembre 1807 sont annulés comme incompétens : la contestation pendante entre la dame Sobirats et Comors et le sieur Désisnards est renvoyée devant les tribunaux ordinaires.

87. Ajoutons que toute discussion qui a pour objet des servitudes, des droits d'usage et de pro-priété de cours d'eau et autres charges résultant d'actes et contrats, ou qui sont fondés sur la possession plus ou moins longue, est de la com-pétence des tribunaux ordinaires, même lorsqu'il s'agit de rivières navigables et flottables ; sauf les exceptions qui peuvent résulter, dans certains cas, des ventes de biens nationaux.

C'est également ce qui résulte de la décision ci-devant citée n° 348, ainsi que de deux autres déci-sions des 17 décembre 1809, n.° 653 et 11 avril 1810, n.° 783.

Il résulte donc de là qu'il peut intervenir entre des parties privées des conventions sur l'usage des eaux publiques. Ces conventions qui n'ont aucun effet au préjudice des riverains ni de l'administration, sont obligatoires entre ceux qui les ont souscrites. Ainsi, chaque particulier, ayant droit de demander et pou-vant obtenir l'autorisation de former un établisse-ment sur une rivière navigable ou flottable, peut faire avec ses voisins à cet égard telles stipulations que bon lui semble. Si donc au mépris de ces sti-pulations un des obligés demandait l'autorisation de construire une usine, l'administration s'y refuserait, pourvu qu'elles ne continssent rien de contraire à l'intérêt général , ou en cas de contestation sur le sens et la validité des actes , renverrait l'affaire préa- lablement devant l'autorité judiciaire.

88. C'est aussi devant les tribunaux et non de- vant l'autorité administrative que doivent être por- tées toutes les contestations sur la jouissance des cours d'eau, alors même que ces eaux servent à l'irrigation de propriétés d'origine nationale. (Arrêt de cassation du 15 janvier 1808, au recueil de Sirey , tome 10 , page 340.)

89. Nous revenons à ce que nous avons dit que la partie lésée aura l'action possessoire , bien qu'il s'agisse de trouble apporté à la jouissance d'un par- ticulier sur une rivière navigable.

Mais , dira-t-on , comment concilier cette déci- sion avec le principe que les rivières navigables et flottables appartiennent à l'Etat, qu'il n'est pas possible d'en acquérir ou prescrire la propriété , et avec celui qui interdit l'action possessoire pour les choses imprescriptibles , et qui ne sont pas suscep- tibles de propriété privée.

On répond qu'il faut bien distinguer la pro- priété des fleuves et rivières navigables ou flot- tables de l'usage des eaux qui les composent ; que cet usage peut être concédé particllement à des particuliers par l'Etat, qui prend les précautions nécessaires pour que la navigation n'en soit pas interrompue ; et comme c'est à cet usage que le trouble est apporté, l'action possessoire peut évidemment être intentée pour le faire cesser ; que dans le cas proposé il s'agit d'un débat entre particuliers dans un intérêt purement privé , qu'il n'y a aucune analogie entre ce cas et celui où un particulier élèverait contre l'Etat même la prétention d'avoir acquis par prescription un droit de propriété sur la rivière.

91. Une autre question peut s'élever ; elle consiste à savoir s'il ne faudra pas que le demandeur ou possesseur produise à l'appui de son action les titres de propriété ou de concession. Il est incontestable qu'en matière de servitudes qui ne peuvent s'acquérir par la possession, mais seulement par titre, on n'est reçu à intenter l'action possessoire qu'en produisant son titre.

La réponse est qu'il n'y a aucune analogie entre les deux hypothèses ; en effet, dans la dernière le propriétaire du fonds que l'on prétend grévé, invoque un droit qui lui est personnel en réclamant la preuve écrite que ce fonds est assujéti à une servitude ; dans la première, au contraire, il n'appartient qu'à l'Etat de se plaindre de la construction de l'établissement sans autorisation ; mais si l'état ne se plaint pas, soit parce que dans la réalité l'établissement est utile, soit par tout autre motif, personne ne peut faire valoir un moyen qu'il abandonne. D'ailleurs il arrive tous les jours que l'administration maintient un établissement fait sans autorisation, et se borne à obliger le propriétaire à l'obtenir.

92. Pour rendre ce raisonnement plus sensible, supposons qu'un particulier ait construit une maison sur la voie publique. Il est troublé dans sa possession ; il intente une action en complainte. Certes le défendeur ne serait pas recevable à alléguer que le terrain sur lequel la maison est édifiée appartient à l'Etat, et à confondre ainsi la propriété et la possession : par cela seul qu'un établissement existe et que le détenteur a la possession annale, il peut intenter contre celui qui le trouble l'action de complainte possessoire.

93. A plus forte raison pourrait-il intenter l'action en réintégrande.

En effet, cette action qui est fondée sur la nécessité de réprimer les voies de fait et sur la maxime : *Spoliatus antè omnia restituendus*, n'a d'autre but que de forcer le spoliateur à remettre les choses dans l'état où elles étaient lors de l'entreprise ; elle n'exige ni la possession annale, ni même celle *animo Domini*. La simple détention naturelle suffit pour l'autoriser ; le juge devant lequel le particulier dépossédé la porte, n'a donc qu'à examiner s'il a été fait un changement à l'état des lieux.

94. Il n'est pas inutile de noter ici les différences qui distinguent la réintégrande de la complainte.

Le code de procédure civile n'a aucune disposi-

tion spéciale sur la réintégrande ; mais le code civil
fait clairement entendre que cette action est maintenue, puisque l'art. 2060 porte : «La contrainte
par corps a lieu..... en cas de réintégrande pour
» le délaissement ordonné par justice d'un fonds
» dont le propriétaire a été dépouillé par voie de
» fait , pour la restitution des fruits qui en ont été
» perçus pendant l'indue possession et pour le paye-
» ment des dommages et intérêts adjugés au pro-
» priétaire.

Il faut donc recourir à la législation précédente ,
c'est-à-dire à l'ordonnance 1667. Les art. 1 et 2 du
titre 18 sont ainsi conçus :

Art. 1.er : « Si aucun est troublé en la posses-
» sion et jouissance d'un héritage ou droit réel ou
» universalité de meubles qu'il possédait publique-
» ment sans violence à autre *titre que de fermier*
» ou *possesseur précaire ,* il peut dans, l'année du
» trouble , former complainte en cas de saisine et
» nouvelleté contre celui qui lui a fait trouble.

Art. 2 : » Celui qui aura été dépossédé par vio-
» lence ou par voie de fait, pourra demander la
» réintégrande par action civile et ordinaire ou
» extraordinairement par action criminelle ; et s'il
» a choisi l'une de ces deux actions, il ne pourra
» se servir de l'autre, si ce n'est qu'en prononçant
» sur l'extraordinaire ou lui eut réservé l'action
» civile. »

De la combinaison de ces deux articles il résulte que, pour être autorisé à intenter l'action en réinté-grande , il faut avoir été réellement dépouillé ; au lieu qu'il suffit d'être troublé dans sa possession pour former une demande en complainte. C'est la 1.ere différence entre les deux actions.

La seconde différence, c'est que pour être admis à la complainte , il faut avoir saisine ; c'est-à-dire avoir possédé pendant tout le cours de l'année qui a précédé le trouble , et que pour la réintégrande il suffit de prouver que l'on possédait au moment de la spoliation.

Une 3.e différence consiste en ce que la com-plainte ne peut être intentée que par action civile, et que le demandeur en réintégrande a le choix en-tre l'action civile et l'action criminelle.

Une quatrième différence est, que celui qui suc-combe sur une demande en complainte, ne peut plus agir qu'au pétitoire ; la voie possessoire au con-traire est encore ouverte à celui qui sur une de-mande en réintégrande a été condamné à resti-tuer l'objet dont il s'était emparé par violence. (1)

Ces principes ont été consacrés par un arrêt de la

---

(1) Voyez l'excellent traité de M. le président Henrion de Pansey , sur la compétence des juges de paix , pages 5o4 et suivantes.

cour de cassation, en date du 10 novembre 1819, rapporté par Sirey an 1820, page 210, rendu entre la dame Dea et le sieur Dauphinot.

« La cour, attendu en droit 1.º que l'action de réintégrande à la suite d'une entreprise ou voie de fait appartenant à la classe des actions possessoires est incontestablement de la compétence des juges de paix ;

» Attendu, 2.º que cette action comme toutes celles qui ont pour objet la repression d'un délit ou d'un quasi délit, est particulièrement introduite en faveur de l'ordre et de la tranquilité publique, et que sans influence sur les droits respectifs, les parties demeurent libres de les exercer comme auparavant, soit au possessoire, soit au pétitoire ; d'où il résulte que pour décider si le jugement qui a statué sur une action de cette espèce, est sujet ou non à l'appel, il faut uniquement considérer la somme demandée pour les dommages-intérêts.

» Et attendu en fait, qu'il s'agit dans l'espèce d'une action en réintégrande intentée à la suite d'une entreprise ou voie de fait, que Dauphinot a demandé pour dommages-intérêts la somme de 20 fr., et que le jugement ne lui accorde pour tous dommages-intérêts, que le remboursement des dépens liquidés à 26 fr. ; que dans ces circonstances en décidant que l'appel interjeté du jugement du juge de paix n'était point recevable, le jugement attaqué a

fait une juste application des lois de la matière, rejette le pourvoi. »

95. Il faut conclure de ce que nous avons dit,
qu'à quelques différences près, que nous avons déjà
signalées, et que la nature des choses achevera de
faire sentir, les rivières navigables peuvent donner
lieu entre particuliers aux mêmes actions que les
autres cours d'eau.

96. Il faut également en conclure que cette
décision est admissible, à plus forte raison, à
l'égard des canaux non navigables, ou simples
ruisseaux dérivés des rivières navigables, et qui y
retournent après avoir traversé plusieurs propriétés, lors même qu'ils ne feraient mouvoir aucune usine.

97. Quoique ces petits cours d'eau, par cela
même qu'ils proviennent des rivières navigables et
flottables appartiennent à l'Etat, à moins de concession particulière ; quoique l'Etat en ait la police,
et qu'il puisse ou en changer le cours, ou les réunir à la rivière, parce qu'il est propriétaire de la
source qui est cette rivière, (*caput aquæ*) ; cependant le seul fait que l'écoulement de l'eau a lieu au
travers d'héritages privés, et que les propriétaires
riverains ont la possession du cours d'eau, comme
s'ils le curent, s'ils y pêchent, s'ils l'emploient aux
besoins de leur commerce ou à la fertilisation de
leurs terres, suffit pour autoriser l'action posses-

soire contre le particulier qui détournerait le cours d'eau, au préjudice d'un autre, ou qui commettrait une entreprise quelconque.

98. Nous avons vu que les riverains des rivières navigables, canaux et ruisseaux qui en dépendent, ont l'action civile contre ceux qui leur font quelque préjudice, action qu'ils peuvent porter devant le juge de paix, par voie de complainte, ou devant le tribunal de première instance, par action personnelle.

Mais ce n'est pas la seule qui leur appartienne; ils peuvent se pourvoir, dans quelques cas particuliers, devant le tribunal de police correctionnelle.

99. La loi du 6 octobre 1791, sur les usages ruraux et la police rurale contient les dispositions suivantes, titre 2.

« Art. 15. Personne ne pourra inonder l'héritage de son voisin, ni lui transmettre volontairement les eaux d'uue manière nuisible, sous peine de payer les dommages, et une amende qui ne pourra excéder la somme du dédommagement..

« Art. 16. Les propriétaires ou fermiers des moulins et usines construits ou à construire, seront garans de tous dommages que les eaux pourraient causer aux chemins ou aux propriétés voisines, par la trop grande élévation du déversoir ou autrement. Ils seront forcés de tenir les eaux à une hauteur qui ne nuise à personne, et qui sera fixée par le directoire du département, d'après l'avis du directoire de district; en cas de contravention, la peine sera une amende qui ne pourra excéder la somme du dédommagement. »

Le code pénal de 1810 contient aussi les dispositions suivantes :

« Art. 437. Quiconque aura volontairement détruit ou renversé par quelque moyen que ce soit, en tout ou en partie, des édifices, des ponts, digues ou chaussées ou autres constructions qu'il savait appartenir à autrui, sera puni de la réclusion et d'une amende qui ne pourra excéder le quart des restitutions et indemnités, ni être au-dessous de 100 fr.

Art. 457. « Seront punis d'une amende qui ne pourra excéder le quart des restitutions et des dommages-intérêts, ni être au-dessous de 50 fr., les propriétaires ou fermiers ou toute autre personne jouissant de moulins, usines ou étangs qui, par l'élévation du déversoir de leurs eaux au-dessus de la hauteur déterminée par l'autorité compétente, auront inondé les chemins ou les propriétés d'autrui. »

S'il est résulté du fait quelques dégradations, la peine sera, outre l'amende, un emprisonnement de six jours à un mois.

100. Nous avons vu que la loi du 14 floréal an 10 a anéanti tous les droits de pêche appartenant à des particuliers, sur les rivières navigables et flottables, soit qu'ils fussent fondés sur des titres ou

sur la possession, et que depuis cette loi on ne pouvait avoir des droits à la pêche, autrement qu'en vertu d'un bail émané de l'administration.

101. Supposons que le fermier d'un droit de pêche soit troublé par un autre particulier dans l'exercice de son droit, comme si celui-ci se permet de tendre des filets dans la partie de rivière affermée, le fermier pourra-t-il le poursuivre, et par quelle voie?

Nul doute qu'il ne puisse le poursuivre.

La pêche, dans les rivières navigables ou flottables de la part de celui qui n'en a pas le droit, est un délit lorsqu'elle a lieu autrement qu'à la ligne flottante et à la main.

« Tout individu (porte l'article 14, titre 5 de la loi du 14 floréal an 10) qui n'étant ni fermier de la pêche, ni pourvu de licence, pêchera dans les fleuves et rivières navigables autrement qu'à la ligne flottante et à la main, sera condamné.

1° A une amende qui ne pourra être moindre de 5o francs, ni excéder 2oo francs ; 2° à la confiscation des filets et engins de pêche ; 3° à des dommages-intérêts envers le fermier de la pêche, d'une somme pareille à l'amende. L'amende sera double en cas de récidive. »

L'article 15 ajoute : « Les délits seront poursuivis et punis de la même manière que les délits forestiers.

Or, d'après l'article 1er du Code d'instruction criminelle, l'action en réparation du dommage causé
par un délit peut-être exercé par tous ceux qui ont
souffert de ce dommage; et suivant l'article 3 du
même Code, l'action civile peut être poursuivie en
même temps et devant les mêmes juges que l'action
publique.

102. Il est donc indubitable que le fermier de la
pêche peut citer le délinquant devant le tribunal correctionnel, en réparation du dommage qu'il lui a
causé, sauf au ministère public, chargé de la poursuite des délits dans l'intérêt social, à conclure à l'application des peines prononcées par la loi à raison
du délit.

Et comme l'action civile en réparation du dommage peut aussi être poursuivie séparément, le fermier de la pêche peut la porter devant les tribunaux
civils.

103. Son action pourra être portée ou devant le
juge de paix, ou devant le tribunal de première instance, suivant la quotité des dommages-intérêts
réclamés.

Il faudra suivre à cet égard les règles de compétence établies pour toutes les actions par la loi du
24 août 1790.

Ni le juge de paix, ni le tribunal civil ne pourront
objecter qu'il s'agit d'un délit et qu'ils ne sont pas
compétens pour le juger ; car ce n'est pas un délit,

6

c'est un fait qu'une partie privée leur dénonce pour obtenir seulement la réparation du dommage qu'il lui a causé.

104. Il est deux cas où ces tribunaux doivent, non pas se dessaisir et se déclarer incompétens, mais surseoir à statuer sur l'action.

Le premier, c'est lorsque soit avant, soit depuis l'action civile, il a été formé une action publique ; les tribunaux civils doivent attendre qu'il ait été statué par les tribunaux correctionnels.

Le second, c'est lorsque le particulier poursuivi soutient que la masse d'eau dans laquelle il a péché lui appartient et qu'elle n'est pas comprise dans l'adjudication du droit de pêche consentie par l'administration aux parties qui se plaignent, alors les tribunaux doivent surseoir à prononcer jusqu'à ce qu'il ait été statué sur cette difficulté. On pourrait croire que c'est devant le conseil de préfecture qu'elle doit être portée, et l'on pourrait citer un arrêt de cassation du 23 mars 1806, rendu au rapport de M. Delacoste sur le pourvoi de Besson, et rapporté dans le Dictionnaire des Arrêts de Delaporte, au mot *pêche*, qui le décide ainsi ; mais ce serait une erreur, et le conseil d'Etat a décidé depuis tout le contraire, en renvoyant une pareille question à la décision des tribunaux civils.

Voyez arrêt du conseil du 4 juin 1815, n° 2176.

105. Mais l'autorité administrative est seule com-

pétente pour décider si le droit de pêche fait partie d'une propriété que l'administration a vendue ou d'un droit qu'elle a affermé.

Arêt du conseil du 2 février 1809, n° 29200.

106. Il n'y aurait lieu à aucun sursis dans le cas où le fermier de la pêche, au lieu d'intenter une action purement personnelle, formerait une action possessoire devant le juge de paix, soit par voie de complainte, soit par voie de réintégrande.

L'action possessoire lui serait incontestablement ouverte.

Quant à la réintégrande. cela ne ferait pas difficulté ; car nous avons vu que pour l'intenter, la détention naturelle suffit : un simple fermier, dit Jousse sur l'article 2, titre 18 de l'ordonnance de 1667, peut intenter la réintégrande ; car l'ordonnance s'exprime ici d'une manière générale, à la différence de la complainte que le fermier n'est pas en droit d'intenter suivant l'article 1er de ce titre (Voyez Lange, chap. 33 de son Praticien), et l'article 1725 du Code civil, confirme cette décision, lorsqu'il dit : que le bailleur n'est pas tenu de garantir le preneur du trouble que des tiers apportent par voie de fait à sa jouissance, sans prétendre d'ailleurs aucun droit sur la chose louée, sauf au preneur à les poursuivre en son nom personnel.

Ainsi un particulier détruit l'établissement de pêche appartenant à autrui et en forme un à la même place , le détenteur de l'établissement détruit pourra traduire le délinquant devant le juge de paix pour faire remettre les choses dans leur premier état.

107. Mais s'il s'agit d'un simple trouble , comme si ce particulier s'est borné à pêcher avec des engins prohibés , on pourrait croire que le fermier ne pourrait intenter la complainte ; car en principe général , il faut , pour intenter cette action , avoir une possession à titre non précaire , motif pour lequel l'ordonnance de 1667 , titre 8, article 1ᵉʳ interdisait la complainte au fermier.

Mais cette conséquence ne peut s'appliquer au cas actuel. La pêche, dans les rivières navigables appartient à l'Etat comme un accessoire de ces rivières qui sont aussi sa propriété ; les particuliers ne peuvent , par aucun titre , par aucune possession , acquérir cette propriété ; quant au droit de pêche , ils ne peuvent pas l'acquérir par possession , mais seulement par un titre et en vertu d'un bail.

Ainsi, le bail transfère véritablement la seule propriété qu'il soit possible d'acquérir sur les rivières navigables relativement au droit de pêche. Le motif qui a fait priver le fermier en général du droit d'intenter les actions possessoires ou d'y défendre , est qu'il pourrait, en se défendant mal, porter préjudice au propriétaire. Or, ce motif ne peut s'appliquer dans l'espèce, puisque la propriété de la rivière et de la pêche ne peut s'acquérir par la seule possession ;

il en est de la pêche comme des moulins. Or, nous avons vu que la possession ne peut être invoquée contre l'Etat par les propriétaires d'usines, mais qu'ils peuvent intenter l'action possessoire contre des particuliers.

Nous devons faire observer qu'il serait indispensable pour la complainte que la qualité de fermier fût reconnne, ou que celui-ci produisît son bail, puisque c'est le seul titre en vertu duquel un particulier puisse posséder légitimement le droit de pêche.

108. Par une conséquence nécessaire l'action possessoire devrait être rejetée par le juge de paix, si la partie de pêche dans laquelle le fermier se prétendait troublée n'était pas comprise dans son bail; car il serait vrai de dire qu'il serait sans bail à cet égard.

109, La réclamation formée contre le préposé d'un entrepreneur de travaux publics qui, en faisant transporter par eau ses matériaux, a troublé l'usage du droit de pêche, doit être portée devant les tribunaux, quoique la rivière soit navigable et flottable.

Arrêt du conseil d'Etat du 29 décembre 1812, n° 1703.

110. L'ancien lit de la rivière d'Orne étant peu convenable à la navigation, le Gouvernement fit creuser un nouveau canal sur des terrains qu'il acheta. L'ancien lit fut fermé par des chaussées à ses

deux extrémités, et continua à recevoir les eaux de plusieurs sources. Il fut fait par la suite un fossé de décharge, et établi des vannes pour porter les eaux surabondantes dans le canal.

L'administration voulut affermer le droit de pêche dans cet ancien lit ; les propriétaires voisins s'y opposèrent. Ils soutinrent que le lit n'étant plus navigable, la pêche appartenait aux propriétaires riverains d'après l'avis du 30 pluviose an 13.

L'administration ; de son côté, soutenait que l'ancien lit appartenait au Gouvernement, parce qu'il ne l'avait pas aliéné et qu'il en avait fourni un nouveau à ses frais.

Cette question a été renvoyée aux tribunaux, comme question de propriété.

Voyez un avis du 6 août 1819, n° 31359.

111. Une saisie avait été faite par la communauté des patrons pêcheurs de Toulon, contre le sieur Sadolet, fermier de la madrague (1), pour le contraindre à acquitter un droit de 5 centimes par 3 fr. du prix du poisson par lui vendu à Toulon.

Le tribunal de commerce, devant lequel l'affaire fut portée, déclara nulle la saisie, condamna la communauté des prudhommes pêcheurs aux dommages

---

(1) Madrague, pêche avec des cables et des filets pour prendre des thons, etc.

(87)

intérêts évalués à 60 fr. et aux dépens, et ordonna qu'elle ferait les fonds nécessaires pour satisfaire à ces condamnations, sinon autorisa le sieur Sadolet à contraindre au paiement les trois principaux membres de la communauté.

Le conflit fut élevé par le préfet.

Le conseil d'Etat a maintenu le jugément en ce qu'il avait déclaré la saisie nulle : « L'autorité administrative, a-t-il dit, ne doit connaître que des contestations relatives à l'application et à la perception des contributions publiques ; toute contestation relative à la légitimité d'un droit concédé à une commune ou à une communauté de pêcheurs est attribuée exclusivement aux tribunaux. S'il existe des doutes sur la compétence du tribunal saisi de la contestation, c'est aux parties à se pourvoir en réglement de juges ou en cassation..... Cependant c'était au tribunal de première instance, et non au tribunal de commerce, à juger de la validité de la saisie. »

D'autre part, il a annulé la disposition du jugement qui ordonne à la communauté des pêcheurs de faire un fonds, et autorise le sieur Sadolet à poursuivre trois des principaux membres.

« L'administration des revenus et des dépenses des communautés de patron-pêcheurs, continue le même décret, est soumise à l'autorité administrative, par la loi du 12 decembre 1790, confirmative des règlemens antérieurs. Les communautés ne peuvent disposer sans autorisation d'une somme supérieure à celle de 25 fr., et l'autorité judiciaire a entrepris sur les attributions de l'autorité administrative, en ordonnant à la communauté de faire des fonds, et en autorisant le sieur Sadolet à contraindre trois des principaux membres de cette communauté.

Décision du conseil d'Etat du 22 janvier 1808, N.° 24,275.

DEUXIÈME PARTIE.

DES RIVIÈRES NON NAVIGABLES NI FLOTTABLES, SOURCES, EAUX PLUVIALES, RUISSEAUX, ETC.

ARTICLE PREMIER.

Observations générales sur cette espèce d'eau.

112. Le code civil, comme nous l'avons dit au commencement de la première partie, ne distingue que deux espèces de cours d'eaux. Les uns forment des rivières navigables ou flottables ; les autres n'ont pas ce caractère, et cette division unique, aussi exacte que facile à comprendre, fait disparaître la confusion que répandait dans cette matière déjà si embarrassante, sous tant d'autres rapports, la foule de sous-distinctions dont la législation précédente et les anciens auteurs sont remplis.

Notre code ne s'occupe des rivières navigables et flottables, que pour déclarer qu'elles constituent une propriété publique soumise par conséquent à des règles particulières ; aussi toutes celles que nous avons données dans la première partie ont été puisées, comme on l'a vu, dans des lois spéciales.

Quoique l'intention des rédacteurs du code ait été de traiter complettement la matière des autres cours d'eau, il est pourtant vrai qu'ils n'y ont consacré que six articles ; aussi n'ont ils établi que quelques règles bien générales qui, il faut le dire, laissent beaucoup à désirer, et font naître dans leur application de très-graves difficultés, dont nous ne pouvons trouver la solution que dans les lois romaines, l'opinion des anciens commentateurs les décisions des parlemens et la jurisprudence moderne.

Les lois romaines relatives à la matière des eaux, sont le livre 8. ff. *de servitutibus*, titres 1 à 6, le livre 39, t. *de aquá et aq. pl. arcendæ*, le livre 43, titres 12, 13, 20 et 21, et le titre du code de *servitutibus et aquá*.

Nous aurons souvent occasion de citer la plupart des lois contenues dans ces différentes parties du digeste et du code.

113. Le code civil place au titre des servitudes les dispositions qui concernent les cours d'eau non navigables ni flottables.

C'est une nécessité indispensable que les eaux aient un écoulement, et il est dans la nature des choses que leur cours suive la pente du sol.

Aussi la loi considère-t-elle l'obligation de supporter cet écoulement, *comme une servitude naturelle.*

« Les fonds inférieurs, dit l'article 640 du code civil, sont assujettis envers ceux qui sont plus élevés à recevoir les eaux qui en découlent naturellement, sans que la main de l'homme y ait contribué.

Par une conséquence nécessaire de cette obligation, le même article ajoute que le propriétaire inférieur ne peut point élever de digue qui empêche cet écoulement, ce qui est conforme au principe consacré par l'article 701 du même code, que le propriétaire du fonds débiteur de la servitude ne peut rien faire qui tende à en diminuer l'usage, ou à le rendre plus incommode.

Tels sont les premiers principes qui dominent toute la matière des eaux, et qu'il ne faut jamais perdre de vue dans toutes les questions qui s'y rattachent.

De là, nous pouvons sur-le-champ tirer la conséquence contraire à l'opinion de M. Merlin (répertoire, eaux pluviales) et à la loi romaine sur laquelle il l'appuie, que si le lit du cours d'eau se trouve comblé, ou par la négligence du propriétaire inférieur à le curer, ou même par un évènement quelconque indépendant de sa volonté, le propriétaire supérieur peut le contraindre à remettre à ses frais, les choses dans leur état ordinaire, et en cas de refus, se faire autoriser à faire les travaux nécessaires, aux dépens du propriétaire inférieur. Celui-ci ne pourrait opposer que l'obligation de servitude se réduit à souffrir et ne s'étend pas à faire, *non facere sed pati , quia tunc inferior vicinus non tenetur mundare, seu purgare locum , aggerem munire , ne aquœ discurrant ad fondum suum , sed tenetur solùm pati ut superior hoc facére possit.* (*Cœpolla* , tract. 2. n.ºs 72 *et* 73.) On lui répondrait avec raison que d'après les principes de notre nouvelle législation , cette règle ne peut en général s'appliquer qu'aux servitudes conventionnelles, mais qu'en matière de servitudes imposées par la disposition du lieu , *ex naturá loci* , en matière de cours d'eaux , nos lois assujettissent formellement ainsi qu'on le verra plus bas , les propriétaires inférieurs à faire le curage le long de leurs héritages. Chacun d'eux ayant la jouissance des eaux , pouvant les employer à faire mouvoir ses usines ou à fertiliser ses terres suivant ce que nous expliquerons ailleurs, doit par une conséquence nécessaire entretenir en bon état les bords et le fond de leur lit.

114. L'article 640 du code civil s'applique , par la généralité de ses termes aux eaux de sources , comme à celles qui proviennent des pluies , de la fonte des neiges ou des glaces. Il comprend donc aussi les torrens et ravins.

« Si les eaux de pluies ou autres , dit Domat, lois » civiles , page 180 , n.° 11 ont leur cours réglé d'un » héritage à un autre , soit par la nature du lieu , ou » par quelque règlement ou par une ancienne pos- » session , les propriétaires de ces héritages ne

» peuvent rien innover à cet ancien cours. Ainsi,
» celui qui a l'héritage d'en haut, ne peut changer
» le cours de l'eau, soit en le détournant ou le ren-
» dant plus rapide, ou y faisant d'autres changemens
» au préjudice du maître de l'héritage qui est au-
» dessous, et celui qui a l'héritage de dessous ne
» peut non plus empêcher que son héritage ne re-
» çoive l'eau qu'il doit recevoir, et de la manière
» qui était réglée. Mais les changemens qui arrivent
» naturellement sans le fait des hommes, et qui
» causent quelque perte à l'un des voisins, l'autre
» en profitant, doivent être ou soufferts ou réparés,
» selon les règles qui seront expliquées dans le titre
» suivant. »

115. Si l'écoulement des eaux nuit au fonds inférieur, détruit des plantations, empêche la culture
par l'éboulement de roches, de sables ou de terres;
il n'y a lieu à aucune action en dommages-intérêts,
nul n'est responsable des effets de la nature. *et sem-
per inferior ager superiori servire, atque hoc incommodum naturaliter pati inferior à superiore
debet, compensatèque cum alio commodo : sicut
enim omnis pinguedo terræ ad eum decurrit : ita
etiam incommodum ad eum defluat.* (*Cæpolla
tract.* 2. N.° 71.)

116. Mais, si le propriétaire du fonds servant à
ses obligations, le propriétaire du fonds dominant
a aussi les siennes. Les articles 640 et 702 du code

civil lui défendent de rien faire qui aggrave la servitude.

Il ne peut donc, à l'aide de travaux faits de main
d'homme, augmenter le volume des eaux, en rendre
le cours plus rapide ou plus impétueux, ni inonder
les riverains. Il ne peut pas corrompre ces mêmes
eaux. En un mot, il lui est interdit, de les rendre,
par quelque moyen que ce soit, plus nuisibles
qu'elles ne le sont naturellement.

*Hæc actio locum habet in damno nondum facto,
hoc est, de eo opere ex quo damnum timetur : toties-
que locum habet, quoties manufacto opere agro
aqua nocitura est. Id est, cum quis manu fecerit,
quò aliter flueret, quam natura soleret : si fortè
immittendo eam, aut majorem fecerit, aut cita-
tiorem, aut vehementiorem : aut si comprimendo
redundare effecit. Quòd si natura aqua noceret,
eâ actione non continetur.*

(Loi 1.re, §. 1.er, *ff. de aquâ et aq. pl. arc.*)

117. C'est par une conséquence de ces principes
que l'article 160 du deuxième projet du code rural
porte que, celui qui a droit de jouir d'une eau courante, ne peut l'employer à un usage qui la salisse
ou la rendre insalubre, ou qui empêcherait les propriétaires inférieurs de s'en servir, comme ils ont
accoutumé de faire, à peine d'amende depuis 16 fr.
jusqu'à 100 fr., outre la responsabilité des dommages.

118. C'est aussi par une conséquence des mêmes

principes que celui qui pour quelque usage que ce
soit emploierait dans sa maison ou sur son héritage de l'eau qu'il tirerait d'un puits ne pourrait
la laisser couler sur l'héritage du propriétaire inférieur; celui-ci soutiendrait, avec fondement qu'il n'y
a rien de naturel et que la main de l'homme contribue à cet écoulement qui n'aurait pas lieu sans cela
(ffsi : Servitus vind. loi 8 , § 5. Cæpolla Tra. 1 cap,
67 n° 3 et 4). La loi romaine est ainsi conçue :

*Aristo Cerellio Vitali , respondit : non putare se ,
ex tabernâ Cæsearid fumum in superiora ædificia jure immitti posse , nisi ei rei servitus talis admittatur.
Idemque ait : et ex superiore in inferiora non aquam
non quid aliud immitti licet. In suo enim alii hacte-
nus facere licet quatenus nihil in alienum immittat :
fumi autem, sicut aquæ , esse immissionem. Posse
igitur superiorem cum inferiore agere , jus illi non
esse id ità facere.*

C'est encore par suite de ce que nous venons de
dire que l'art. 681 ne permet pas de laisser tomber
sur l'héritage inférieur , l'eau d'un toit , quoique
cependant si le terrain ou le toit est construit était
vague, il put se faire que les eaux pluviales qui y
tomberaient dussent couler sur le même voisin par
servitude naturelle , (Ainsi jugé par arrêt de la cour
de Colmar en date du 5 mai 1819 sirey 1820 pag. 150,
supp. voyez aussi Auroux Despommiers sur l'article
509 de la coutume du Bourbonnais n° 3).

119. Et lorsque par des travaux faits à dessein , le propriétaire d'un fonds a donné issue à une source qui n'était pas apparente, il ne peut les diriger sur les terrains inférieurs, sans le consentement des propriétaires que par autorité de justice , d'après un rapport d'expers et sauf indemnité s'il en est dû, (2° projet du code rural, art. 126).

120. Il ne faut pas néanmoins appliquer ces principes avec trop de rigueur; en exigeant que la main de l'homme n'ait pas contribué à l'écoulement des eaux , la loi a seulement voulu qu'elle n'en fut pas la première cause et s'assurer que la situation des lieux transmet les eaux d'un héritage à l'autre par la seule direction du terrain C'est ce qui résulte formellement de la loi 1 § 10 ff *de aquâ et aquæ plur. arcend.* ainsi conçue :

Iidem aiunt, si aqua naturaliter decurrat, aquæ pluviæ arcendæ actionem cessare. Quòd si opere facto aqua aut insuperiorem partem repellitur , aut inferiorem derivatur, aquæ pluviæ arcendæ actionem competere.

Mais l'intention du législateur n'a pas été que le propriétaire dont le terrein transmet les eaux au fonds inférieur, ne puisse rien se permettre sur son héritage, et qu'il soit condamné à l'abandonner à une stérilité perpétuelle ou à ne jamais en varier l'exploitation parce que cette culture ou ces travaux apporteraient quelque changement au mode

d'écoulement des eaux. Il a donc le droit de faciliter et de diriger cet écoulement naturel.

121. C'est ainsi que d'après les lois 1 , §§ 3 , 4 et
5 ; et 245 §§ , 1 et 2 ff *de aquâ et aq plu. arcend.* le
propriétaire supérieur peut exécuter pour la culture
de ses héritages les travaux indispensables et sans
lesquels cette culture ne pourrait avoir lieu, lors même
qu'ils apporteraient quelque changement à l'écoulement des eaux et nuiraient au propriétaire inférieur.

122. Même décision dans le cas où le propriétaire
supérieur changerait la culture de son héritage , et
d'une terre labourable ferait une prairie.

*Si vicinus qui arvum solebat certo tempore anni
irrigare , pratum illic fecerit , cœperitque assiduá
irrigatione vicino nocere : ait Ophilius neque damni
infecti , neque aquæ pluviæ arcendæ actione eum
teneri , nisi locum complanaverit , eoque facto ci-
tatior aqua ad vicinum pervenire cœperit.* (Loi 3,
§ 2, ff. de aquâ et aq. p., etc.)

La loi du 16 septembre 1807 , sur le dessèchement des marais, consacre les mêmes principes et
va même , dans l'intérêt de l'agriculture , jusqu'à
forcer les propriétaires supérieurs inondés à dessécher leurs héritages , en réunissant les eaux sur un
même point dans un canal artificiel.

Le propriétaire inférieur aurait à son tour le droit
de les réunir sur un même point, et de faciliter leur
écoulement vers les autres héritages inférieurs.

7

Ainsi, supposons que les eaux qui s'échappent du fonds où nait la source, aient toujours été répandues sur l'héritage immédiatement inférieur, dont elles forment un marais stérile, le propriétaire de cet héritage aura le droit d'y creuser un canal pour les y rassembler et faciliter leur cours. Bien entendu qu'il faut aussi que les héritages qui le recevront, y soient naturellement obligés.

Nous devons néanmoins faire observer qu'il est un cas où l'on peut faire passer les eaux sur des héritages qui ne sont pas obligés de les recevoir, à la charge d'une indemnité.

Ce cas est prévu par l'art. 49 de la susdite loi ainsi conçu :

« Les terrains nécessaires pour l'ouverture des canaux et rigoles de desséchement, des canaux de navigation, de routes, de rues, la formation de places et autres travaux reconnus d'une utilité générale, seront payés à leurs propriétaires et à dire d'experts, d'après leur valeur avant l'entreprise des travaux et sans nulle augmentation du prix d'estimation. »

125. En principe celui qui sans dessein de nuire à autrui et pour son propre avantage use d'une faculté qui lui appartient, ne peut être poursuivi par celui qui en souffre quelque préjudice. Les lois 25, 26 et 27, *ff. de damno infecto*, en présentent plusieurs exemples, notamment celui d'un propriétaire

qui,en creusant un puits dans son héritage, fait tarir le puits de son voisin : elles décident que l'action *de damno infecto* doit être refusée à celui qui éprouve le dommage, et cela d'après la règle de droit : *Nemo damnum facit, nisi qui id facit quod facere jus non habet.* (Loi 151 ff. de regulis juris.)

124. Il est une faculté naturelle ; elle consiste dans la disposition que chacun peut faire de ses biens et de ses actions, suivant le droit de l'état dont il est membre. Ainsi le propriétaire qui se sert pour l'irrigation de ses propriétés du cours d'eau qui les borde ou les traverse, et qui rend ensuite les eaux à leur cours ordinaire, sans autre perte ou diminution que celle qui peut résulter de l'arrosement, ne peut être inquiété par le propriétaire de l'héritage inférieur, qui prétend que le volume d'eau n'est plus si considérable, et qu'il ne peut en retirer la même utilité.

125. Mais celui qui intercepte à dessein et sans utilité pour lui-même la source existante dans le fonds voisin, est tenu de rétablir autant que possible les choses dans leur ancien état, et de payer les dommages qu'il a occasionnés ; car *malitiis non est indulgendum ;* et c'est là une règle fondamentale qu'il faut suivre dans toutes les difficultés qui se rattachent à la matière des eaux.

126. C'est par une suite nécessaire de son application, que celui qui creuse un puits dans sa propriété

ne peut en établir le fond plus bas que le fond du puits de son voisin, lorsqu'il trouve de l'eau à la même profondeur.

127. Tout ce que nous avons dit, sert à faire comprendre l'esprit de l'article 640, d'après lequel, comme nous l'avons déjà établi, le propriétaire inférieur est obligé de recevoir les eaux qui découlent naturellement de l'héritage supérieur, sans que le possesseur de celui-ci puisse rien faire qui tende à aggraver cette servitude naturelle.

Supposons néanmoins que l'un ou l'autre transgresse la prohibition si formellement écrite dans la loi, et que le propriétaire inférieur élève une digue qui en empêchant l'écoulement fasse refluer l'eau d'une manière nuisible au fonds supérieur, ou que le propriétaire de ce fonds retienne les eaux pour en augmenter le volume, et qu'ensuite leur cours devenu plus impétueux cause des dégradations qui n'auraient pas eu lieu sans cela, comment ces faits pourront-ils être réprimés? Sans doute, les parties pourront se pourvoir devant les tribunaux civils de première instance, en réparation du dommage qu'elles ont éprouvé et pour faire remettre les choses dans leur premier état; car en principe général ces tribunaux sont compétens pour connaître de toutes les actions, à moins qu'une loi formelle n'en ait attribué la connaissance à quelque juridiction d'exception; et ce principe s'applique à toutes les entreprises, à tous les droits sur les cours d'eau dont nous parlerons dans cette seconde partie.

128. Elles peuvent aussi se pourvoir devant les tribunaux correctionnels, dans les cas particuliers d'inondations prévus par les articles 15 et 16, titre 2 de la loi du 6 octobre 1790, et 457 du code pénal.

Ainsi, dans le cas particulier prévu par ces articles, celui qui a souffert du dommage a le choix entre l'action civile devant les tribunaux d'arrondissement et l'action correctionnelle.

129. Les deux parties pourront aussi se pourvoir par action possessoire devant le juge de paix; et cette règle doit recevoir son application lors même que l'une d'elles serait une commune, ainsi que l'a décidé un décret du 16 juin 1808. (Voyez recueil de Sirey an 1816, page 349, deuxième partie.)

Mais, pour que cette action puisse être intentée, il faut que le demandeur ait une possession annale antérieure au trouble, comme aussi que l'action soit formée dans l'année de ce trouble.

C'est la disposition formelle de l'art. 23 du code de procédure civile.

M. Henrion de Pensey définit la complainte, « une » action qui appartient à celui qui a la possession » civile d'un héritage, d'un droit réel dont la pro » priété peut s'acquérir par la prescription ou d'une » universalité de meubles, pour s'y faire maintenir » lorsqu'il est troublé. » Néanmoins, lorsque la loi exige la possession annale, elle n'entend pas qu'il soit nécessaire d'avoir joui chaque jour de l'année. Il y a des eaux dont on n'use qu'en certain temps et la loi 1.ere §§. 4 et 22 *ff. de aqu. quotidianâ et æstivâ* décide qu'il suffit, dans tous les cas , d'avoir joui sans trouble , un jour ou une nuit, dans le courant de l'année.

La même loi §§. 31 , 34, 36 décide que dans l'hypothèse d'une eau dont on ne jouit que l'été , il suffit d'avoir joui dans l'été précédent ou dans celui du trouble.

L'interruption ne fait perdre l'avantage de la possession annale qu'autant que cette interruption a été l'effet du trouble apporté à cette possession, et que le possesseur a déféré à ce trouble , ou que déjà il ne possédait pas depuis une année.

130. D'après les termes formels de la loi du 24 août 1790 et de l'art. 3 du code de procédure, il est manifeste qu'un cours d'eau peut être l'objet d'une possession caractérisée servant de base à la complainte.

Cependant l'opinion contraire a trouvé des partisans. Mais elle a été proscrite par deux arrêts de la cour de cassation des 24 février 1808 , (Sirey , tome 8 , page 493) et 19 juin 1810 (Sirey, tome 10, page 164). Voici l'espèce du dernier de ces arrêts.

François Paradis possédait dans le territoire de Charonne un Pré dit le pré Barbin qui confine au pré de la Magdeleine appartenant à François Perroux.

A l'extrémité de celui-ci, il existe un canal qui est alimenté par les eaux pluviales et par les fontaines voisines.

Ces eaux, après avoir parcouru le pré de la Magdeleine, se dirigeaient par une pente naturelle vers le pré Barbin, et y entraient au moyen d'une ouverture pratiquée dans le mur qui séparait les deux prés.

En 1803, Perroux ferme cette ouverture, et par là interrompt le cours des eaux.

De là complainte devant le juge de paix.

Sentence qui l'accueille. Sur l'appel, jugement infirmatif fondé sur ce qu'un cours d'eau de la nature de celui dont il s'agit, n'est pas susceptible d'une possession caractérisée et propre à servir de base à la complainte.

Mais sur le pourvoi en cassation, arrêt au rapport de M. Cochard par lequel attendu, 1.º que l'action dirigée par Paradis contre Perroux était qualifiée au possessoire ; qu'il n'avait conclu qu'à 50 fr. de dommages-intérêts résultant du trouble ; 2.º que le juge de paix était compétent pour en connaître, et que bien que la proposition d'incompétence rendît ses jugemens sujets à l'appel, elle n'autorisait cependant pas le tribunal de Châlons-sur-Saône à le réformer sous le prétexte d'un prétendu excès de pouvoir ; qu'ainsi il y a violation de l'art. 10, titre 3, de la loi du 24 août 1790 qui attribue aux juges de

paix la connaissance exclusive des actions possessoires , la cour casse et annule.

131. Remarquons d'ailleurs que pour que l'action
possessoire puisse être intentée, il n'est pas nécessaire que le dommage existe, et qu'il suffit qu'il y ait
un fait , un nouvel œuvre qui donne lieu de le
craindre.

C'est la décision de la loi 1. §. 1. *ff. de aqu. et
aq. pluv. arc.*

132. Remarquons encore que si le propriétaire
inférieure a fait un nouvel œuvre en la présence et
sans la contradiction du propriétaire supérieur, et
qu'il lui ait causé du dommage , celui-ci ne pourra
s'en plaindre , sauf à faire ordonner la démolition , si
la prescription n'est pas acquise. *Loi* 19, *ff.*d.º *titulo.*

133. Mais l'action possessoire en matière de cours
d'eau n'est-elle pas restreinte à l'entreprise faite sur
celui qui sert à l'irrigation des prés.

Quelques jurisconsultes avaient cru voir cette
limitation dans la loi du 24 août 1790 , parce que
ses termes attribuent aux juges de paix la connaissance des entreprises sur les cours d'eau *servant à
l'arrosement des prés ;* mais cette opinion n'était
qu'une erreur , puisque les termes formels de cette
loi confèrent aussi aux mêmes juges la connaissance
de toutes *les autres actions possessoires.* Le code
de procédure fait clairement entendre que la loi
de 90 doit être interprétée dans ce sens, puisque

son article 5 est conçu en termes généraux ; qu'il donne aux juges de paix la connaissance des entreprises sur les cours d'eau , sans distinguer entre ceux qui sont seulement destinés à l'irrigation des prés et ceux qui ont une autre destination.

Et cette doctrine a été consacrée par arrêt de la cour de cassation , en date du 2 mars 1809, rapporté par Denevers an 1809 , page 85 du supplément , en ces termes :

« La compétence des justices de paix relativement aux cours d'eau , est-elle restreinte à ceux servant à l'arrosement des prés ?

Non ; attendu que l'art. 10 du titre 5 de la loi du 24 août 1790, loin de restreindre aux cours d'eau servant à l'arrosement des prés , ou aux entreprises commises sur de tels cours d'eau , la juridiction des justices de paix l'étend au contraire à toutes les actions possessoires.

Ainsi jugé sur le pourvoi rejeté du sieur Bardet Desjoues contre un jugement du tribunal civil de Clamecy. »

134. Au surplus cette action possessoire n'est que facultative. Comme elle est introduite en faveur de celui qui est troublé ou dépouillé pour se faire maintenir dans sa possession , et pouvoir jouir de l'avantage d'être réputé propriétaire jusqu'à la preuve contraire ; ce possesseur peut y renoncer et se pourvoir directement devant les juges du pétitoire.

Nous faisons cette observation, parce que nous avons entendu soutenir qu'on devait dans tous les cas commencer par l'action possessoire, qu'autrement l'action pétitoire ne pouvait être reçue ; cette opinion est aussi contraire à l'esprit qu'au texte de la loi.

La seule peine que l'art. 26 prononce contre l'action pétitoire intentée avant la possessoire est de rendre le demandeur non recevable à intenter celle-ci. Mais la première n'en subsiste pas moins.

Et quant à l'art. 27 , il ne fait autre chose qu'interdire au défendeur à l'action possessoire de se pourvoir au pétitoire avant le jugement définitif de l'action possessoire et l'exécution complette de cette décision.

135. Ainsi donc pour intenter cette action, qui chez les Romains était connue sous la dénomination d'interdit , et chez nous sous celle de complainte, il faudra une possession annale, c'est-à-dire que le propriétaire du fonds dominant, lorsque c'est lui qui réclame, sera obligé de prouver que pendant l'année antérieure au trouble, à la construction de la digue, les eaux avaient eu leur écoulement par l'emplacement où la digue a été établie.

Vainement pour repousser cette action le propriétaire du fonds servant prétendrait-il qu'antérieurement à cette époque, les eaux avaient un autre lit où elles coulaient plus naturellement et par une conséquence de la situation des lieux ; qu'enfin le nouveau lit n'est qu'artificiel, c'est-à-dire établi à l'aide de travaux faits de main d'homme, on lui répondrait avec avantage que toutes ces raisons peuvent être bonnes au pétitoire où il s'agit d'apprécier le droit de chacun, mais qu'elles ne peuvent rien signifier devant le juge du possessoire qui ne peut connaître que du fait de la posssession, c'est-à-dire qui doit borner son examen à constater dans quel état étaient les choses pendant l'année qui a précédé l'établissement de la digue. Et ce qui vient à l'appui de cette opinion, c'est qu'alors même qu'il serait certain, c'est-à-dire reconnu par le demandeur que le lit dans lequel son adversaire a construit la digue est son ouvrage, et que les eaux avaient antérieurement un cours beaucoup plus naturel, beaucoup plus conforme à la situation des lieux, comme la servitude d'aqueduc est continue et apparente, qu'elle peut conséquemment s'acquérir par la possession, l'action possessoire dans ce cas serait encore admissible.

136. Mais supposons maintenant que l'écoulement de l'eau n'ait pas encore duré un an, et que le propriétaire du fonds sur lequel il a lieu en détourne le cours ou construise une digue qui le fasse refluer sur le fonds supérieur, y aura-t-il lieu à l'action possessoire? La négative nous semble incontestable ; car, comme nous l'avons vu, lorsqu'il s'agit d'une complainte qui n'a lieu que pour simple trouble, il faut

absolument que le demandeur ait la saisine, c'est-à-dire la possession annale; or, comment le juge de paix pourrait-il le maintenir dans une possession qu'il n'a pas ?

S'il en était autrement, il suffirait à un propriétaire que l'eau ait eu son écoulement pendant un jour, une heure même par tel ou tel fonds inférieur, écoulement que souvent il aurait provoqué ou facilité à l'aide de travaux plus ou moins faciles à constater pour y être maintenu par la voie possessoire; ce qui serait souverainement injuste.

157. Mais si dans ce cas le propriétaire supérieur ne peut intenter d'action en complainte, le propriétaire inférieur n'a-t-il pas le droit d'intenter cette action pour se faire maintenir dans la possession libre et franche de son héritage, comme il l'avait avant qu'il reçut les eaux de l'héritage supérieur?

Nous croyons qu'il faut distinguer : si le propriétaire inférieur méconnaissait que son fonds dût recevoir les eaux, et soutenait que cet écoulement n'avait lieu par son héritage que par suite des travaux faits de main d'homme, la complainte devrait être accueillie; car le juge de paix ne pourrait décider cette difficulté, et n'aurait pour règle de conduite que ce fait, que l'écoulement de l'eau n'a pas duré pendant un an. Pour qu'il en fût autrement, il faudrait qu'il fût impossible de ne pas reconnaître à la seule inspection des lieux que l'écoulement est naturel.

Si le propriétaire inférieur avouait ou ne contestait pas que l'écoulement est naturel, et qu'aucun
autre fonds que le sien n'y doit être assujetti, nous
pensons que la complainte ne serait pas admise ; car
la loi l'obligeant à souffrir une charge que la nature
des choses seule établit, il ne pourrait nullement s'y
opposer. La complainte ne peut avoir lieu que pour
trouble ; ce trouble ne peut résulter que du fait de
l'homme et non des effets de la nature, dont personne n'est responsable.

138. Mais que faudrait-il décider dans le cas où
le propriétaire inférieur, tout en reconnaissant que
son fonds doit recevoir les eaux qui effectivement y
coulent depuis long-temps, se plaindrait d'une nouvelle direction donnée au cours d'eau sur une autre
partie de ce fonds ? Il aurait indubitablement droit
d'intenter la complainte pour faire rétablir les choses
dans leur ancien état.

Si le fonds au lieu de lui appartenir en totalité était
divisé entre plusieurs possesseurs, ce droit serait incontestable. Il n'y a aucun motif de distinguer lorsque cette division n'existe pas.

139. Il ne peut y avoir de difficultés pour déterminer quel fonds doit recevoir les eaux, lorsqu'il y a
titre ou prescription par une possession de trente
ans. Mais lorsqu'il n'existe ni titre ni prescription,
il faut ou une visite des lieux par la justice, ou un
expertise.

140. L'art. 640 du code ne mettant au nombre des servitudes naturelles que le seul écoulement sur les fonds inférieurs, il est manifeste que le propriétaire de l'héritage où les eaux coulent ou naissent n'aurait aucun droit de les diriger par des moyens quelconques sur le fonds supérieur à moins qu'il n'eut acquis ce droit par un titre ou par une possession trentenaire ; car la servitude de conduite d'eau étant continue et apparente peut être acquise par la prescription, et dès-lors elle peut devenir l'objet d'une action possessoire.

A r t. II.

Des droits du propriétaire dans le fonds duquel naît la source, et de ceux que les propriétaires inférieurs peuvent acquérir contre lui par titre, par prescription ou par la seule disposition de la loi.

141. Si, comme nous l'avons vu, le propriétaire du fonds inférieur est assujéti à souffrir l'écoulement de l'eau, il n'acquiert en général par là aucun droit à leur transmission. En effet, cette obligation ne constitue qu'une servitude imposée par la force des choses ; elle est indépendante de la volonté de l'un et de l'autre propriétaire. Or, pour qu'il y ait acquisition d'un droit, il faut qu'il y ait volonté réciproque d'aliéner et d'acquérir.

Aussi l'art. 641 du code civil accorde-t-il au propriétaire d'un héritage dans lequel une source prend naissance le droit d'en disposer à volonté. Il peut donc la faire disparaître par des voies souterraines, en changer le cours et la transmettre à tel des héritages inférieurs ou supérieurs qu'il juge à propos, quand même aucun de ces héritages ne serait celui qui devrait la recevoir ; (mais pourvu que dans ce dernier cas les propriétaires y consentent); quand même encore les eaux auraient eu de tout temps un autre cours. Les propriétaires des héritages à travers desquels cet ancien cours avait lieu, n'ayant acquis par là aucun droit, ne pourraient pas s'opposer à cette nouvelle disposition , ni conséquemment intenter aucune action possessoire ou pétitoire.

Nous pensons néanmoins que le propriétaire de l'héritage dans lequel jaillit la source ne pourrait la détruire ni la faire disparaître dans le cas où elle fournirait aux habitans d'une commune, village ou hameau , l'eau qui leur est nécessaire. La raison en est que l'intérêt public modifie l'exercice du droit de propriété privée (art. 545 , code civil), que l'art. 643 du même code interdisant au propriétaire de la source, dans le cas proposé , le droit d'en détourner le cours , lui interdit par conséquent dans le même cas la faculté de le détruire.

Telle est aussi la décision du 2.ᵉ projet du code

rural , art. 131 , qui prononce même une amende
et un emprisonnement d'un mois; cette disposition
se trouvait également dans le 1.er projet dont les
auteurs firent remarquer qu'elle était une conséquence de l'art. 645 du code civil.

142. Il faut en dire autant des eaux de pluies ou
de celles provenant de la fonte des neiges ou des
glaces. L'endroit où elles tombent et se trouvent
rassemblées par un effet naturel de la disposition
des lieux, est considéré comme leur source. On
n'appelle pas seulement source le lieu où naît, où
jaillit une eau du sein de la terre; on appelle ainsi
en général le point d'où l'eau est dérivée, *caput aquæ*
(*ff. de aquâ quotidianâ et æstivâ*, loi 1, § 8.) Et les
règles que nous avons déjà rappelées ou que nous
donnerons par la suite relativement aux propriétaires des eaux de sources, s'appliquant à quelques
modifications près , que la différence de nature des
unes et des autres fera facilement sentir, au propriétaire du terrain sur lequel les eaux pluviales se
trouvent réunies. Celui qui les reçoit le premier, est
maître d'en disposer à son gré. Il peut ou les retenir
lors même qu'elles auraient coulé de temps immémorial, ou les laisser couler, lors meme que de tout
temps il les aurait retenues dans des bassins. Le
propriétaire supérieur à qui la disposition des lieux
permettrait de les prendre, et qui n'aurait jamais
usé de cette faculté , pourrait aussi en jouir; ces

principes s'appliquent également au cas où les eaux coulent et se trouvent rassemblées dans la voie ou place publique et autres lieux vagues et vacans , le long d'une propriété particulière ; à la charge néanmoins de ne point embarrasser ni dégrader la voie publique et de rendre ensuite les eaux , s'il en reste , à leur cours ordinaire.

Dans aucun de ces cas, il n'y aurait lieu à une action pétitoire ou possessoire.

« Lorsque se prévalant de l'avantage du lieu, dit Dunod, traité des prescriptions le propriétaire d'un fonds supérieur détourne les eaux vicinales , il n'y a pas lieu à complainte de la part des propriétaires inférieurs qui seraient de temps immémorial en possession de recevoir ces mêmes eaux.

Jean-Villaume Darson avait d'un temps immémorial détourné, dans son verger, l'eau qui coulait au voisinage le long de la rue publique. Le nommé Dornier qui avait un héritage supérieur, l'y fit couler. Darson se plaignit , se pourvut et fut débouté sans aucun égard à la possession qu'il alléguait , par un arrêt rendu au rapport de M. Masson de Bressenau , le 5 avril 1710, sur ce qu'il était censé n'avoir usé que par faculté , et qu'un autre habitant pouvait en user comme lui, en se prévalant de l'avantage du lieu.

143. Au surplus, l'article 641 du code civil n'est pas introductif d'un droit nouveau. La règle qu'il

contient était la même dans l'ancienne jurisprudence. C'est ce que prouve la discussion qui eut lieu
au Conseil d'Etat, lors de la rédaction du code.

Cet article avait d'abord été rédigé de manière à
ne comprendre que le principe : *Celui qui a une
source dans son fonds, peut en user à sa volonté.*

On réclama contre ce principe absolu ; on dit
que la propriété des eaux était d'une espèce particulière ; que la nature les avait destinées à l'usage
de tous, et que sans doute celui dans le fonds duquel une fontaine surgit, a le droit de s'en servir le
premier, pour ses besoins, et de préférence à tous
autres ; mais que ses besoins une fois satisfaits, l'é-
quité, l'intérêt public et la destination même de
l'eau ne permettent pas qu'il en prive arbitrairement les autres propriétaires auxquels ces eaux
peuvent être utiles.

On convint que dans la jurisprudence il était
permis au propriétaire de la source de la retenir dans
son héritage, quand même, pendant mille ans,
elle aurait coulé ailleurs, et aurait servi à l'irrigation des fonds voisins ; mais on soutint que cette
jurisprudence était mauvaise, qu'elle avait été blâ-
mée par M. de Lamoignon dans ses arrêtés,
Bretonnier et autres auteurs ; que tous ces auteurs
pensaient que le propriétaire de la fontaine ne pouvait en intervertir le cours lorsqu'elle avait servi
pendant trente ans à l'irrigation d'autres fonds qui,

privés de l'arrosement, perdraient la moitié de leur
valeur. On réclama plus fortement encore une exception en faveur des fontaines consacrées aux usages
publics.

Cette dernière exception ne souffrit pas de difficulté, sauf l'indemnité du propriétaire de la source :
elle motiva l'article 643; mais quant aux particuliers, la majorité persista dans l'ancienne jurisprudence, et à penser que le propriétaire de la source
était toujours le maître de disposer de l'eau, à
moins que le propriétaire inférieur n'en eût acquis
l'usage par titre ou par une jouissance de trente ans,
à compter du moment où il aurait fait des travaux
apparens pour s'en servir ; ce qui nécessita l'exception posée à l'article 641, et la disposition de l'article 642.

Cette ancienne jurisprudence est attestée par
Basnage, commentateur de la coutume de Normandie, des servitudes, tom. 2, p. 489. La discussion à laquelle il se livre à cet égard est lumi-
neuse, et le lecteur nous saura gré d'en retracer ici
quelques passages. Les principes qu'il y trouvera
serviront d'ailleurs à résoudre d'autres questions
que nous agiterons plus bas.

Il faut d'abord observer que d'après l'article 607
de la coutume de Normandie, il n'y avait pas de
servitude sans titre; que la possession fût-elle de
cent ans, ne suffisait pas pour l'acquérir.

Cela posé, voici comment s'exprime Basnage à l'endroit cité.

« C'est une question assez ordinaire si celui qui aurait la source dans son fonds, pourrait en détourner ou arrêter le cours au préjudice de ceux qui sont au-dessous, quoique de tout temps immémorial, ils fussent en possession de prendre cette eau pour arroser leurs terres, et que même en conséquence de cette possession, ils eussent fait bâtir un moulin qui leur demeurerait inutile, si l'on pouvait les priver de l'usage de cette eau.

«Les raisons pour l'affirmative sont que, suivant le droit naturel, chacun peut et doit disposer à sa volonté de ce qui lui appartient. Il est bien défendu de nuire ou de causer du dommage à autrui, mais l'on ne peut jamais être contraint de rendre sa condition meilleure, ni de faire quelque chose par la seule raison qu'elle lui serait utile, *nemo ullá actione cogi potest ut vicino prosit, sed ne noceat*, loi 2, *de aquâ et aquœ pl. arc.* Les lois sont expresses sur ce sujet; si enfouissant dans mon héritage, je détourne la source de la fontaine qui était sur le vôtre, quelque dommage que cela vous apporte, soit que vos prairies en demeurent asséchées et stériles, ou bien que vos canaux et vos jets d'eaux en soient ruinés, vous n'avez néanmoins aucune action pour me forcer à remettre les choses dans leur premier état. Loi 1, §. *denique Marcellus, de aquâ et aqu.*

pl. arc. Si je coupe les veines du puits que vous avez dans votre maison, quelque commode qu'il soit pour tout votre ménage, vous n'êtes pas reçu à vous plaindre du dommage que je vous ai causé : *In domo meâ, puteum aperio, quo aperto, venœ putei tui prœcisœ sunt, an tenearis? Ait Trebatius non teneri me damni infecti, neque enim existimavi operis mei vitio damnum tibi dari in ea re, in quâ jure meo usus sum, L. fluminum* 24, §. *item videamus, ff. de damno infecto.* L'on ne doit accuser quelqu'un de faire du tort lorsqu'il se sert de ses droits, et l'on a si peu de raison d'empêcher cette liberté que, suivant la loi *Proculus* au même titre, *cùm quis jure quid ut suo facit, quamvis damni infecti promisisset vicino, non tamen eum teneri ex stipulatione.* Par exemple, si vous aviez une maison proche de la mienne, et que je l'eusse privée de ses jours en élevant mon bâtiment comme j'avais droit de le faire, vous êtes tenu de le souffrir, *quia non videtur is damnum facere qui eo veluti Lucro quo adhuc utebatur, prohibetur : multumque interesse utrum damnum quis faciat in lucro, quod adhuc faciebat, uti prohibeatur.* »

Basnage rapporte ensuite les raisons de l'opinion contraire et ajoute: «Il me semble qu'il faut s'arrêter à cette distinction, ou le propriétaire du fonds inférieur s'oppose à l'innovation que le seigneur supérieur a faite, *jure servitutis, ou jure cujusdam facultatis*, s'il prétend une servitude : M. Duval, *de rebus dubiis*, *tract.* 8, estime qu'il suffit, pour prouver le titre de servitude, d'avoir fait quelque acte qui ne se puisse faire *citra jus servitutis*, comme d'avoir *fait un conduit dans le fonds supérieur*, de l'avoir curé et réparé, et c'est aussi le sentiment des interprètes du droit ; mais cette possession pour longue qu'elle soit, ne sera pas suffisante ; il faut suivant notre coutume justifier un titre ; de sorte que s'il n'allègue d'autre droit que cette faculté qu'il a eue par le passé, il ne peut empêcher que celui qui est le maître de la source, n'en dispose comme il lui plaira, suivant la loi *Proculus* et la loi *fluminum* qne j'ai rapportées ci-devant.

« Selon les interprètes du droit civil, la plus grande difficulté consiste à savoir si l'on a possédé *jure servitutis*, *aut jure simplicis facultatis aut familiaritatis* ; mais la possession sans titre d'une servitude étant inutile en Normandie, et n'acquérant aucun droit, l'on peut douter que le titre manquant, l'on n'ait possédé *jure facultatis, aut familiaritatis.*

« Cette question se trouve nettement décidée par un arrêt du parlement de Paris, donné sur ce fait. Antoinette Brossette du Lyonnais (cette circonstance est à remarquer, parce que ce pays était regi par le droit romain qui, comme on sait, permettait d'acquérir les servitudes par la possession),

détourne le cours de l'eau de deux fontaines qui
sortaient de son héritage, pour la conduire à un
moulin qu'elle avait fait construire de nouveau sur
un autre fonds plus éloigné. Claude Faure avait un
pré adjacent, dans lequel coulaient les eaux de ces
fontaines, et de tout temps il s'en était servi pour
arroser ses prés et un moulin qui lui appartenait ; il
fait assigner Brossette en complainte, pour être maintenu en la prise d'eaux, sur quoi ayant compromis, les arbitres ordonnèrent que le canal fait par
Brossette serait rompu, et que les eaux seraient lais-
sées en leur première et naturelle liberté. Sur l'appel, Brossette disait que demeurant constant que les
fontaines des eaux dont était question sortaient de
son fonds, elle était bien fondée à s'en servir comme
de sa chose propre, et de les conduire où bon lui
semblait, sans considérer que par ce moyen elles
seraient moins utiles à l'intimé : *Si in meo fundo
aqua erumpat quæ ex tuo venas habet, si eas venas
incideris et ob id desierit aqua ad me pervenire, tu
non videris vi fecisse, si nulla servitus mihi eo
nomine debita sit. L. si in meo, de aqu. et aquæ
pluv. arce.*

Par arrêt la sentence fut infirmée, et il fut permis
à l'appelante de conduire les eaux de ses fontaines
où bon lui semblerait. C'est donc, dit enfin Basnage, une jurisprudence certaine que le propriétaire d'un fonds dans lequel des fontaines surgissent,

peut les détourner et les conduire par où bon lui semble, et que le voisin qui en reçoit l'incommodité, n'a point d'action pour s'en plaindre.

Cette jurisprudence était fondée, comme on vient de le voir, sur les dispositions du droit romain.

Cœpolla, Tract. 2, chap. 4, n° 51, suppose que le propriétaire d'un héritage dans lequel naît une source, en a laissé couler les eaux, depuis un temps immémorial, vers les héritages inférieurs ; que depuis le même temps les propriétaires de ces héritages les ont employées à l'irrigation de leurs terres ou au roulement d'un moulin qu'ils ont fait construire sur les rives du cours d'eau. *Nùnc vero,* ajoute-t-il, *habens fundum superiorem in quo aqua oritur vult divertere dictas aquas à loco prædicti molendini et eas ducere ad alia loca inferiora, quæ ortæ erant pro irrigandis, illis locis, vel ibi vult facere unum molendinum pro se, quæritur nunquid possit, an vero domini inferiores ad quorum prædia discurrere consueverant possint contradicere et petere quod aqua non divertatur à suo solito cursu. Et primo videtur quod dominus superior possit dictam aquam divertere, nec per inferiores possit impediri : quia in re suâ jure id facere videtur.* Cœpolla s'appuie pour le décider ainsi sur les mêmes lois romaines qu'a citées Basnage, qui semble avoir emprunté au premier tout ce qu'il dit, tant il y a d'analogie entre les opinions de ces deux savans commentateurs.

144. Il résulte donc de ce que nous avons dit, que même dans les pays où les servitudes pouvaient s'acquérir par la possession, l'écoulement immémorial de l'eau souffert par le propriétaire du fonds où naît la source, suivi de la possession également immémoriale de la part des propriétaires inférieurs de faire usage de cette eau, soit pour l'irrigation de leurs terres, soit pour la mise en activité de leurs moulins, n'attribuait aucun droit à ceux-ci, et n'empêchait pas le propriétaire de la source d'en détourner le cours et de réduire les héritages inférieurs à la stérilité et les moulins à l'inaction.

145. Ce principe était si absolu, qu'il était applicable au cas où la prise d'eau et l'établissement du moulin avaient été autorisés par le seigneur du lieu, lorsque l'héritage dans lequel surgissait la source, quoique situé dans l'étendue de son fief, ne lui appartenait pas quant au domaine utile, mais était la propriété d'un de ses vassaux.

Autrefois, les seigneurs étaient bien considérés en général comme propriétaires, à l'exclusion des riverains, des petits cours d'eau non navigables qui traversaient leurs seigneuries; et lorsqu'ils n'en avaient pas la propriété, ils en avaient du moins la police.

Ces droits étaient d'une espèce particulière; ils se réduisaient au pouvoir de pêcher le long des héritages riverains, et à empêcher qu'il ne fût établi aucune usine ni fait aucune prise sur le cours d'eau sans leur consentement, même lorsqu'un particulier était propriétaire des deux rives. (*Voyez l'article* 206 *de la Coutume de Normandie.*) Mais les seigneurs n'étaient pas propriétaires du lit des cours d'eaux ni de la source. Ils ne pouvaient priver le propriétaire de l'héritage où elle jaillissait de la faculté de la faire disparaître par des voies souterraines ou d'en changer le cours. Les seigneurs n'avaient de droit que lorsque ce cours existait et là où il existait ; et certes c'était déjà étendre bien loin les prérogatives des seigneurs que de leur accorder la pêche le long des héritages qui ne leur appartenaient pas ; il eût été par trop extraordinaire qu'ils s'arrogeassent encore la propriété de la source à l'exclusion du possesseur de l'héritage où elle naît.

Ainsi donc, bien que la permission de construire un moulin, de faire une prise d'eau ait été accordée par le seigneur du lieu, elle ne pouvait empêcher le propriétaire de l'héritage où naît la source d'en changer le cours. Tout ce qui résultait de cette permission, c'est que personne ne pouvait faire démolir le moulin, et qu'il pouvait marcher tant que le cours de l'eau n'était pas changé.

146. Il en serait de même sous l'empire de notre nouvelle législation.

La pêche, comme nous le verrons, appartient aux riverains. Mais la police des petites rivières, même des plus faibles ruisseaux , appartient à l'autorité administrative qui remplace à cet égard les seigneurs.

C'est à elle qu'il appartient d'autoriser l'établissement des moulins. La permission qu'elle accorde est seulement un motif pour que celui qui l'obtient ne soit pas réputé contrevenant aux lois et réglemens de police ; mais elle ne lui attribue aucun droit contre le propriétaire de la source , et ne prive pas ce dernier de la faculté d'en détourner le cours.

Sans doute, il est des cas où l'application de ces principes pourra paraître très-rigoureuse ; mais , lorsqu'il ne s'agit que d'intérêts particuliers , le droit de la propriété est évidemment le plus sacré , et doit l'emporter sur toute autre considération. D'ailleurs , il est deux règles qui peuvent tempérer la rigueur des principes ; la première , c'est que le propriétaire du fonds où naît la source doit être privé de son droit lorsque l'exercice n'en est dicté que par une malice évidente : *Malitiis non est indulgendum.* La seconde , c'est que ce droit cesse., ainsi que nous le verrons plus bas , lorsqu'une commune , nous dirons même un simple hameau , a intérêt à ce que le propriétaire n'en use pas. Cette dernière disposition donne une assez grande latitude aux tribunaux. Car si un moulin sert à l'approvisionnement d'un hameau , il doit être interdit au propriétaire de l'héritage qui renferme la source d'en détourner le cours.

147. Il faut d'ailleurs observer que le cours actuel

de l'eau est toujours censé le plus naturel; car ce fluide devant nécessairement avoir un écoulement, cet écoulement étant une charge imposée par la nature et par la loi aux héritages inférieurs, on doit supposer, jusqu'à preuve contraire, que les choses sont dans leur état naturel et légal, et qu'en conséquence ce n'est pas la main de l'homme qui a creusé le lit qui reçoit les eaux, mais qu'il s'est formé par leur cours.

148. Si le cours naturel des eaux n'attribue aux propriétaires inférieurs qui en jouissent, aucun droit contraire à l'intérêt du possesseur de l'héritage dans le sein duquel la source surgit, même lorsque l'autorité compétente a permis aux riverains de construire des établissemens, sur ce cours d'eau, il en doit être différemment lorsqu'il est prouvé qu'il n'est pas purement naturel. En effet, le motif sur lequel est fondée la première règle, est que les actes de pure faculté et ceux de simple tolérance ne peuvent fonder ni possession ni prescription (article 2232 C. C.); qu'il ne peut y avoir transmission de propriété sans intention respective d'aliéner et d'acquérir; que celui qui reçoit les eaux sait qu'elles ne descendent sur son héritage qu'à titre de servitude naturelle, comme le propriétaire supérieur ne les laisse couler que par suite de la faculté que lui en donne la loi, et n'ignore pas qu'il pourrait ou les retenir ou en détourner le cours.

Mais il est des cas où la présomption de la tolérance disparaît.

Le premier, c'est lorsque le propriétaire inférieur a acquis des droits à la transmission des eaux par titre ou par prescription.

Le second, c'est lorsque la source fournit aux habitans d'une commune, village ou hameau, l'eau qui leur est nécessaire.

149. Le titre est assujetti pour sa validité aux conditions exigées par la loi pour les actes susceptibles de transférer un droit de propriété. Un testament, une donation, une vente, un échange seraient incontestablement des titres valables. Il peut se faire que le propriétaire de la source aliène un moulin alimenté par les eaux qui s'en échappent. Bien certainement que, par cette vente, il se priverait de la faculté de changer leurs cours, lors même que le contrat ne contiendrait à cet égard aucune stipulation formelle. Il en serait de même pour le cas où ce propriétaire concéderait à perpétuité aux propriétaires inférieurs le droit de prendre pour l'irrigation de leurs héritages une partie de l'eau dérivée de sa source.

150. Lorsque le propriétaire inférieur a un titre, et que le propriétaire supérieur détourne le cours d'eau ou le fait disparaître par des voies souterraines, il est incontestable que le premier peut intenter l'action possessoire, pourvu qu'il ait eu la possession du

cours d'eau pendant un an avant le trouble , et qu'il produise son titre pour prouver que sa possession avait lieu *animo Domini.*

S'il ne produisait pas son titre , il serait censé n'avoir reçu les eaux qu'à titre de servitude naturelle , et ne pourrait conséquemment se pourvoir ni au possessoire ni au pétitoire.

On objectera peut-être que toute action possessoire ne doit reposer que sur le fait de la possession ; que le juge de paix ne peut s'occuper de la question de propriété , ni par conséquent examiner les titres qui la constituent ; et que la loi lui défend de cumuler le pétitoire et le possessoire.

Mais il faut remarquer que le juge de paix ne consulte les titres que pour déterminer le caractère de la possession, et que quelle qu'interprétation qu'il en ait faite , sa décision n'aura l'autorité de la chose jugée que relativement à la possession annale ; qu'il ne rendra ainsi qu'une décision provisoire , par laquelle il maintiendra le porteur des titres dans la possession du cours d'eau jusqu'à la décision qui sera portée par le juge du pétitoire ; que ce juge pourra et devra examiner la question de propriété , sans être lié par l'appréciation que le juge de paix aura faite des titres.

Cette doctrine est celle de M. le président Henrion de Pansay dans son traité de la compétence des juges de paix, pages 496 et suivantes. Il rapporte à l'appui de son opinion le sentiment de plusieurs auteurs.

Il me semble qu'on peut y ajouter l'opinion de Pothier, traité de la possession n.° 90. Cette opinion a même cela de remarquable, qu'elle s'applique particulièrement à la matière des servitudes.

« Quoique les droits de servitude prédiale, dit-il, soient des droits réels que nous avons dans un héritage, néanmoins celui qui a joui du passage par un héritage ou de quelqu'autre espèce de servitude par quelque temps que ce soit, sans avoir aucun titre pour en jouir, n'est pas reçu à former complainte, lorsqu'il en est empêché, parce que, suivant les principes de notre droit français, la jouissance que quelqu'un a du passage par un héritage ou de quelqu'autre espèce de servitude sans avoir aucun titre, est présumée une jouissance de pure tolérance. Or, une telle jouissance n'est pas suffisante pour former la complainte. L'ordonnance de 1667 dénie en termes formels cette action à celui qui n'est que possesseur précaire.

« Mais lorsque celui qui a joui rapporte un titre en vertu duquel il a joui du passage ou de quelqu'autre espèce de servitude sur un héritage; quoique le possesseur de l'héritage qui l'a troublé dans sa jouissance, conteste la validité de son titre, la jouissance qu'il a eue en vertu de ce titre, ne passe plus pour une simple tolérance, et suffit pour qu'il puisse former la complainte et demander à être maintenu par provision dans sa jouissance jusqu'à ce qu'il ait été statué définitivement au pétitoire. »

Les principes que nous venons d'exposer, ont été consacrés par deux arrêts de la cour de cassation des 24 juillet 1810 et 6 juillet 1812, qui ont décidé que les servitudes imprescriptibles peuvent donner lieu à la complainte lorsqu'elles sont fondées sur des titres.

Le dernier de ces arrêts est ainsi conçu : « Vu l'art. 10 du titre 3 de la loi du 24 août 1790, sur l'organisation judiciaire ; l'art. 691 du c. c. et l'art. 454 du code de procédure civile, considérant que suivant l'art. précité de la loi du 24 avril 1790, les juges de paix connaissent...... de toutes actions possessoires...... que, si, par l'effet du principe établi dans l'art. 691 du code civil, la possession annale d'une servitude discontinue ne peut donner le droit de former l'action possessoire, c'est parce que la possession dans cette matière ne pouvant jamais conférer aucun droit à la propriété de la chose réclamée, elle est toujours censée précaire, et qu'elle manque par conséquent du caractère exigé par la loi ; mais qu'il n'en est pas de même lorsque cette possession est accompagnée du titre ; qu'alors elle ne peut plus être l'effet d'une simple tolérance, ni être regardée comme précaire ; que, si le juge de paix, chargé uniquement de statuer sur la possession, ne peut pas juger définitivement sur la validité du titre, il peut néanmoins en ordonner provisoirement l'exécution sous le rapport de la possession, s'en servir pour juger du caractère de la possession, et accorder la jouissance provisoire à celui qui a une possession annale accompagnée d'un titre, sous la réserve du droit des parties au fond; que cet effet du titre ne peut être détruit par la seule contestation sur sa validité, et qu'il appartient au juge de paix de juger le mérite de cette contestation, quant au fait de la possession; que, dans l'espèce la possession dont les frères et sœurs Herblin excipaient, était accompagnée d'un titre; que le juge de paix l'a envisagé comme un titre apparent ; qu'il a donc pu regarder la possession comme n'étant ni précaire ni l'effet d'une simple tolérance ; que par conséquent il y a eu lieu à l'action possessoire, et que le juge de paix a été compétent; d'où il suit que le tribunal de première instance séant à Pont-l'Evêque, en annullant, par son jugement du 20 juin 1810, celui du juge de paix du canton de Honfleur du 3 février précédent, sous le prétexte que la possession accompagnée d'un titre, ne pouvait fonder l'action possessoire ni la compétence du juge de paix, a violé l'art. 10 du titre 3 de la loi du 24 août 1790, et faussement appliqué l'art. 694 du code civil et l'art. 464 du code de procédure civile; par ces motifs, la cour casse et annule le jugement du tribunal de

9

première instance de Pont-l'Evêque , rendu entre les parties , le 20 juin 1810..... »

D'autres décisions plus récentes encore ont de plus en plus confirmé cette jurisprudence. Un arrêt rendu par la cour de cassation le 2 mars 1820 (Sirey 1820 , page 243) a décidé que le trouble dans l'exercice d'un droit de passage (servitude discontinue imprescriptible) autorise l'action en complainte , si le demandeur se prévaut à la fois de la possession annale d'un titre qui en soit le fondement

Un autre arrêt de la même cour , en date du 17 mai 1820 , rapporté page 524 , an 1820 du même recueil , a jugé que le possesseur troublé dans la possession d'une servitude discontinue (par exemple d'un droit de pacage) est recevable à intenter l'action possessoire devant le juge de paix , pourvu qu'il la forme dans l'année du trouble , et qu'il étaye sa possession d'un titre non précaire. Ainsi le juge de paix n'est pas incompétent pour connaître de l'action , et discuter le mérite ou l'applicabilité du titre , bien que le titre soit contesté. En un tel cas , le juge de paix est tenu d'examiner le titre et d'accueillir ou de rejeter l'action possessoire , selon que le titre contesté fait ou ne fait pas cesser la présomption de précaire.

La même chose a encore été décidée par arrêt de la même cour , en date du 17 mai 1820 , rapportée même année audit recueil , page 273.

145. C'est par suite de ces principes que l'action possessoire n'est recevable à l'égard des servitudes que la possession pouvait faire acquérir avant le code civil, mais que ce code déclare imprescriptibles, qu'autant que la propriété de la servitude aurait été acquise par une possession antérieure au code ; ce qu'il faut faire juger avant d'intenter l'action en complainte. La prescription commencée avant le code, mais non acquise, ne peut se continuer sous le code. Voyez l'art. 691 du code civil et un arrêt de cassation du 10 février 1812, recueil de Deveners an 1812, page 244.

151. Quant aux servitudes qui peuvent s'acquérir par la possession suivant le code, et qui ne pouvaient s'acquérir que par titres avant sa promulgation, il est évident que celui qui n'a pas de titre ne pourra intenter d'action possessoire que lorsqu'il se sera écoulé trente ans depuis la promulgation du code.

152. Il en serait différemment pour les servitudes que l'ancienne et la nouvelle législation permettent également d'acquérir par la possession.

152 bis. Un droit de lavoir et de trempage de peaux réclamé par un tanneur, dans un cours d'eau non navigable, n'est qu'une servitude discontinue qui ne peut fonder la complainte quand il n'y a pas de titre.

C'est ce que la cour de cassation a jugé dans l'espèce suivante :

La dame Marcellot, propriétaire d'un moulin établi sur une rivière non navigable, supprime un es-
calier et un lavoir existant depuis long-temps sur
son terrain, et que le sieur Joffrenot, propriétaire
d'une tannerie adjacente, y avait pratiqué, à l'effet
de puiser de l'eau dans cette rivière pour son usine,
d'y laver ses peaux et même de les y exposer au courant pendant la nuit.

Complainte de la part du sieur Joffrenot.

La dame Marcellot oppose que, s'agissant d'une
servitude discontinue, et le sieur Joffrenot n'ayant
pas de titre, il n'y a pas lieu à complainte.

Le juge de paix ne s'arrête pas à ce moyen, et
prononce la maintenue. Appel. Jugement qui infirme.

Pourvoi en cassation, et le 21 octobre 1807, arrêt
ainsi conçu : attendu qu'il s'agit, dans l'espèce d'une
servitude qui ne pouvait s'acquérir que par titre, et
que par conséquent l'action possessoire n'était pas
admissible, la cour rejette.

153. Quant aux servitudes naturelles ou légales,
comme la loi forme le titre de celui qui les prétend,
il est clair qu'elles peuvent être l'objet d'une action
possessoire.

Nous pourrions citer plusieurs arrêts de la cour
de cassation qui ont décidé la question dans ce sens.
Nous nous bornerons à rapporter le suivant :

Le sieur Dalesme était propriétaire de la totalité

(133)

du pré Pelas , arrosé dans toute sa longueur par les
eaux de l'étang Coyol , dérivées au moyen d'une
rigole pratiquée par ledit sieur Dalesme ou ses
auteurs.

. Dalesme vendit à Jabet la partie supérieure de
ce pré , avec stipulation expresse que l'acquèreur
laisserait aux eaux leur cours ordinaire ; de sorte
que celles sortant de la partie vendue servissent à
l'arrosement de la partie qui restait au vendeur.

Un mur de séparation fut établi entre les deux
portions du pré Pelas , et dans ce mur furent pratiquées des ébeylières ou ouvertures dans la direction
des rigoles qui se trouvaient établies de toute ancienneté.

Ultérieurement la propriété du pré inférieur a
passé au sieur Manent.

Les nouveaux propriétaires ne s'étant pas entendus, il arriva que le sieur Jabet rétrécît la grande
rigole à son principe , et éleva de petites digues devant les ébeylières de son mur.

De plus , il pratiqua des rigoles latérales.

Et au moyen de toutes ces innovations , la portion
inférieure du pré Pelas ne fut plus ou presque plus
arrosée

Action possessoire de la part du sieur Manent ,
qui demande le rétablissement de l'ancien état des
choses.

Jugement qui accueille la demande.

Mais sur l'appel du jugement du tribunal civil de Limoges qui infirme.

Pourvoi en cassation, et le 15 juin 1814, arrêt au rapport de M. Carnot, ainsi conçu :

« Vu le n.° 2 de l'art. 10 du titre 3 de la loi du 24 août 1790 ; attendu qu'il est demeuré pour constant au procès, que le demandeur en cassation était en possession réelle et paisible, depuis plus d'un an et jour, de recevoir les eaux de la partie supérieure du pré Pelas, pour l'irrigation de la partie inférieure dudit pré dont il est propriétaire, lorsqu'il fut troublé dans sa possession par le défendeur, et qu'il se pourvut en complainte possessoire dans l'année du trouble ; attendu que c'était à titre de servitude que le demandeur jouissait des eaux pour l'arrosement de son pré, et non pas à titre de copropriété de la rigole qui existait dans la partie supérieure dudit pré, et qui servait à la conduite desdites eaux ; que ce point n'avait jamais été contesté entre les parties, et que cela résultait d'ailleurs de l'acte du 9 novembre 1791 ; que cette servitude fondée en titre, et sur la destination du père de famille, était permanente et continue, dans le sens des art. 688 et 689 du code civil ; attendu qu'il ne s'agissait pas dans la cause d'un règlement d'eau ; mais de faire juger que le défendeur n'avait pu priver le demandeur des eaux provenant de l'étang de Coyole, que le défendeur avait entièrement interceptées, en en détournant le cours par des rigoles latérales , et en masquant les ébeylières du mur séparatif des possessions des parties ; qu'il n'y aurait lieu de procéder à un règlement des eaux , que dans le cas où il s'élèverait des contestations à ce sujet entre les parties, lorsque les choses seront rétablies dans leur premier état ; que le tribunal de Limoges a donc appliqué dans la cause des principes qui ne la régissaient pas, et qu'en les appliquant, pour déclarer le demandeur non recevable dans sa demande en complainte , il a ouvertement violé les règles de compétence établies par l'art. 10 , n.° 2 , du titre 3 de la loi du 24 août 1790 ; par ces considérations , la cour casse et annule.

154. Nous l'avons dit, ce n'est pas seulement lorsqu'il y a titre en faveur du riverain inférieur, que l'art. 641 du code civil apporte une limitation au droit du propriétaire de la source d'en disposer arbitrairement; la même restriction est établie lorsque le fonds inférieur a acquis des droits à la transmission de l'eau par la prescription.

Mais pour que la possession sur laquelle cette prescription est fondée, soit une preuve suffisante de l'intention dans l'un d'acquérir et dans l'autre de concéder des droits à la transmission des eaux; pour qu'elle fasse présumer une convention à cet égard entre les parties , il faut qu'elle ait duré pendant trente ans sans interruption , à compter du moment où le propriétaire inférieur a fait et terminé des ouvrages apparens, destinés à faciliter la chute et le cours de l'eau dans sa propriété ; telle est la disposition formelle de l'art. 642 du code.

155. Puisqu'il est exigé que les ouvrages soient apparens et destinés à faciliter la chute de l'eau dans la propriété inférieure, de simples conduits souterrains pratiqués sous l'héritage voisin jusqu'à la source ne suffiraient pas.

156. Il faut en dire autant d'un lit ou canal creusé naturellement par l'écoulement de l'eau comme serait un ravin ; mais un canal fait de main d'homme remplirait complettement le vœu de la loi.

Il faut nécessairement que les travaux facilitent la chute et le cours de l'eau, comme serait une écluse, une vanne, etc.

157. L'article 642 a fait naître une question importante : suffit-il que les travaux apparens aient été faits sur le fonds du propriétaire qui veut acquérir des droits à la transmission des eaux ? Ne faut-il pas au contraire qu'ils aient été pratiqués sur l'héritage où la source jaillit ?

Si la première interprétation était admise, il en résulterait qu'au moyen de la généralité des termes dont se sert l'article 642, on soutiendrait que sa disposition doit s'appliquer, non pas au propriétaire immédiatement inférieur à celui du fonds qui

renferme la source , mais à tout propriétaire inférieur, quelleque soit la distance de son héritage à la
source , et que les travaux qui seraient exécutés à
cinq lieues ou à une plus grande distance, pourraient faire acquérir la prescription ; cependant la
loi a exigé que les travaux fussent *apparens* , pour
que le propriétaire de la source ne pût pas être censé
les avoir ignorés; et comment ce propriétaire pour-
il être présumé en connaître l'existence dans le cas
proposé ?

Il faut donc décider que les travaux doivent être
exécutés sur le fonds du propriétaire de la source.
Cette interprétation de la loi est en harmonie avec
les anciens principes développés par Basnage. *Cœpolla tract.* 2 *, cap.* 4. n.° 59 , décide nettement
la question dans ce sens. Ce jurisconsulte demande
si le propriétaire de l'héritage dans lequel jaillit une
source, peut en disposer arbitrairement et en priver
les héritages inférieurs sur lesquels ces eaux coulent
de temps immémorial, et sont employées ou à l'irrigation ou à faire mouvoir une usine. Sa réponse est
qu'il le peut , *quia tunc aqua non videtur discurisse
jure servitutis sed potius jure cujusdam facultatis.*

La seule difficulté, continue notre jurisconsulte ,
est de déterminer si c'est à titre de servitude que le
propriétaire inférieur a reçu les eaux de l'héritage
supérieur. Voici de quelle manière il résout cette
difficulté : *Aut habens fundum inferiorem aliquid*

fecit in fundo superiore , in quo aqua oritur ; puta perfossatum , aquam duxit ; vel si mundasset fossata in fundo superiore , sciente et patiente domino : et tunc per istos actus vel similes , videretur duci aqua jure servitutis , potiùs quàm jure familiaritatis ; cum ista non possint in fundo alieno fieri , citrà jus et nomen servitutis ; et ideo dicendum est quod si est dominus inferior in hujusmodi quasi possessione non potest de facto impediri vel aqua diverti : et si fuit in istâ quasi possessione per longum tempus etiam de jure non posset diverti , si non intervenerunt ea quæ ad præscribendam talem servitutem requiruntur secundùm ea quæ dicta suprà sunt. Aut habens fundum inferiorem nihil fecit in fundo superiore vicini , puta quia per venas subterraneas aqua labitur , vel quia vicinus utebatur aqua in fundo suo, et per ipsum discurrebat et postremo aqua exiens per se per fundum superiorem discurrebat ad inferiorem et cum fiat potius jure familiaritatis , poterit dominus superior impunè aquam divertere.

La cour de cassation a consacré cette doctrine par un arrêt du 25 août 1812, rapporté par Sirey an 1812, page 550, dont voici les motifs :

« Attendu que l'écoulement de l'eau d'une source d'un héritage supérieur sur le terrain inférieur ne peut constituer une servitude au profit du propriétaire de ce terrain ;

« Que cependant le jugement attaqué a décidé qu'il suffisait de l'existence de cet écoulement pendant un temps immémorial pour faire acquérir la possession des eaux au propriétaire inférieur.

« Qu'à cette erreur, il a ajouté une erreur non moins grave, en décidant contrairement à l'art. 642 du code qui n'a fait que *consacrer les anciens principes sur cette matière*, qu'il n'y avait pas lieu à examiner si les ouvertures par où s'écoulaient les eaux avaient été pratiquées par le propriétaire du fonds inférieur, tandis que ce n'est que de l'existence *de ces ouvrages de la part du propriétaire inférieur sur le fonds du propriétaire de la source* que peut naître la servitude sur son héritage et par suite la prescription.....

158. Remarquons bien d'ailleurs que la prescription ne court pas à partir du commencement des travaux, mais bien de leur achèvement; cependant, si un particulier avait commencé un établissement important, dont l'achèvement exigeât plusieurs années, et que les premiers travaux fussent suffisans pour faciliter la chute et le cours de l'eau dans sa propriété, nous pensons que la prescription aurait son cours quoique les travaux ne fussent pas terminés. En effet, il serait vrai de dire dans ce cas que les ouvrages sont terminés quant à la facilitation de la chûte et du cours de l'eau, et la loi n'exige pas autre chose. Une décision contraire en-

traînerait de graves inconvéniens ; car le propriétaire du fonds où naît la source, ne manquerait
jamais de soutenir que le propriétaire inférieur avait
l'intention de faire des travaux plus étendus, et
l'appréciation de cette intention si difficile à faire,
laisserait un champ trop vaste à l'arbitraire.

159. Il peut arriver qu'un fonds situé à quelque
distance de celui qui renferme la source, ait acquis des droits à la transmission des eaux, sans que
les héritages intermédiaires en aient aucun.

Ainsi, un propriétaire place une vanne, et creuse
un canal sur le fonds du propriétaire de la source ;
il prolonge le canal sur cinq ou six héritages inférieurs qui le séparent du sien. Il aura acquis par là
des droits à la transmission des eaux, si sa possession a duré trente ans ; même contre ces propriétaires intermédiaires qui ne pourront pas le
contraindre à détruire son canal. Mais ceux-ci n'auront acquis aucun droit ni contre lui, ni contre le
propriétaire de la source.

160. Puisque des ouvrages apparens font acquérir par la prescription des droits à la transmission des eaux, celui qui les a faits, peut s'il est
troublé par le propriétaire de la source dans la
jouissance du cours d'eau, intenter contre lui la
complainte devant le juge de paix. La cour de cassation a jugé par arrêt du 4 mai 1813, rapporté par
Sirey, tom. 13, pag. 337, que le trouble apporté

à la possession annale d'un cours d'eau dirigé au moyen d'ouvrages apparens destinés à faciliter le cours de l'eau, notamment au moyen d'une rigole, donne essentiellement lieu à une action possessoire; et que la compétence du juge de paix ne dépend aucunement de la question de savoir si les eaux sont vives ou mortes. Ainsi, le propriétaire du fonds où naît la source en change-t-il le cours, en diminue-t-il le volume d'une manière nuisible, ou commet-il toute autre entreprise sur ce cours d'eau, le propriétaire inférieur dont les travaux existent depuis un an, peut le traduire devant le juge de paix pour le faire condamner à remettre les choses dans leur état primitif. Il aurait le même droit contre les propriétaires intermédiaires, qui commettraient quelque entreprise sur le cours d'eau, ou qui détruiraient les ouvrages exécutés comme nous l'avons déjà dit.

Mais le propriétaire de la source n'aurait pas le droit de se plaindre de la destruction de ces travaux, à moins qu'il n'en résultât dan le cours de l'eau quelque changement qui lui portât préjudice.

Celui qui a fait les travaux n'a pas besoin de commencer par faire décider sa propriété par le juge du pétitoire, ni conséquemment de prouver que ces travaux sont terminés depuis trente ans. Leur seule existence, pendant une année antérieurement au trouble, suffit pour autoriser la complainte.

Toutefois il faudrait, outre l'existence des travaux, que l'écoulement de l'eau eût également duré une année, puisqu'il est indispensable que les ouvrages facilitent *la chute et le cours de l'eau*. Si donc cet écoulement n'avait duré que 11 mois et 29 jours, que le propriétaire de la source en détournât le cours le dernier jour de l'année, il est manifeste que bien que, l'existence des travaux datât de plus d'un an, le propriétaire inférieur ne pourrait intenter l'action possessoire.

Nous pensons néanmoins que dans les pays où, comme en Normandie, la maxime *nulle servitude sans titre* avait tant de force que la prescription était inadmissible pour les faire acquérir malgré l'existence d'ouvrages apparens, l'action possessoire ne pourra être intentée que dans trente ans après la publication du code civil.

161. Voyons maintenant ce qu'il arriverait si le propriétaire du fonds où naît la source, soutenait pour se défendre de l'action possessoire, que les ouvrages n'ont pas pour effet de faciliter la chute et le cours de l'eau dans la propriété du demandeur, ou qu'ils n'ont pas été faits par lui?

Il nous semble que le juge de paix pourrait, soit par une visite des lieux, soit par une expertise ou une enquête, enfin par tous les moyens consacrés par la loi pour découvrir la vérité, ordonner la preuve des faits respectivement articulés.

On ne pourrait prétendre qu'en agissant ainsi il cumule le pétitoire et le possessoire ; car il se borne à constater des faits matériels, ayant trait à la possession, et servant à en déterminer le caractère. Puisque la confection d'ouvrages apparens est considérée par la loi comme un fait possessoire, il faut bien que le juge ordonne la preuve qu'ils ont été exécutés un an avant le trouble, par celui qui en veut tirer avantage, et pour acquérir des droits sur le cours d'eau. Le juge de paix n'excéderait les termes de sa compétence et ne cumulerait le pétitoire avec le possessoire qu'autant qu'il ordonnerait une preuve qui remonterait à trente ans avant le trouble.

Une décision contraire rendrait la complainte illusoire en pareille matière ; car le propriétaire du fonds où naît la source, convaincu qu'il dépouillerait le juge de paix de la connaissance de la complainte en soutenant que les travaux ne sont pas faits depuis un an par le propriétaire inférieur, pour faciliter la chute et le cours de l'eau dans sa propriété, ne manquerait jamais d'élever cet incident, pour se soustraire à la juridiction de ce magistrat, et conserver pendant plus long-temps l'avantage et la jouissance de son entreprise sur le cours d'eau.

162. De ce que, comme nous l'avons vu, la prescription acquise conformément à l'article 642, à l'effet d'empêcher le propriétaire du fonds où naît la source d'en changer le cours, d'en retrécir l'issue

ou d'en diminuer le volume, il n'en faut pas conclure qu'il ne puisse plus employer l'eau à tous ses
besoins, et il a droit d'en user suivant ses intérêts ;
seulement il n'en peut plus disposer suivant son caprice ou sa volonté.

Le droit que les articles 641 et 642 du code civil
confèrent au propriétaire inférieur, est une servitude pour celui dans l'héritage duquel naît la source,
puisqu'il n'a plus la faculté d'en changer le cours,
même pour une grande utilité. Les servitudes se
perdent par le non usage pendant un temps déterminé.

Les lois romaines prévoient le cas où une source,
ayant été tarie pendant le temps requis pour la prescription, renaîtrait après ce temps. Elles décident
que les droits du propriétaire inférieur revivent
également.

*Si fons exaruerit, ex quo ductum aquæ habeo :
isque post constitutum tempus ad suas venas redierit; an aquæductus amissus erit quæritur ; et
Attilicinus ait Cæsarem Statilio Tauro rescripsisse
in hæc verba : hi qui ex fundo Sutrino aquam ducere soliti sunt adierunt me : proposueruntque
aquam quâ per aliquot annos usi sunt, ex fonte
qui est in fundo Sutrino ducere non potuisse quod
fons exaruisset : et pòsteà ex eo fonte aquam fluere
cæpisse : petieruntque à me ut jus quod non negligentia aut culpa sua amiserant, sed quia ducere*

non potuerunt, his restitueretur. Quorum postu-
latio cùm non iniqua mihi visa sit, succurendum
his putavi. Itaque quod jùs habuerunt tunc cùm
primum ex aqua pervenire ad eos non potuit, id
eis restitui placet. Loi 34, §. 1 et 35., *ff. de ser-*
vitut. præd. rust.

Nous ne pensons pas que cette décision puisse se concilier avec les dispositions du code civil. L'art. 706 porte que la servitude est éteinte par le non-usage pendant trente ans. La généralité de ces termes n'admet ni distinction, ni restriction, et nous ne trouvons au titre des prescriptions aucun article qui place, expressément ou par analogie, le cas proposé au nombre des causes qui suspendent ou qui interrompent le cours de la prescription.

Le code a voulu établir une règle uniforme pour l'extinction des servitudes par prescription ; et s'il était fait exception pour le cas qui nous occupe, on en conclurait que la servitude renaîtrait lors même que la source aurait été tarie pendant cent ans, ce qui n'est pas admissible.

Toutefois, nous pensons que la prescription par le non-usage ne commence pas à partir du dessé-chement de la source, mais seulement à compter du jour de la destruction des ouvrages consacrés à l'exercice de la servitude. Tant que le propriétaire de la servitude les laisse subsister, ou qu'il ne permet pas au propriétaire supérieur de les détruire, il manifeste l'intention de ne pas renoncer à son droit. Ces principes nous paraissent résulter de l'art. 707 du code civil, dont voici les termes : « Les trente ans commencent à courir, selon les diverses espèces de servitudes, ou du jour où l'on a cessé d'en jouir lorsqu'il s'agit de servitudes discontinues, ou du jour où il a été fait un acte contraire à la servitude lorsqu'il s'agit de servitudes continues.

Cet article n'exige pas que l'acte contraire à la servitude soit fait par celui qui la doit etc. La généralité de ses expressions fait assez comprendre que cet acte peut être émané de toute autre personne même du créancier de la servitude.

Ce que nous venons de dire sert à décider une autre question. Lorsque la source est intermittente ou que le titre constitutif de la servitude n'autorise à jouir de l'eau que pendant un certain temps, pendant une saison, en été ou l'espace d'un mois, ou alternativement une année ou un mois, les lois romaines doublent le temps de la prescription.

Si sic constituta sit aqua, ut vel æstate ducatur tantum, vel uno mense, quæritur quemadmodum, non utendo amittatur : quia non est continuum tempus : quocum uti non potest, non sit usus. Itaque et si alternis annis, vel mensibus quis aquam habeat : duplicato constituto tempore amittetur. Idem et de itinere custoditur. Loi 7, *ff. quemadmodum servitutes amittuntur.*

Mais cette décision est contraire à l'article 706 du Code civil, et ne peut être admise dans notre droit français.

163. Il y a comme nous l'avons dit ailleurs une dernière exception au droit général, que l'article 641 du Code civil accorde au propriétaire du fonds dans lequel naît la source, d'en disposer à sa volonté.

« Le propriétaire de la source ne peut en changer le cours lorsqu'il fournit aux habitans d'une commune, village ou hameau, l'eau qui leur est nécessaire ; mais si les habitans n'en ont pas acquis ou prescrit l'usage, le propriétaire peut réclamer une indemnité laquelle est réglée par expert.

Telle est la disposition de l'article 643 du Code civil.

Ainsi, dans cette dernière disposition, le législateur va encore plus loin qu'il ne l'avait fait par les deux articles précédens, puisque pour priver le propriétaire de la source du droit d'en changer le cours, il n'est pas même nécessaire que les habitans d'une commune, village ou hameau aient titre ou prescription, ni par conséquent qu'ils aient pratiqué sur le fonds supérieur des ouvrages apparens destinés à faciliter la chute et le cours de l'eau. Le seul fait que cette eau leur est nécessaire, suffit pour fonder leur droit. Mais comme il ne serait pas juste que cette servitude fût gratuitement imposée au propriétaire de la source, la loi lui accorde une indemnité qui doit être proportionnée au tort qu'il en éprouve, à moins que les habitans n'aient acquis ou prescrit l'usage du cours d'eau; il nous semble que la prescription, qui à défaut de titre les dispense de payer une indemnité, ne peut s'acquérir que par une possession de trente ans, à partir de l'achèvement d'ouvrages apparens destinés à faciliter la chute et le cours de l'eau conformément à l'article 642.

Si donc le propriétaire de la source voulait en changer le cours ou commettait une entreprise quelconque sur ce même cours, la commune, le village ou hameau aurait droit d'intenter la complainte contre lui.

Il suffirait de prouver une jouissance annale antérieure au trouble, même dans les pays où cette servitude n'était pas admise avant le Code, car d'une part elle est consacrée par le Code, et d'une autre part la possession annale d'une servitude légale est suffisante pour rendre la complainte recevable. Nous pensons même que chaque habitant de la commune aurait aussi droit d'intenter la complainte. Vainement opposerait-on qu'une prétention qui intéresse une communauté d'habitans, ne peut être soutenue que par le maire de la commune. On répondrait avec avantage que ce principe ne peut recevoir son application que lorsqu'il y a débats sur le fonds, c'est-à-dire sur la propriété, et qu'il s'agit de la faire reconnaître; mais lorsqu'elle est certaine (et elle l'est nécessairement dans le cas proposé, puisqu'elle est établie par la loi), chaque habitant, ayant un droit acquis et personnel à la jouissance de la chose, peut intenter en son nom privé les actions relatives à cette jouissance, contre celui qui l'y troublerait.

Cette distinction est bien marquée dans deux décrets du 9 brumaire an 13 et 27 novembre 1814, insérés au Bulletin des lois.

164. Bien entendu que le droit que confère l'article 643 à une communauté d'habitans peut être exercé continuellement ou par intervalles suivant les besoins de cette même communauté. Ces besoins en effet sont l'unique règle qu'il faille consulter. Ainsi, il peut arriver que dans les temps ordinaires le propriétaire d'un fonds sur lequel naît une source en emploie une partie à former un étang ou réservoir, et que le surplus suffise aux besoins de la commune; mais, si dans les temps de sécheresse il y a insuffisance, si, par exemple, les eaux de l'étang sont nécessaires pour les moulins qui approvisionnent une ville, on peut forcer le propriétaire de l'étang à les laisser couler, mais en les lui payant à un prix convenu, à raison de chaque mètre de hauteur de l'eau qui s'écoule, comme il arrive assez souvent pour les moulins de la Vilaine qui servent à l'approvisionnement de Rennes. (*Voyez le Gouvernement des Paroisses*, par *M. Potier de la Germondaye*, page 477.)

165. L'article 643 semble, d'après ses termes mêmes, ne s'appliquer qu'aux sources qui ont un cours.
Mais nous croyons qu'on doit admettre une décision
semblable, relativement à la faculté de puisage dans
une fontaine, dans un puits, ou à l'obligation de ne
point dessécher un réservoir d'eaux pluviales, un
étang, et d'en permettre l'usage au public.

En effet, le motif de l'article 643 est la nécessité.
Sa disposition est une conséquence du principe consacré par l'article 545 du Code civil, que chacun
doit le sacrifice de sa propriété à l'utilité publique,
moyennant une juste et préalable indemnité. Cette
conséquence s'applique également aux eaux qui ont
un cours et à celles qui n'en ont pas, lorsque les
unes et les autres sont nécessaires à une communauté d'habitans ; et quoique le droit de puisage,
abreuvage ou lavage, ne constitue qn'une servitude
discontinue, la simple possession annale d'un tel
droit dans un puits, fontaine ou étang, peut autoriser la complainte en faveur des habitans d'une commune, village ou hameau, pourvu qu'il soit justifié
que cette possession est fondée sur la nécessité. Il
faudrait alors appliquer ce que nous avons dit pour
la complainte en matière de servitudes légales et au
n.º 163.

166. Mais il en serait autrement dans le cas où le
droit de puisage serait réclamé par un particulier
dans une pièce ou cours d'eau qui ne serait pas indis-

pensable à la communauté dont il est membre ; la possession annale d'un pareil droit ne pourrait autoriser la complainte sans être appuyée d'un titre ; ainsi jugé par arrêt de la Cour de cassation du 23 novembre 1808, Sirey, tome 9, page 35.

167. Puisque le droit du propriétaire d'un héritage dans lequel jaillit une source, reçoit une modification lorsque les eaux qui s'en échappent sont nécessaires à une commune, même à un simple hameau, il nous semble incontestable qu'il en doit être de même, à plus forte raison, lorsque la source donne naissance à un fleuve ou à une rivière navigable ou flottable, ou lorsqu'elle contribue à leur donner ce caractère par sa jonction avec d'autres cours d'eau. Dans ce cas en effet, le fleuve ou la rivière a une utilité plus étendue que dans celui de l'article 643 du C. C : consacré à la navigation, il peut contribuer à la prospérité de plusieurs départemens et même de tout le royaume. Aussi les lois que nous avons rapportées dans la première partie attribuent-elles sans difficulté à l'Etat la propriété des fleuves et rivières navigables et flottables, précisément parce qu'ils ont ce caractère et sont par leur importance même d'une utilité générale.

Il peut s'élever à ce sujet une autre question. Le propriétaire de la source n'a-t-il pas droit dans ce cas de demander une indemnité à l'Etat, comme il peut, aux termes de l'article 643, en exiger une de la communauté qui profite de ses eaux ? Nous ne le pensons pas.

Les dispositions des articles 640 à 645 du Code civil n'ont évidemment pour objet que de régler les droits des particuliers sur les eaux qui ne forment pas partie du domaine public ; mais c'est dans une autre branche de la législation qu'on trouve les principes relatifs à la propriété des fleuves et rivières navigables et flottables.

L'ordonnance de 1669, des édits, déclarations et arrêts du conseil subséquens, en attribuent la propriété à l'Etat, ainsi que de leurs bras non navigables. La généralité de ces expressions embrasse nécessairement la source qui en forme une partie principale et indispensable. On ne trouvera nulle part d'obligation semblable à celle que renferme l'article 645 du Code civil. Au contraire, l'article 41, titre 27 de l'ordonnance de 1669, excepte seulement de la propriété des rivières navigables et flottables, les droits de pêche, moulins, bacs, *et autres usages* que les particuliers peuvent y avoir par titre et possessions valables auxquels ils seront maintenus.

Une nouvelle raison en faveur de l'opinion que nous émettons, se tire de la loi du 16 septembre 1807, qui n'accorde d'indemnité que lorsqu'un terrain est pris pour creuser le lit d'une rivière, pour l'élargir, ou pour former le chemin de halage. D'ail leurs, quel tort éprouve le propriétaire de la source par l'interdiction d'en détourner le cours? Aucun. Le Gouvernement peut l'autoriser à pêcher le long de son héritage, à faire des prises d'eau pour l'arroser, sans toutefois nuire au bien général et à la navigation; il peut enfin lui permettre d'y construire une usine avec les précautions nécessaires. Que peut-il exiger de plus? Dans de telles circonstances, le changement du cours d'eau ne serait dicté que par une malice évidente; et ce qui le prouve encore davantage, c'est que le volume d'eau devant être supposé assez considérable, le propriétaire de l'héritage dans lequel il prend sa naissance ne pourrait en changer le cours qu'avec beaucoup de frais et d'embarras; et certes, c'est le cas d'appliquer la maxime : *Malitiis non est indulgendum.*

168. Le propriétaire d'un héritage renfermant une source d'eaux minérales peut les employer à former un établissement de bains, à administrer des douches ou en faire faire le débit et la distribution hors de la source.

Mais les eaux de cette espèce sont soumises à des règles particulières qui sont établies par un arrêt du conseil du 5 mai 1781, et par les lois des 25 vendémiaire an 6, 29 floréal an 7, 5 floréal an 8 et 6 nivôse an 11.

Ainsi tout propriétaire qui découvre dans son fonds une source d'eau minérale, est tenu d'en instruire le Gouvernement pour qu'il en fasse faire l'examen ; et d'après le rapport des commissaires nommés à cet effet , la distribution en est permise ou prohibée , suivant le jugement qui en aura été porté. (Art. 17 de l'arrêté du 29 floréal an 7.)

Le ministre de l'intérieur est autorisé à faire pour la police et la distribution des eaux les instructions nécessaires. (Art. 20 dudit arrêté.)

169. Les propriétaires qui exploitent les sources d'eaux minérales sont tenus de se conformer aux règlemens de police faits à cet égard et de pourvoir sur le produit de ces eaux au paiement du traitement de l'officier de santé que le Gouvernement juge nécessaire de commettre pour leur inspection ; ils sont pareillement tenus de faire approuver par le préfet le tarif du prix de leurs eaux, sauf le recours au Gouvernement, en cas de contestation. (Art. 10 de l'arrêté du 6 nivôse an 11.)

170. Les lois dont nous avons ci-devant rapporté les dates contiennent quelques règles spéciales relativement aux eaux minérales appartenant à l'Etat ou aux communes.

Lorsqu'il s'élève, entre l'Etat et une commune, une question de propriété relative aux eaux minérales, elle doit être jugée par les conseils de préfecture, le directeur des domaines entendu, sauf

(155)

la confirmation du Gouvernement. (Art. 9 de l'arrêté du 6 nivôse an 11.)

Mais nous pensons que s'il ne s'agissait que d'une
action possessoire ; comme si une commune était
troublée par l'Etat dans sa possession annale d'eaux
thermales, cette action devrait être portée devant
le juge de paix ; car la loi du 24 août 1790 et le code
de procédure civile attribuent aux juges de paix la
connaissance de toutes les actions possessoires, et
l'art. 9 de l'arrêté du 6 nivôse an 11 n'attribue à
l'autorité administrative la connaissance que *des
questions de propriété*.

171. Quant aux actions pétitoires ou possessoires
qui pourraient s'élever entre les communes et les
particuliers ou entre des particuliers seulement ou
des communes seulement, elles seraient de la compétence des tribunaux de 1.ere instance ou des juges
de paix suivant les règles de compétence ordinaires.

172. Le propriétaire de l'héritage où naît la
source ainsi que les propriétaires des héritages inférieurs ont le droit d'employer les eaux à former des
étangs. On appelle ainsi un amas d'eau réuni dans
un terrein en pente, dont la partie inférieure est
fermée par une chaussée et dans lequel on nourrit
du poisson. On y adapte une bonde qui sert à mettre
l'étang à sec, soit pour le pêcher, soit pour le
curer.

L'art. 261 du second projet de code rural permet

à tout propriétaire de faire des étangs dans son héritage, pourvu qu'il ne préjudicie point aux droits d'autrui ni aux chemins publics et qu'il rende les eaux à leur cours naturel.

L'art. suivant ne soumet la construction d'un étang à la nécessité d'une autorisation préalable de l'administration qu'autant que sa superficie excéderait 50 hectares, ou que la chaussée, quelle que soit la superficie de l'étang, doit être placée sur ou contre un chemin public.

173. Non-seulement on doit, en construisant un étang, le faire de manière qu'il ne puisse nuire ni aux particuliers ni aux chemins, mais il faut encore l'entretenir constamment en cet état. Dès qu'il manque quelque chose à la chaussée ou à la bonde, le propriétaire doit s'empresser de le réparer; sinon il répondra de tous les dommages que pourra occasionner la chute des eaux. Ce n'est pas ici le cas de la force majeure : le dégât ne provient que de la négligence du propriétaire de l'étang, et c'est sur lui qu'il doit retomber.

Par la même raison, le voisin qui s'apercevrait du mauvais état de l'étang, pourrait sommer le propriétaire de le rétablir; mais indépendamment de cette sommation, le voisin peut toujours poursuivre ses dommages-intérêts, dès qu'il est à même de prouver que le dégât a été occasionné par le mauvais état de l'étang.

Il y a plus : la loi du 11 septembre 1792 porte
que, « lorsque des étangs, d'après les avis et procès
verbaux des gens de l'art, pourront occasionner
par la stagnation de leurs eaux des maladies épidé-
démiques ou épizooties, ou, que par leur position,
ils seront sujets à des inondations qui envahissent
et ravagent les propriétés inférieures, les conseils
généraux des départemens (aujourd'hui les préfets)
sont autorisés à en ordonner la destruction sur la
demande des conseils généraux (aujourd'hui des
conseils municipaux) des communes, et d'après les
avis des administrations de district » (aujourd'hui
des sous préfets.)

Il arrive souvent, que des étangs sont si voisins
les uns des autres, que l'eau de l'étang inférieur
touche la chaussée de l'étang supérieur. Dans cette
position, le propriétaire de l'étang inférieur est tenu
de donner à l'autre la vidange, en temps convenable pour la pêche.

Quant à l'étang inférieur dont les eaux touchent
la chaussée de l'étang supérieur, Revel et Collet
distinguent lequel des deux étangs a été établi le
premier. Si c'est l'inférieur, disent-ils, le propriétaire de l'étang supérieur a eu tort de n'avoir pas
pris de justes mesures, d'avoir tenu sa chaussée si
bas. Si, au contraire, l'étang supérieur est le plus
ancien, en ce cas l'étang inférieur est tenu des dégradations que les eaux causent à l'étang supérieur;

c'est la faute du propriétaire s'il a mal choisi son emplacement, et s'il a construit son étang dans un lieu où il pouvait continuellement nuire à ses voisins.

Lorsqu'il n'est pas possible de constater lequel des deux étangs a été construit avant l'autre, il semble qu'on ne peut rien faire de mieux, que de suivre la disposition de l'article 175 de la coutume d'Orléans.

Aux termes de cette loi, quand l'étang supérieur est tellement plein d'eau, qu'il ne peut se vider par l'obstacle qu'y apportent les eaux de l'étang inférieur, le maître de celui-ci est tenu, sur la sommation qui lui en est faite, de lever sa bonde dans trois jours, quand même il ne serait pas assujetti à titre de servitude, pourvu que ce soit dans la saison convenable pour la pêche.

174. Une loi du 14 frimaire an 2 avait ordonné le dessèchement et la mise en culture de tous les lacs et étangs ; mais elle a été rapportée par une autre du 13 messidor an 3.

Suivant l'art. 558 du Code civil, l'alluvion n'a pas lieu à l'égard des lacs et étangs dont le propriétaire conserve toujours le terrain que l'eau couvre quand elle est à la hauteur de la décharge de l'étang, encore que le volume de l'eau vienne à diminuer.

Réciproquement le propriétaire de l'étang n ac

quiert aucun droit sur les terres riveraines que son eau vient à couvrir dans des crues extraordinaires.

Il résulte de là que le propriétaire d'un étang est réputé l'être toujours du terrein que l'eau couvre quand elle est à la hauteur de la décharge, malgré toute possession contraire, et que celui qui prétend que le propriétaire de cet étang l'a troublé dans la possession annale du terrein que l'eau couvre quand elle est à la hauteur de la décharge, ne peut poursuivre ce propriétaire par la voie possessoire.

Arrêt de la cour de cassation du 25 avril 1811. (Sirey, 1811, page 312.)

Les eaux d'une source peuvent aussi être employées à faire un puits, mais un établissement de cette nature est assujetti à des conditions particulières. Suivant l'art. 674 du Code civil, celui qui fait creuser un puits près d'un mur mitoyen ou non est obligé à laisser la distance prescrite par les règlemens et usages, pour éviter de nuire au voisin.

Suivant l'art. 191 de la coutume de Paris, il doit y avoir 3 pieds d'épaisseur entre deux puits; mais il faut quatre pieds y compris l'épaisseur des murs entre des aisances et un puits.

Il faut, suivant le même article, que celui qui veut faire un puits contre un mur mitoyen, fasse un contre-mur d'un pied d'épaisseur.

176. Remarquons qu'il ne pourrait être dérogé à ces dispositions par des conventions particulières,

c'est ce qui a été jugé par un arrêt du parlement de Paris du 5 septembre 1780.

Il s'agissait d'un contrat qui accordait la faculté de creuser un puits contre un mur mitoyen , sans faire de contre mur. Les 1.ᵉʳᵉ juges en avaient ordonné l'exécution.

Sur l'appel, on disait pour établir le mal jugé , que l'art. 191 de la coutume de Paris portant que celui qui veut faire un puits contre le mur mitoyen doit faire un contre mur, s'opposait à ce que ce puits fût fait autrement ; que c'était donc inutilement que cette faculté avait été accordée par le contrat ; que la construction aussi irrégulière que dangereuse d'un puits sans contremur ne pouvait qu'endommager les fondations des bâtimens de leur maison ; que les dispositions de la coutume étant de droit étroit, il n'était pas permis d'y contrevenir par des stipulations contraires ; que ce principe est attesté par tous les auteurs qui se sont occupés de l'étude du droit coutumier, notamment Dumoulin tome 1.ᵉʳ, page 55 ; d'Argentrée sur l'art. 323 de la coutume de Bretagne ; Brodeau , sur la coutume de Paris, titre des fiefs ; les annotateurs de Duplessis, page 392 etc. que ces autorités démontrent l'obligation où l'on est de se conformer à la coutume, dès que celle qui nous régit ne permet de faire un puits qu'avec un contre mur , il était sensible que le contrat n'avait pu permettre ce que la coutume défend.

Art. III.

De la faculté accordée par la loi aux propriétaires inférieurs d'user des eaux, quoiqu'ils n'aient acquis aucun droit, tant que le propriétaire du fonds où naît la source n'en change pas le cours.

177. Nous avons traité dans l'article précédent des droits du propriétaire dont l'héritage renferme une source, et de ceux que peuvent acquérir contre lui les propriétaires inférieurs, mais il arrive le plus communément que ceux-ci n'ont acquis aucun droit à la transmission des eaux qui ne coulent alors sur leurs fonds qu'à titre de servitude naturelle.

178. Nous avons dit ailleurs qu'un tel écoulement ne leur confère aucun droit contre le propriétaire de la source, et que par conséquent ils ne peuvent intenter contre lui l'action de complainte dans le cas où il détourne le cours de l'eau, qu'ils ne peuvent exercer d'autre action que celle qui résulte de l'abus qu'il pourrait se permettre de la faculté qu'il a de la faire couler sur les héritages inférieurs.

179. Mais le seul fait que l'eau s'écoule à travers ou sur le bord de ces héritages suffit pour que ceux qui les possèdent puissent en user tant que le passage a lieu, c'est-à-dire tant que le propriétaire de la

source n'use pas du droit qu'il a d'en détourner le cours. Puisqu'ils sont exposés à tous les inconvéniens qui résultent du voisinage des eaux , ils doivent jouir , par une juste compensation des avantages qui peuvent en résulter.

Le législateur a donc dû s'occuper de régler l'exercice de cet usage en prenant en considération la position des propriétés qui y ont droit.

Il a fait une distinction entre le cas où l'héritage est traversé par un cours d'eau et celui où il le borde d'un côté seulement.

L'art. 644 du code civil, porte : que celui dont la propriété borde une eau courante , autre que celle qui est déclarée dépendance du domaine public , par l'art. 558 , peut s'en servir à son passage pour l'irrigation de ses propriétés ; et que celui dont cette eau traverse l'héritage peut même en user dans l'intervalle qu'elle y parcourt ; mais à la charge de la rendre à la sortie de ses fonds, à son cours ordinaire.

Ainsi lorsque l'héritage borde d'un côté seulement le cours d'eau , la loi a limité le droit du propriétaire à celui de s'en servir pour l'irrigation qui lui est nécessaire , mais lorsque cet héritage est traversé par le cours d'eau , le propriétaire , peut *même en user*. La différence de ces expressions est remarquable.

Dans le premier cas , chacun des riverains du

cours d'eau est co-propriétaire par moitié du lit qui le contient; ne pouvant accorder à tous les deux le droit de le changer le législateur a été forcé de les en priver également et de ne leur attribuer, ainsi que nous l'avons vu, que la faculté de s'en servir.

180. De ce que l'art. 664 n'accorde de droit à la jouissance de l'eau, qu'aux propriétaires riverains, comme une indemnité des inconvéniens auxquels ils sont exposés, il résulte qu'un autre propriétaire ne pourrait user de cette faculté ni prétendre sur l'héritage qui borde le cours d'eau le droit d'y faire passer celle qu'il destine à l'irrigation de ses prairies.

C'est ce qu'a décidé un arrêt du parlement du 12 juillet 1759, rapporté au recueil de l'Epine de Grainville, page 229.

Un pré appartenant au sieur de la Goutte était séparé de la rivière par un autre pré appartenant au sieur Berchoux.

Berchoux arrosait son pré par des rigoles tirées de la rivière. La pente naturelle du terrein faisait couler l'eau de ces rigoles sur le pré du sieur Delagoutte. Mais Berchoux fit creuser dans la partie de son pré joignant celui de son voisin, un canal qui, après avoir réuni ces eaux, les reportait dans la rivière.

Le sieur Delagoutte prétendait qu'il devait lui être permis de creuser sur le pré de Berchoux un

canal qui recevant les eaux au point où elles retour-
naient à la rivière, les conduisît sur son pré.

Cette prétention, portée au baillage de Ville-
franche, y fut rejetée.

Sur l'appel, arrêt du 12 juillet 1787 qui confirme
cette sentence.

Il fut donc jugé que celui qui est séparé d'une rivière ou ruisseau par un héritage intermédiaire n'a pas
la faculté de creuser des canaux sur cet héritage à
l'effet de conduire sur le sien les eaux qui l'ont arrosé.

181. Par la même raison, celui dont l'héritage
est séparé d'une eau courante par un chemin public,
n'est pas réputé riverain à l'effet de jouir des droits
ou d'être soumis aux obligations qui sont attachées
à ce titre. Il ne peut donc creuser un fossé ou une
rigole en travers du chemin pour conduire l'eau
dans son héritage.

182. Mais s'il avait un titre, ou même sans qu'il
en existât aucun, s'il avait pratiqué sur le fonds in-
termédiare un aqueduc jusqu'à la rivière, et que cet
ouvrage eût duré trente ans, il aurait acquis la prescription, et conséquemment le droit d'en extraire
l'eau qui lui serait nécessaire.

183. Toutefois, ce que nous disons doit être sainement entendu, et il ne faut pas confondre le droit
d'aqueduc avec celui qu'on peut acquérir contre le
propriétaire d'une source.

Les articles 688 et 689 du Code civil rangent le

premier au nombre des servitudes continues et apparentes.

La servitude d'aqueduc est le droit de faire passer sur l'héritage d'autrui l'eau destinée à l'usage d'un autre fonds.

Aquæductus est jus aquam ducendi per fundum alienum. Loi 1ʳᵉ. § I. *ff. de servitutibus præd. rust. Inst. livre* 2 *de servitutibus rusticis.*

D'après les dispositions des lois romaines, une telle servitude pouvait s'acquérir par titre et même par la possession.

Mais pour que cette possession ne fût point équivoque, pour qu'elle ne fût point considérée comme l'exercice d'une simple faculté, comme une simple tolérance, il fallait que celui qui l'invoquait eût fait sur le fonds même qu'il prétendait grevé envers lui, quelque acte qui supposât nécessairement l'existence du droit de servitude, et qu'il n'aurait pu faire sans cela.

Cœpolla, Tract. 2, chap. 4, nᵒˢ 54, 55 et 56, après avoir établi que la servitude d'aqueduc peut être acquise par la prescription, et établi le temps requis pour la compléter, ajoute : *Et quod quis fuerit usus jure servitutis comprehendi potest ex actibus quos facit, quos quis per se ipsum non posset facere in fundo vicini citra jus et nomen servitutis, ut præcidere sepem, mundare, vel mundari facere fossatum in fundo vicini, vel ducere aquam per fundum vicini quæ fieri non possunt regulariter nisi jure servitutis.*

Ces principes sont aussi ceux du Code civil. La servitude d'aqueduc peut s'acquérir par la prescription. Art. 690.

Quant aux actes propres à constituer la possession requise pour la prescription, nous croyons qu'il faut distinguer. Sans doute la première condition est qu'ils soient faits sur le fonds que l'on prétend asservi; mais nous ne pensons pas que tous ces actes aient la même force. Lorsque celui qui réclame la servitude a creusé un canal sur le fonds voisin ou a émondé la haie établie sur le bord du canal et s'en est appliqué le profit, on conçoit très-bien que de tels actes constituent une preuve indubitable de possession. Mais on ne concevrait pas qu'il en fût ainsi du simple curage d'un ruisseau. En effet, le curage est uniquement une charge; le propriétaire du fonds n'a donc dû attacher aucune importance à le faire lui-même, parce qu'il n'y avait aucun intérêt; on ne peut donc pas dire, qu'en le laissant faire, il ait voulu concéder ou abandonner ses droits. Ce curage peut avoir eu pour motif le seul intérêt de celui qui l'a exécuté, afin de faciliter davantage l'écoulement de l'eau vers son héritage. D'ailleurs, la charge du curage peut être considérée comme une compensation de l'avantage qu'il retire de l'eau à laquelle il n'a aucun droit, et dont la tolérance du propriétaire

supérieur lui permet seule de jouir. Au surplus, il
faut convenir qu'on ne peut tracer à cet égard de règle bien précise, et que si en général le curage n'est
pas un acte possessoire suffisant, il est des cas où il
peut le devenir. Tout dépend des circonstances :
c'est uniquement aux tribunaux qu'il appartient de
les apprécier.

184. Ce que nous venons de dire sert à faire comprendre en quoi le droit d'aqueduc diffère de celui
qu'on acquiert contre le propriétaire de la source. Ce
dernier droit consiste à empêcher ce propriétaire
d'en changer le cours; le premier consiste à faire
passer un cours d'eau par l'héritage d'autrui. Celui
qui possède le droit d'aqueduc peut très-bien n'en
avoir acquis aucun contre le propriétaire de l'héritage où la source jaillit. Ainsi, il peut avoir pratiqué
sur l'héritage inférieur à celui qui donne naissance
à la source un canal de dérivation; ce canal, ayant
duré trente ans, celui qui l'a construit aura bien acquis contre le propriétaire de cet héritage inférieur le
droit de prendre l'eau à son cours ordinaire, et de
la conduire à travers de cet héritage jusqu'à sa propriété; il pourra empêcher celui qui lui doit cette
servitude de changer le cours de l'eau; mais il n'aura
acquis aucun droit semblable contre le propriétaire
de la source qui pourra toujours le détourner.

185. Un propriétaire riverain, dont l'héritage
borde le cours d'eau d'un côté seulement, pourrait-il

concéder à un tiers le droit d'aqueduc, sans le consentement du propriétaire de la rive opposée ? En le
supposant propriétaire des deux rives, pourrait-il
faire cette concession sans le consentement des inférieurs ?

Nous croyons qu'il faut distinguer : si la concession
poit nuire aux riverains, elle ne peut recevoir son
exécution ; mais si le propriétaire n'a cédé que son
droit personnel ou si les eaux étaient tellement abon-
dantes que la concession ne causât aucun dommage
aux propriétaires qui ont droit de s'en servir ; s'il
en restait encore suffisamment pour les usages auxquels il les emploient, nous pensons qu'ils n'auraient
pas le droit de s'en plaindre ; car il est de principe
incontestable que lorsque le propriétaire d'un cours
d'eau a accordé à un particulier un droit de prise
d'eau pour l'irrigation de ses héritages, il peut concéder le même droit à un autre, si la quantité d'eau
suffit aux besoins de tous les deux.

C'est ce qu'établit Cœpolla, Tract. 2, chap. 4, n° 30.

*Sed si concessi primò uni, an possim postea alteri
concedere ? Distinguo breviter sic : aut ille cui primo
concessi, consentit et possum. Aut non consentit :
et tunc aut per istam concessionem secundam ei
nocet, puta quia aqua non est sufficiens utrique et
pro eodem tempore conceditur et tunc non potest.
Aut per istam secundam concessionem non nocet
primo cui est facta concessio : puta quia aqua est*

sufficiens utrique, vel diversis temporibus conceditur et tunc potest. Cœpolla rapporte ensuite une espèce dans laquelle ces principes ont été consacrés.

L'analogie entre cette espèce et le cas proposé est frappante, et les principes exposés par le jurisconsulte que nous avons cité, doivent servir à résoudre notre question.·

186. Mais dans le cas même où la prise d'eau serait nuisible aux riverains opposés ou inférieurs, ils n'auraient plus le droit de s'en plaindre trente ans après l'établissement de l'aqueduc. Celui qui l'aurait fait pourrait leur opposer la prescription, comme il a droit de l'invoquer contre le propriétaire de l'héritage où son aqueduc est creusé.

Ils ne pourraient pas alléguer que le maître de l'aqueduc n'a fait aucune entreprise sur leur fonds ; celui-ci leur répondrait avec avantage qu'en pratiquant un canal de dérivation jusque dans le lit ou sur les bords du cours d'eau, il a joui d'une partie des eaux dont ils réclament la totalité ; qu'en les privant ainsi d'une partie de leur droit, il a fait sur leur propriété une entreprise non équivoque, qui continuée pendant le temps requis pour la prescription, doit faire supposer un consentement de leur part et un arrangement entre toutes les parties intéressées.

Ils seraient aussi obligés de souffrir une prise d'eau, quoiqu'elle leur fût nuisible, si elle était autorisée par le Gouvernement pour cause d'utilité publique ; mais alors ils devraient être préalablement indemnisés.

Quant au propriétaire de l'héritage où naît la source, il n'aurait le droit, dans aucun cas, de s'opposer à la prise d'eau ; car nous la supposons faite le long d'un héritage inférieur au sien ; elle ne peut donc lui causer aucun dommage.

Il peut être difficile de constater par qui l'aqueduc a été établi. Cependant il est nécessaire qu'il l'ait été par le propriétaire du fonds, vers lequel il dirige les eaux. Autrement son existence quelqu'ancienne qu'elle fut ne pourrait lui conférer aucun droit; mais il peut arriver qu'à raison de cette ancienneté même, il soit impossible de prouver par qui du propriétaire supérieur ou inférieur il a été fait. Nous pensons qu'alors la présomption doit être qu'il est le fait de celui-ci puisqu'il est destiné à son usage, et que d'ailleurs personne n'étant supposé vouloir grever sa propriété sans motif, il n'est pas naturel de penser que le propriétaire supérieur y a établi une servitude dans la seule vue d'obliger momentanément son voisin.

187. Qu'arriverait-il, si l'héritage qui avait besoin d'eau, lors de la concession, venait ensuite, par un motif quelconque, à ne plus éprouver ce besoin? La servitude serait-elle éteinte à perpétuité?

Cœpolla, Tract. 2, chap. 4, n°. 17, se décide ainsi cette question :

Sed quid si à principio servitutis constitutæ fundus dominans indigebat aquá et nunc ex aliquá causá non indigeat, an desinat servitus in perpetuum competere? et puto sic esse dicendum. Aut desinit indigere, ita quod amplius eá aquá ad usum concessum uti non possit : et tunc desinit competere dicta servitus, quia cessat fundamentum ipsius servitutis. Aut desinit competere ad tempus et tunc teneo, quod servitutis hæc non pereat: licet aqua ad alium usum uti non possit dominus prædii dominantis.

Notre nouvelle législation consacre un principe uniforme.

D'après les dispositions du Code civil, le droit d'aqueduc ou de prise d'eau doit cesser lorsque l'état des choses n'en rend plus l'exercice nécessaire, ou ne permet plus d'en user. Si, par exemple, le fonds auquel la servitude est due était un pré et qu'on y fit un bois, ou si le propriétaire de la source contre lequel il n'a été acquis aucun droit en détournait le cours, mais le droit de servitude revivrait, si avant que la prescription fût acquise, l'héritage était rendu à sa destination primitive ou à toute autre qui rendrait l'usage de l'eau nécessaire, ou si le cours d'eau était rétabli par le propriétaire de la source.

Telle est la décision expresse des articles 705 et 704 du Code civil.

188. Il peut s'élever au sujet du droit d'aqueduc d'autres questions encore? Celui à qui un pareil droit a été concédé, peut faire passer sur le fonds supérieur l'eau qu'il destine à son héritage ; c'est même à quoi se réduit cette espèce de servitude. Mais peut-il y creuser un canal, un simple ruisseau? Peut-il faire ce canal en pierres, en bois ou de toute autre matière ? Peut-il enfin placer sur le fonds servant de simples tubes ou tuyaux pour servir de passage aux eaux? Le droit de creuser un canal ou simple ruisseau doit être considéré comme la règle générale à suivre lorsque des conventions particulières n'ont pas déterminé le mode d'exercice de la servitude. Néanmoins, dans l'absence de ces conventions, il faut, pour tout ce qui se rattache à cet objet, consulter la nature des choses et des circonstances et concilier les principes qui veulent, d'une part, que la servitude procure au créancier tout l'avantage que les parties ont eu en vue en l'établissant, et d'autre part, qu'elle soit exercée de la manière la moins dommageable, pour le fonds servant. C'est donc en général dans les circonstances que les tribunaux puiseront les règles de décision des questions proposées.

189. Les mêmes principes servent encore à décider si, lorsque l'acte d'établissement de la servitude d'aqueduc ne s'explique pas sur la partie du fonds servant, par où l'écoulement de l'eau doit

avoir lieu, le créancier peut choisir celle qu'il préfère. Il est manifeste que si par exemple une partie du fonds servant est en friche et l'autre en vigne, le passage de l'eau devra avoir lieu par la première partie. L'article 701 du code Civil vient encore à l'appui de ce raisonnement, puisqu'après avoir établi en principe général que le propriétaire du fonds débiteur de la servitude ne peut changer l'état des lieux, ni transporter l'exercice de la servitude dans un endroit différent de celui où elle a été primitivement assignée; il ajoute que cependant si cette assignation primitive était devenue plus onéreuse au propriétaire du fonds assujetti, ou si elle l'empêchait de faire des réparations avantageuses, il pourrait offrir au propriétaire de l'autre fonds un endroit aussi commode pour l'exercice de la servitude, et que celui-ci ne pourrait s'y refuser.

190. Lorsque le droit d'aqueduc a été concédé pour l'irrigation des terres que possédait alors un particulier, dont l'étendue était par exemple de quatre arpens ; si ensuite ce particulier augmente sa propriété, et la porte à huit arpens, il aura le droit de l'arroser toute entière, mais sans augmentation, de la quantité d'eau qu'il employait lorsqu'il ne possédait que quatre arpens. Ainsi le décide la loi 12 au code *de servitutibus et aquâ.*

Celui qui a un droit d'aqueduc peut le céder à un tiers, pourvu qu'il n'en résulte aucune aggravation de servitude, pour celui qui la doit. Ainsi, le volume d'eau ni le temps pendant lequel il est permis d'en user, ne pourront être augmentés. Le particulier succèdera à la servitude, il ne pourra pratiquer de nouvelles rigoles, de nouveaux conduits sur l'héritage servant; il sera obligé de prendre l'eau quand elle sera parvenue sur le fonds dominant.

191. De tout ce que nous venons de dire, il résulte évidemment que si l'acqueduc avait une année d'existence, et que celui qui l'a établi était troublé dans la jouissance qu'il en aurait, soit par le propriétaire de l'héritage sur lequel il est établi, soit même par le propriétaire de la rive opposée ou par les propriétaires inférieurs, il aurait le droit de former contre eux une action possessoire devant le juge de paix. Si l'aqueduc n'existait pas depuis une année, les propriétaires auxquels il porterait préjudice pourraient de même intenter cette action contre celui qui l'aurait établi.

192. Au surplus le maître de l'aqueduc n'a pas plus de droits et est assujetti aux mêmes obligations que celui dont l'héritage borde le cours d'eau ; ce dernier n'est qu'usager ; il n'a que le droit de s'en servir à son passage, et il lui est défendu de rien innover à l'état des choses ; il doit se borner à en jouir et le laisser tel qu'il est ; il est assujetti envers le propriétaire de la rive opposée, et envers ceux qui sont au-dessous, non-seulement aux obligations

imposées par la loi au propriétaire inférieur, vis-à-vis de celui dans l'héritage duquel la source prend naissance; mais il en a encore de plus rigoureuses; il ne peut ni changer le cours des eaux, ni le rejeter sur ses voisins, ni l'obstruer ou le rétrécir par digue, plantation de pieux ou de toute autre manière.

S'il contrevenait à ces obligations, s'il commettait une entreprise quelconque sur le cours d'eau, les copropriétaires auraient le droit de le traduire suivant le cas, ou devant les tribunaux correctionnels ou devant les tribunaux civils, ou devant les juges de paix, d'après les règles que nous avons ci-devant exposées.

Ainsi donc, le droit que n'aurait pas un propriétaire riverain contre le propriétaire de la source, de l'empêcher d'en détourner le cours il l'aurait indubitablement soit contre celui de la rive opposée, soit contre tout autre propriétaire inférieur ou supérieur.

Et en règle générale, les propriétaires inférieurs à la source ont entre eux une action réciproque pour faire réprimer les entreprises qui leur causent du dommage, quoi qu'aucun d'eux n'ait d'action contre le propriétaire de l'héritage qui la renferme que dans le cas où il abuse de la servitude. En effet, aucun de ces propriétaires n'a de droit contre ce dernier; mais puisque lui seul peut changer le cours des eaux, et que tant qu'il n'use pas de cette faculté, les propriétaires ont un droit égal à s'en servir, il faut bien pour que ce droit ne soit pas illusoire, que la loi leur accorde une action en répression de toutes les entreprises qui y porteraient atteinte.

Ces principes tirent une nouvelle force d'un arrêt du parlement de Paris, rendu le 20 juillet 1782, dans l'espèce suivante :

La demoiselle Desbrosse possède une vigne dans laquelle jaillit une source. Au-dessous de cette vigne est un pré, dont Vernet est propriétaire, et plus bas un héritage également en pré, qui appartient à la demoiselle Desbrosse. Dans ce pré tombait l'eau de la source après avoir traversé celui de Vernet.

Ce particulier avait détourné le cours de cette eau, de manière que le pré de la demoiselle Desbrosses n'en recevait plus. Elle se plaignit, et l'affaire portée au parlement, intervint l'arrêt cité ci-dessus qui condamne Vernet à remettre et à laisser les choses dans leur ancien état.

193. L'article 644 du Code civil consacre la mitoyenneté des cours d'eau entre les propriétaires riverains ; cette mitoyenneté parait résulter de l'esprit général du Code, l'article 666 porte que tous fossés entre deux héritages sont présumés mitoyens, s'il n'y a titre ou marque du contraire, et cette disposition est d'autant plus remarquable que la dénomination qu'elle contient est générique, et s'applique soit aux fossés à sec, soit à ceux qui servent

de lits aux cours d'eau provenant de source, de pluie ou de tout autre cause.

C'est ce qui résulte de l'ordonnance des eaux et forêts, de la coutume de Paris, et de l'opinion des commentateurs. L'article 44, titre 27 de l'ordonnance, défend à toutes personnes d'altérer et d'affaiblir le cours des rivières navigables et flottables, par tranchées, fossés et canaux.

Desgodets, dans son ouvrage intitulé *Loi des Bâtimens*, pages 410 et suivantes, dit qu'il y a trois sortes de fossés qui séparent les héritages. La première sorte sont les fossés qui servent de ruisseau pour écouler les eaux pluviales d'une campagne, et servir à dessécher les terres pour les pouvoir cultiver ; en ce cas les fossés sont censés être mitoyens aux héritages au long desquels ils passent, et ils appartiennent également à chacun des voisins, vis-à-vis l'un de l'autre.

« La seconde sorte sont des fossés mitoyens par titre, où il y a de l'eau dormante ou non pour servir de clôture entre deux héritages et empêcher que l'on ne passe de l'un à l'autre.

» La troisième sorte de fossés mitoyens sont les petits fossés à sec qui se font volontairement par deux voisins en commun pour empêcher qu'il ne se fasse un chemin passant au travers de leurs héritages. »

La coutume de Paris, art. 217, entendait le fossé dans le même sens lorsqu'elle disait qu'on ne peut faire *de fossé à eau* ou cloaque, à moins qu'il n'y ait en tous sens six pieds de distance entre le mur mitoyen et celui du voisin.

La définition exprimée au répertoire de Jurisprudence est la même : « Fossé , fosse creusée en long, » soit pour enfermer quelqu'espace de terrain , *soit* » *pour faire écouler les eaux.* »

194. Mais les art. 644 et 666 du Code établissent-ils une mitoyenneté absolue du cours d'eau ? Ne doit-on pas au contraire admettre des titres , une marque ou la possession , pour attribuer à l'un des riverains la propriété exclusive de ce cours d'eau ?

Quant aux titres et à la marque , il nous semble que l'affirmative ne peut souffrir la moindre difficulté, d'après les articles 666 , 667 et 668 du Code civil.

La marque de non mitoyenneté est définie par la loi. (Art. 667 et 668.)

Des titres peuvent constater l'aliénation de la co-propriété d'un des riverains en faveur de l'autre. Ce riverain peut même , en vendant son héritage à un tiers , avoir désigné pour limite le cours d'eau qui la borde. De cette manière il l'aura exclu de la vente et aura reconnu, qu'il est la propriété du riverain opposé.

C'est ce qu'établit Cæpolla , tract. 2, ch. 38 n.° 3, *Sed quid si reperiuntur instrumenta antiqua, in quibus possessores prædiorum, à latere emerunt præ-dium, et pro fine appositum fuit fossatum, an ad illos pertineat ? Videtur quòd non : ispam rem enim emerunt, non ejus fines : et pro hoc facit, quia fundi nihil est, nisi quod intrà se continet. L. fundi in princ. ff. de act. empt.*

A l'égard de la possession, on pourrait opposer que les art. 666, 667 et 668 n'en parlent pas, quoique le législateur ait eu bien soin de la consacrer pour la haie (art. 670); mais il nous semble facile de répondre à cette objection. En effet, le Code forme un tout dont les différentes parties sont corrélatives et doivent être interprétées les unes par les autres. De même qu'on ne peut considérer l'art. 644 comme exclusif des titres ou des marques de non mitoyenneté, de même il nous semble qu'on ne peut envisager les art. 666, 667 et 668 comme exclusifs de la possession et de la prescription, puisqu'ils n'expriment point cette exclusion, bien que le législateur, lorsqu'il a eu l'intention de la consacrer, ait pris soin de le dire comme il l'a fait par l'art. 691. Dans cet art. en effet, le législateur déclare que les servitudes dont il parle ne peuvent s'acquérir que *par titre et non par la possession même immémoriale.* Les art. 666, 667 et 668 ne contiennent rien de semblable.

Il faut donc ne les considérer que comme énonciatifs et non comme limitatifs.

Ajoutons que l'art. 2226 du Code déclare suscepti·ble de prescription tout ce qui est dans le commerce.

Cet article établit donc la règle générale qui doit

(180)

toujours recevoir son application, à moins d'une
exception formellement écrite dans quelque disposition spéciale.

Or, les lits des cours d'eau qui ne sont ni navigables ni flottables, appartiennent aux particuliers. Ils
sont dans le commerce.

Ajoutons encore que l'art. 653 relatif à la mitoyenneté des murs, s'exprime dans les mêmes termes que l'art. 666 ; que cependant on pense généralement, par les raisons que nous avons déduites,
que l'un des propriétaires peut acquérir par prescription la propriété exclusive du mur mitoyen.

« Le propriétaire par indivis d'un mur qui a
souffert, pendant 3o ans, que son voisin en usât ouvertement en maître exclusif, perd, par cela seul,
son droit à la mitoyenneté ; car rien n'empêche
qu'un communier ne puisse prescrire contre son
communier, la chose qui est indivise entr'eux. »

Voyez au répertoire v.° mitoyenneté et M. Pardessus, traité des servitudes page 273 ;

Et par la plus juste raison d'analogie, il en doit
être de même des cours d'eau.

195. Quant à l'appréciation des faits nécessaires
pour constituer la possession, les tribunaux sui-
vront les règles ordinaires : cette appréciation
dépendra des circonstances et de l'usage auquel le
cours d'eau est destiné. Tout ce que nous pouvons
dire, c'est que ces faits devront être bien précis et

ne laisser aucun doute sur l'occupation exclusive du cours d'eau.

196. Nous avons dit que l'un des riverains pouvait acquérir la propriété exclusive du cours d'eau que la loi répute en général mitoyen entr'eux.

Mais un propriétaire pourrait-il aussi acquérir la propriété exclusive du cours d'eau supérieur ou inférieur coulant entre des héritages qui ne lui appartiennent pas?

L'affirmative nous semble incontestable. Nous avons vu que la loi consacre la servitude d'aqueduc qui consiste précisément dans le droit de faire passer sur la propriété d'autrui, l'eau destinée à l'usage d'un autre héritage.

Lorsque ce droit est attesté par des titres il ne peut s'élever la moindre difficulté à cet égard ; mais souvent il n'en existe pas, et c'est alors qu'il devient embarrassant de reconnaître la servitude , puisque la possession est le seul moyen qui puisse servir à l'établir.

Si le cours d'eau dont on prétend s'attribuer la propriété, n'est qu'une dérivation, il est censé établi pour l'usage des héritages qu'il sert à fertiliser, et les règles que nous avons données sur la propriété des aqueducs reçoivent alors leur application.

Mais lorsqu'il s'agit du cours d'eau principal, la possession est difficile à constater. Car, pour y parvenir, il faut d'abord prouver qu'il est le résultat de quelque travail humain, et nous avons vu que jusqu'à ce que cette preuve fût clairement établie, le cours était toujours présumé naturel, et que l'usage même immémorial qu'en ont les inférieurs, ne peut leur attribuer aucun droit.

Sed nunquid aqua per seipsam fluens possit inducere præscriptionem vel consuetudinem? dic quòd non quia non est res animata et per rem inanimatam nihil nobis acquiritur: Cœpolla, tract. 1. *Cap.* 22. **n.°** 4.

Il faudra donc qu'il soit prouvé que le cours d'eau n'est pas dans son lit naturel, qu'il en a été détourné à l'aide de quelque travail humain. Cela une fois établi, il faudra suivre pour la preuve de la possession les règles que nous avons exposées en parlant des aqueducs.

D'après ce que nous venons de dire, il faut reconnaître que celui qui aura eu la possession exclusive pendant un an, pourra en se fondant sur ce seul fait, intenter la complainte contre les propriétaires riverains qui le troubleraient; à plus forte raison le pourrait-il, comme nous l'avons déjà dit, si à sa possession il ajoutait la production d'un titre.

197. Nous croyons que si le lit des eaux appartient en entier à l'un des riverains, celui-ci aura seul le droit de s'en servir sans néanmoins pouvoir en changer le cours, et qu'ainsi se trouvera restreint au préjudice du riverain opposé comme des supérieurs ou inférieurs, le droit de prise d'eau que leur con-

fère l'art. 644; leur droit se trouvera réduit à la simple faculté de puisage, de lavage, d'abreuvage des bestiaux.

198. En effet, le lit d'un cours d'eau se compose nécessairement du fonds et des rives. Le propriétaire de ce lit a donc le droit d'empêcher qu'on ne coupe sa propriété et qu'on ne s'empare d'une partie de l'eau qui la baigne ; autrement il serait assujetti à souffrir une servitude qui ne reposerait sur aucune loi.

199. Les termes de l'art. 644 semblent, au premier apperçu, restreindre les droits des propriétaires opposés, sur un cours d'eau mitoyen à s'en servir pour l'irrigation de leurs héritages. Nous ne pensons pas néanmoins que cette limitation soit dans l'intention du législateur. Il est des établissements utiles au commerce et aux arts que l'intérêt général prescrit à une bonne administration de favoriser, et dont le Code n'a pas cru devoir s'occuper parce qu'ils sont étrangers à la matière qu'il traite; il a dû se borner à énoncer l'usage le plus ordinaire, le plus naturel des eaux et pour tout autre usage, il a renvoyé par l'art. 714 à des lois particulières dont l'exécution est confiée à l'autorité administrative.

Ainsi, cette autorité peut très-bien autoriser la construction d'une usine, d'un moulin ou de tout autre établissement, pouvu qu'il n'excède pas la ligne qu'on suppose tracée au milieu de la rivière ou du cours d'eau. Elle prend alors toutes les précautions pour concilier l'intérêt du commerce et des arts avec les droits du propriétaire de la rive opposée. Elle peut permettre la construction d'une digue longitudinale constitutive d'une rive artificielle ou de tous autres travaux.

200. Quelque généraux que soient les termes de l'art. 644 du Code quant à la faculté qu'il donne aux propriétaires riverains du cours d'eau de s'en servir, nous venons de voir qu'il est un cas où cette faculté doit cesser, c'est lorsque l'un d'eux en a acquis la propriété exclusive.

201. Nous avons supposé qu'à cet effet il existait un titre ou une possession ; nous supposerons maintenant qu'il n'en existe pas ; mais que les héritages bordent un cours d'eau qui alimente un moulin.

A cet égard, une distinction devient nécessaire : ou cette eau coule dans un lit naturel, ou elle coule dans un canal artificiel. Dans le premier cas, ce lit est ainsi que nous l'avons dit, présumé mitoyen entre les propriétaires, et dès lors ils peuvent user du droit que leur confère l'art. 644, sauf aux tribunaux conformément à l'art. 645 dont nous expliquerons ailleurs la disposition avec plus de détails, à concilier cet usage avec l'intérêt du moulin que cette même eau doit ensuite faire mouvoir.

Mais il en serait autrement, si le canal était fait de main d'homme ainsi que nous l'avons vu, n.º 198. Les héritages riverains ne toucheraient plus l'eau ;

ils en seraient séparés par l'épaisseur du canal ; les propriétaires ne pourraient y faire des coupures ou saignées pour les arroser, sans entreprendre sur les bords du canal qui ne leur appartiennent pas.

« Le propriétaire d'un moulin, dit M. Merlin, répertoire, v.° Biez, est censé propriétaire du canal qui y conduit l'eau : quand même, dans la vente du moulin, il ne serait pas parlé nommément de ce canal, l'acquisition de l'un emporterait celle de l'autre, comme d'une dépendance nécessaire. Cependant, pour avoir un droit de propriété attaché à ce canal, il faut qu'il soit fait de main d'homme ; car si ce canal n'est qu'un ruisseau formé naturellement par le cours de l'eau, le propriétaire du moulin n'a que l'usage ordinaire de ce ruisseau, sans pouvoir y rien innover au préjudice d'autrui. Il y a encore cette différence entre un canal naturel et un canal fait de main d'homme que l'orsque le canal est naturel, rien n'empêche que les riverains n'y puissent faire de légères ouvertures pour arroser leurs héritages pourvu qu'il reste suffisamment d'eau pour les héritages inférieurs ; car un particulier ne peut pas disposer de l'eau d'un ruisseau comme il disposerait d'une source qui serait dans son fonds ; il n'a que l'usage de ce ruisseau concurremment avec les autres voisins.

» Quand le canal est fait de main d'homme, il indique une propriété particulière ; et les riverains, dès lors n'y peuvent prendre d'eau sans un titre exprès :

la simple possession de prendre l'eau ne suffit point en pareil cas.

» Si le canal était pratiqué de main d'homme dans l'héritage d'autrui, le propriétaire de cet héritage pourrait-il regarder cet aqueduc comme une servitude, et demander l'exhibition d'un titre ?

» La négative est indubitable : le maître du canal serait censé propriétaire du terrein même où il aurait été construit, et comme toute propriété peut s'acquérir par prescription, il suffirait au maître de ce canal d'avoir en sa faveur une possession telle qu'elle est requise pour prescrire, pour que cette possession lui valût le titre le plus formel. Cela s'entend néanmoins d'un canal découvert, apparent et d'une certaine étendue ; en un mot, d'un canal tel qu'il soit plus naturel de l'attribuer à un droit de propriété qu'à une simple tolérance. »

Henrys, tome 2 livre 4, question 149, enseigne la même doctrine à l'appui de laquelle il cite deux arrêts de 1608 et de 1656, qui l'ont consacrée.

202. Ce principe, que les cours d'eaux artificiels qui alimentent des moulins appartiennent aux maîtres de ces moulins, demande quelques explications.

Pour que le canal soit considéré comme artificiel, il faut comme nous l'avons dit n° 196 qu'il soit prouvé qu'il est le résultat d'ouvrages exécutés sur le fonds supérieur ; jusqu'à ce que cette preuve soit faite, le cours des eaux est présumé naturel, et ne peut conférer aucun droit à ceux qui en ont joui, quoique ce soit de temps immémorial.

La preuve que le canal est fait de main d'homme peut se faire par titres, par témoins, par expertise, par visite des lieux. Si par exemple on reconnait, à la seule inspection des localités, que le canal ne suit pas la pente du terrain ; qu'il est pratiqué sur un point plus élevé, ou qu'il est une dérivation du canal principal, il sera démontré qu'il n'est pas naturel, puisqu'on n'a pu donner cette direction aux eaux qu'à l'aide du travail des hommes.

Et alors même qu'il est prouvé que le canal est artificiel, il peut arriver qu'il ne confère pas de droits absolus sur le cours d'eau ; car les travaux peuvent bien n'avoir été pratiqués que sur une partie des héritages, et n'avoir pas été étendus jusqu'à la source. Dans ce cas, comme nous l'avons vu, le propriétaire du moulin serait bien propriétaire du canal qui y conduit l'eau, mais il ne serait pas propriétaire de la source. Il n'aurait acquis aucun droit contre le propriétaire de cette source, et bien qu'il pût empêcher les propriétaires intermédiaires de détourner l'eau, il n'aurait pas le même droit contre le propriétaire supérieur qui pourrait ainsi rendre son moulin inutile.

Mais il est possible que ses travaux aient été exécutés jusques sur le fonds qui donne naissance

à la source , et alors non seulement il serait propriétaire du canal qui conduit l'eau au moulin ;
mais il aurait encore acquis contre le maître de la
source le droit de l'empêcher d'en changer le cours.

Il se présente à ce sujet une question importante.
Les jurisconsultes , dont nous avons rapporté
l'opinion , professent en général le principe, que
le canal d'un moulin lorsqu'il est fait de main
d'homme , est un accessoire inséparable de ce
moulin ; mais avant le Code, la plupart des coû-
tumes de france rejettaient les servitudes qui n'é-
taient pas établies par les titres , quels que fussent
les travaux exécutés sur les fonds que l'on prétendait grevés ; ces travaux, comme nous l'avons
vu , ne pouvaient servir de base à la prescription
que dans les pays de droit écrit , ou dans ceux
régis par le petit nombre de coutumes qui consa-
craient ce mode d'acquisitions des servitudes. Il
semblerait donc que dans les pays où la maxime,
nulle servitude sans titre , était admise , le propriétaire de l'héritage sur lequel passe le cours
d'eau pour se rendre au moulin , serait fondé , tant
qu'il ne se serait pas écoulé 30 ans , depuis la publication du Code civil , à prétendre que faute de
représentation de titre il a droit de se refuser au
passage des eaux , et que lui seul est propriétaire
du lit qui les reçoit.

Les jurisconsultes, dont nous avons rapporté le

sentiment soutiennent le contraire, et prétendent
que le canal servant de lit aux eaux, ne doit pas
être considéré comme une simple servitude établie
sur le fonds d'autrui, mais plûtôt comme une
propriété dépendante du moulin qui peut s'acquérir
par la prescription. Nous partageons entièrement
cette opinion ;

Sans doute, on peut admettre que jusqu'à preuve
contraire le propriétaire d'un moulin l'est aussi du canal artificiel qui y conduit l'eau ; parce qu'il est censé
ne l'avoir creusé qu'aux dépens de sa propriété pour
l'usage de son usine, et qu'il faut toujours penser
que l'on agit plutôt comme maître et propriétaire,
que comme créancier d'une simple servitude, et ce
principe s'applique a tous les aqueducs en général.

Si donc un tiers n'est pas porteur d'un titre
formel, établissant qu'il est propriétaire du lit
des eaux, comme faisant partie d'un héritage plus
étendu, cette portion d'héritage, ce lit que nous
supposons toujours creusé de main d'homme, ne
sera plus considéré seulement comme grevé envers
un autre d'une simple servitude d'aqueduc, qui ne
consiste, comme nous l'avons vu, que dans le droit
de faire passer les eaux sur l'héritage d'autrui, sans
lui retirer la propriété de cet héritage ; il sera la
propriété du possesseur du moulin. Rien n'empêche
en effet qu'on n'acquière, par la simple possession,
la propriété d'une petite portion de terrain encla-

vée, ou seulement bordée des deux côtés par des héritages appartenant à d'autres particuliers ; et c'est ici le cas d'invoquer la maxime consacrée par l'article 2230 du Code civil , qu'on est toujours présumé posséder pour soi et à titre de propriétaire , si le contraire n'est prouvé.

Mais s'il existe un titre formel qui établit que le lit du cours d'eau fait partie des héritages riverains, le propriétaire du moulin sera obligé de prouver qu'il a acquis la propriété de ce lit par la prescription, et la possession nécessaire commencera à partir de la construction du canal. Un systême contraire serait évidemment inique. Car il pourrait arriver que ce canal ne fût creusé que depuis un an , ou que creusé depuis un temps immémorial il ait toujours servi à l'irrigation des propriétés riveraines; mais qu'un des riverains y établisse nouvellement un moulin. Certes que ces faits ne lui attribueront pas par leur seule existence, la propriété du canal, et qu'il sera nécessaire qu'ils aient duré pendant le temps requis pour constituer la prescription.

203. Il peut arriver que le propriétaire d'un moulin le vende sans parler du canal ; et les jurisconsultes que nous avons cité , établissent qu'il est virtuellement compris dans la vente , lorsqu'il est artificiel.

A plus forte raison y est-il compris , lorsque le contrat porte que l'on vend le moulin et son cours d'eau ; mais ces stipulations étrangères au propriétaire de la source ne confèrent aucun droit contre lui.

Enfin on peut avoir vendu le moulin, son cours d'eau et ses sources ou fontaines. Dans ce cas, si le vendeur était réellement propriétaire du cours d'eau, et de la fontaine ou source, il a transmis à l'acquéreur les droits les plus étendus; celui-ci devient propriétaire du moulin, du canal qui y conduit les eaux et même du lieu où la source jaillit. Il ne peut plus être privé des eaux ; mais il se peut que le vendeur se crût propriétaire de la fontaine et du canal sans l'être réellement; que cette opinion fût une erreur de sa part, et qu'on représente des titres qui prouvent que ces objets appartenaient à un tiers. Alors, le vendeur n'aura pas transmis immédiatement des droits qu'il n'avait pas ; mais le contrat pourra servir de base à la prescription ; de telle sorte que, si l'acquéreur a joui exclusivement de ces objets pendant le temps requis pour la constituer, il en aura acquis la propriété.

204. Nous devons placer ici l'examen de la question de savoir si les autorisations de construire des usines conférées par les ci-devant seigneurs, avec le droit de prise d'eau, des ruisseaux ou petites rivières, coulant dans leurs seigneuries, ont été anéanties par les lois abolitives du régime féodal. Cette question est celle de savoir si la connaissance

des contestations qui s'élèvent entre une commune et un particulier, sur un droit de cours d'eau concédé à celui-ci par le ci-devant seigneur de celle-là, appartient au pouvoir judiciaire ou à l'autorité administrative, elles ont été décidées par arrêt de la cour de cassation dans l'espèce suivante.

La commune de Greisembach dépendait avant la révolution, de la haute justice du Roi, subrogé en cette partie aux droits des anciens ducs de Lorraine.

Le 28 juillet 1778, Claude Presseler obtint du Conseil d'Etat un arrêt qui l'autorisa à bâtir, dans cette commune, un moulin à huile, et lui fit, pour cet effet, *concession à titre d'accensement, du droit de cours d'eau nécessaire pour le roulement de son huilerie, pour en jouir par lui, ses hoirs, successeurs et ayant cause, audit titre, à la charge d'un cens annuel de 6 livres, cours de France.*

Muni de cet arrêt et après l'avoir fait enregistrer à la chambre des comptes de Nancy le 9 janvier 1779, Claude Presseler construisit son moulin.

Mais ce n'était pas tout de le construire, il fallait le faire tourner; et l'arrêt du Conseil ne désignait pas nominativement le cours d'eau dont il lui faisait concession à cette fin; mais Claude Presseler trancha la difficulté, en se servant de cet arrêt comme d'un titre qui l'autorisait à s'approprier et à diriger vers son moulin les eaux d'une fontaine située à Greisambach même, et dont jusqu'alors l'usage avait été commun à tous les habitans du lieu.

Les choses subsistèrent en cet état jusqu'en l'an 4. A cette époque, les travaux du moulin furent supendus ; les eaux de la fontaine reprirent leur ancien cours ; et 3 ans s'écoulèrent sans que le sieur Presseler fit aucun mouvement pour faire revivre son arrêt de concession.

En l'an 7, Presseler a fait citer la commune de Greisambach devant le tribunal civil du département de la Moselle, pour voir dire qu'en exécution de l'arrêt du conseil de 1778, il serait maintenu dans la jouissance et propriété, tant de l'usine dont cet arrêt avait autorisé l'établissement, que du cours d'eau dont il lui avait fait la concession.

La commune s'est présentée sur cette citation et a soutenu que le sieur Presseler devait être déclaré non recevable, comme fondant uniquement sa demande sur un titre émané du régime féodal et proscrit, comme tel par les lois des 9 août 1789, 15 mars 1790 et 28 août 1792.

Le 19 thermidor an 7, jugement qui adopte la fin de non recevoir, proposée par la commune.

Sur l'appel, jugement infirmatif qui maintient le sieur Presseler dans la propriété et jouissance de l'usine dont il s'agit, soit comme huilerie , soit comme moulin à farine, ainsi que du cours d'eau qui la met en activité ; et condamne la commune à tous les dépens faits avant le 20 floréal an 8, le surplus compensé.

C'est contre ce jugement que la commune de Greisembach s'est pourvue en cassation.

Elle a proposé deux moyens : 1.º Entreprise sur les fonctions attribuées à l'autorité administrative; 2.º violation des lois sur les droits féodaux et les domaines ci-devant engagés de l'Etat.

Voici l'arrêt tel qu'il a été prononcé le 23 ventose an 10, au rapport de M. de la Coste :

« Attendu que l'objet de la demande ne tendait d'une part, qu'à être maintenu dans la propriété et possession d'un droit de cours d'eau sur un ruisseau, ledit droit réclamé en vertu d'un titre de concession faite par l'ancien Gouvernement, dans les formes lors prescrites; et d'autre part qu'à repousser cette prétention en opposant la nullité du titre, la cessation de la possession et la propriété libérée de toute charge féodale du même ruisseau; que les questions auxquelles ces demandes et exceptions ont donné lieu, étaient de la compétence du pouvoir judiciaire et ne présentaient aucun caractère attributif de compétence aux autorités administratives; que l'administration centrale avait reconnu elle-même cette nature de l'affaire, lorsque, par son arrêté du 18 germinal an 7, sur le vu des pièces, elle avait autorisé la commune à se défendre devant les tribunaux civils; qu'il suit de là que les juges n'ont pas excédé leurs pouvoirs ni porté atteinte à ceux des autorités administratives.

» Attendu que la concession , moyennant un prix convenu et motivé pour l'utilité publique du canton, est antérieure aux lois du 28 mars 1790, 28 août 1792 et 14 ventôse an 7 ; que ces lois , en supprimant les effets de la féodalité , n'ont jamais pu être applicables à la validité et à la conservation d'un droit de propriété sur un cours d'eau , droit qui appartenait alors au pouvoir qui l'a cédé; que les lois des 28 août 1792 et 10 juin 1793 en restituant aux communes leurs anciens droits ont formellement excepté de cette restitution ce qui avait été aliéné par les anciens seigneurs , et ce qui était possédé par des tiers en vertu de ces aliénations ; qu'il n'a été commis par le jugement attaqué aucune violation de ces lois , le tribunal rejette le pourvoi. »

205. Ainsi, l'abolition du régime féodal a amené un nouvel ordre de choses. Il n'existe plus maintenant de rivières banales ou seigneuriales. Les ex-seigneurs n'en ont pas plus conservé la propriété que la police et l'administration , ni aucun des droits exclusifs résultant de la propriété, tels que le droit de pêche , celui de disposer des arbres et des herbages sur les bords des rivières, d'y faire des prises d'eau pour l'irrigation des héritages, d'y établir des usines, etc.

Les propriétaires riverains restent investis de tous lest droits utiles seulement dont les ex-seigneurs ont été dépouillés. Mais ces mêmes droits déjà exercés par les ex-seigneurs, soit par des concessions faites à des particuliers, soit en s'en appliquant à eux-mêmes l'utilité et le profit, ne peuvent avoir reçu d'atteinte dans leurs résultats, à moins qu'ils ne heurtent les principes du droit naturel et de la liberté, ou qu'ils ne présentent quelque caractère de banalité : il n'y a que les concessions et les droits de ce dernier genre qui soient abolis, quelque soient les cours d'eau auxquels ils peuvent s'appliquer. (Art. 5 de l'arrêté du directoire exécutif du 19 ventôse an 6.)

206. Si le propriétaire d'un moulin l'est aussi en général du canal, cette présomption n'est pas aussi naturelle à l'égard du canal qui conduit l'eau à un étang. Cette espèce de propriété est beaucoup moins favorable qu'un moulin, qu'une usine. Sa conservation importe beaucoup moins au public et même à celui qui en est propriétaire. Il faut souvent faire des frais considérables pour bâtir un moulin ; il n'en faut presque pas pour établir un étang etc. Nous avons vu, en parlant des étangs, qu'il était loisible à chacun d'en faire sur les cours d'eaux sans autorisation administrative.

Au surplus, pour savoir si le canal d'un étang appartient au maître de cet étang, il faut suivre les règles que nous avons données en parlans des aqueducs. Il faut bien se rappeler ce que nous avons dit que l'eau ayant un cours obligé est toujours censée couler naturellement, *per se ipsam fluere* ; et puisque pour qu'il en soit autrement il faut qu'il ait été fait des travaux de main d'homme *opera manu facta*, il est clair que leur existence ne date que du jour où elle est prouvée.

Si dans la vente d'un étang il était exprimé qu'on vend aussi son cours d'eau, quels droits en résulterait-il en faveur de l'acquéreur? deviendrait-il propriétaire du canal. Il faut en revenir à notre distinction entre le canal naturel et le canal artificiel. Ce ne serait que dans la cas où le canal aurait ce dernier caractère, qu'il deviendrait la propriété de l'acquéreur; mais s'il était naturel, il resterait toujours la propriété des riverains ; en transmettant alors le cours d'eau, le vendeur n'aurait cédé que le droit de prendre l'eau nécessaire à l'étang sans que les riverains, à moins de droits contraires, puissent la détourner ou l'altérer, sans qu'ils puissent réduire l'acquéreur au droit commun d'irrigation. On entend en effet par *cours d'eau*, le flux, le mouvement de l'eau des fleuves, rivières, ruisseaux. (Merlin, rép. v.° cours d'eau.) Il ne faut donc pns confondre le cours d'eau avec le lit qui le reçoit.

207. Lorsqu'il est prouvé que le canal est fait de main d'homme, il forme une propriété particulière ; aucun des riverains ne peut ni en extraire l'eau ni y construire aucune usine ou établissement sans le consentement formel de celui auquel il appartient.

Ce principe est si absolu, qu'il ne reçoit pas d'exception, même lorsque le propriétaire de ce canal a plus d'eau qu'il ne lui en faut pour faire mouvoir son moulin, et qu'ainsi une autre usine pourrait être établie sans causer de dommage à la sienne.

La jurisprudence est formelle sur ce point. Elle est établie par un arrêt de la cour de Colmar du 12 juillet 1812, rapporté par Sirey an 1814, page 6, 2.ᵉ partie et par deux arrêts de la cour de cassation des 28 novembre 1815, même recueil, an 1816, page 374 et 9 décembre 1818, même recueil an 1819, page 168.

Les motifs de l'arrêt du 28 novembre 1815 sont ainsi conçus : « Attendu qu'il a été reconnu et déclaré constant par l'arrêt dénoncé : 1.º que les demandeurs n'ont ni titre ni possession de la prétendue servitude de prise d'eau dont il s'agit ; 2.º qu'il n'est pas question dans l'espèce d'eau courante passant au long des héritages des demandeurs, mais d'eau prise par les défendeurs dans la rivière d'Ibie et conduite par eux à leur moulin dans un canal, bief ou béalière dont ils ont la propriété exclusive ; que de ces faits ainsi déclarés constans, il résulte qu'il n'y avait lieu à l'application, ni des lois romaines invoquées par les demandeurs, ni de l'art. 644 du Code civil. »

L'arrêt du 9 décembre 1818 est fondé sur le motif suivant : » Considérant qu'il est constant au pro-

cès et reconnu par l'arrêt dénoncé que le canal dont
il s'agit, est la propriété privée de Bodin, sur laquelle les défendeurs n'ont acquis ni par titres, ni
par la possession trentenaire aucune servitude ac-
tive ; qu'il suit de là qu'en assujettissant cette propriété au service de l'usine des défendeurs, quelques
modifications qu'elle ait apportées à cet assujettisse-
ment pour le rendre moins onéreux à Bodin, la cour
royale a substitué sa volonté à celle de la loi, et par
cet excès de pouvoir, commis une contravention
expresse aux art. 537, 544, 545 et 690 du Code
civil.

208. Par suite de ces principes, nul doute que le
propriétaire du moulin ne pût, si le canal existait
depuis une année, se pourvoir par la voie de complainte pour faire réprimer l'entreprise que les riverains se seraient permis d'y faire.

Nous pensons même que cette décision doit recevoir son application, soit que le canal soit naturel
ou artificiel. Ainsi, supposons que le propriétaire
d'un moulin auquel les eaux parviennent dans un
canal naturel, soit en possession annale du cours
d'eau ; que cependant un des propriétaires riverains
fasse plusieurs seignées qui absorbent une partie de
l'eau nécessaire au travail du moulin ; le juge de
paix sur la demande qui lui en sera faite devra ordonner la fermeture des rigoles. Vainement le propriétaire riverain alléguera-t-il qu'il a droit à la prise

d'eau qu'il a faite, parce que son héritage aboutit au cours d'eau ou que le canal est l'ouvrage de la nature. Le juge de paix n'aura pas à s'occuper de cette question uniquement relative au fond du droit. Et puisque le propriétaire riverain a abandonné pendant un an, au maître du moulin, la jouissance totale du cours d'eau, il en résulte en faveur de ce dernier une présomption de propriété exclusive qui suffit pour autoriser le juge à accueillir la complainte.

Par la même raison, si le propriétaire riverain du canal avait ouvert des rigoles dont l'existence datât d'une année et que le propriétaire, du moulin les fermât, le propriétaire riverain pourrait se pourvoir au possessoire pour faire remettre les choses dans leur précèdent état.

209. Avant la révolution, la pêche dans les cours d'eau non navigables ni flottables était un droit purement féodal, appartenant aux seigneurs du territoire qu'ils traversaient. Dans la plupart des pays de droit écrit et dans différentes coutumes, elle était dévolue aux seigneurs hauts justiciers à l'exclusion des seigneurs de fiefs ; mais dans les coutumes qui n'avaient point de pareilles dispositions on regardait le droit de pêche comme un droit de fief dont devait jouir le seigneur féodal du cours d'eau, quoique la justice appartînt à un autre seigneur.

Lorsqu'un cours d'eau coulait entre deux seigneuries, chaque seigneur pouvait exercer le droit de pêche depuis le rivage qui lui appartenait jusqu'au milieu du lit de la rivière. Divers arrêts cités par Guyot , dans son traité des fiefs , et entr'autres un du 7 avril 1745 rendu entre les seigneurs de Coudré et de Montreuil , l'ont ainsi jugé.

Ce droit fut aboli par les lois des 4 août 1789 et 13 avril 1791, qui ont supprimé la féodalité , les justices seigneuriales et tous les droits qui en dépendaient. C'est ce que décident formellement deux décrets de la Convention Nationale des 6 et 30 juillet 1793.

Mais ces lois et décrets en privant les seigneurs du droit qu'ils tiraient de leur qualité , ne disaient pas à qui la pêche appartiendrait à l'avenir. Les communes prétendirent avoir succédé aux seigneurs ; mais le Conseil d'Etat , par avis du 27 pluviôse an 13 , approuvé le 30 du même mois, a décidé que ce droit appartient aux propriétaires riverains , et que la prétention des communes de les en exclure n'était pas fondée.

Voici ses termes :

« Le Conseil d'Etat, qui a entendu le rapport de la section de l'intérieur sur celui du ministre de ce département , relatif à la question de savoir à qui des propriétaires riverains ou des communes appartient la pêche des rivières non navigables; considérant 1.º que la pêche des rivières non navigables faisait partie des droits féodaux, puisqu'elle était réservée, en France , soit aux seigneurs hauts justiciers , soit au seigneur du fief;

» 2.° Que l'abolition de la féodalité a été faite non au profit des communes , mais bien au profit des vassaux, qui sont devenus libres dans leurs personnes et dans leurs propriétés ;

» 3.° Que les propriétaires riverains sont exposés à tous les inconvéniens attachés au voisinage des ri-vières non navigables (dont les lois d'ailleurs n'ont pas réservé des avant-bords destinés aux usages publics) ; que les lois et arrêtés du Gouvernement les assujétissent à la dépense du curage et à l'entre-tien de ces rivières , et que , dans les principes de l'équité naturelle , celui qui supporte les charges doit jouir des bénéfices;

» 4.° Enfin, que le droit de pêche des rivières non navigables accordé aux communes serait une servi-tude pour les propriétés des particuliers, et que cette servitude n'existe point aux termes du Code civil ;

» Est d'avis

» Que la pêche des rivières non-navigables ne peut, dans aucun cas, appartenir aux communes; que les propriétaires riverains doivent en jouir, sans ce-pendant pouvoir exercer ce droit qu'en se confor-mant aux lois générales ou règlemens locaux, con-cernant la pêche , ni le conserver lorsque par la suite une rivière aujourd'hui réputée non-navigable deviendra navigable; et qu'en conséquence tous les actes de l'autorité administrative qui auraient mis des communes en possession de ce droit, doivent être déclarés nuls. »

Il résulte de cette décision que les riverains sont propriétaires chacun pour moitié du droit de pêcher le long de leurs héritages dans les rivières ou cours d'eau non-navigables.

Il en résulte aussi que le droit de pêche est un accessoire de la propriété des héritages riverains ; que l'accorder aux communes ce serait grever ces mêmes héritages d'une servitude qui n'existe pas d'après les dispositions du Code civil.

De là, on doit tirer la conséquence que le propriétaire d'un héritage aboutissant à un cours d'eau ne pourrait en détacher la pêche, c'est-à-dire la vendre séparément en conservant néanmoins la propriété de cet héritage ; ce sont deux choses inséparables qui doivent être aliénées simultanément. La pêche exercée sur l'héritage d'autrui ne constituerait pas une servitude établie sur un fonds pour l'usage et l'utilité d'un autre fonds ; mais bien une servitude personnelle prohibée par le Code. C'est d'ailleurs ce qu'a décidé un avis du Conseil d'Etat du 11 octobre 1812 en ces termes :

« Le Conseil d'Etat qui a entendu le rapport de la section de l'intérieur sur celui du ministre de ce département, tendant à faire approuver l'acquisition à titre d'échange par la commune de Condé-sur-Iton, département de l'Eure, d'une maison pour servir de presbytère ; à la charge par la commune de céder en contre-échange 1.º des biens communaux ; 2.º le droit de pêche dans la rivière d'Iton, le long du terrein communal appelé les *prés Morins* ; le tout estimé 2200 fr.

» Considérant que le droit de pêche appartenant à la commune sur la rivière d'Iton, résulte pour elle de la propriété des terreins communaux, et en est une dépendance indivisible ; qu'elle ne peut aliéner à perpétuité ce droit exclusif de pêche, en conservant la propriété du terrein d'où ce droit découle ;

» Est d'avis 1.º qu'il n'y a pas lieu à autoriser le droit d'échange ; 2.º que le présent avis soit inséré au bulletin des lois. »

211. Mais nous pensons que la pêche pourrait être cédée à perpétuité au propriétaire de la rive opposée, qui par ce moyen jouirait du droit entier de pêcher dans le cours d'eau qui sépare les héritages respectifs.

182. Au surplus, l'avis du 11 octobre 1812, en décidant que le droit de pêche *ne peut être aliéné à perpétuité*, fait assez entendre qu'il peut être loué et affermé comme toute autre propriété ; dans ce cas, le propriétaire ne concède pas une servitude dont la nature est d'être perpétuelle ; il transmet l'usage des fruits ou d'une espèce de fruits que sa chose peut produire.

212. Le fermier d'un droit de pêche ne pourrait se pourvoir au possessoire que dans le cas où il y aurait lieu à l'action en réintégrande ; mais dans le cas de simple trouble il ne pourrait, vu sa qualité de fermier, se pourvoir par la voie de complainte; il n'en peut être de la pêche dans les cours d'eau non navigables comme de celle des cours d'eau navigables. Il pourrait aussi se pourvoir devant le juge de paix par action personnelle; mais seulement dans le cas où il aurait été pris du poisson, et pourvu que le préjudice souffert n'excédât pas 100 fr.

213. Il pourrait encore se pourvoir devant les tribunaux correctionnels, soit qu'il ait été pris du poisson, soit qu'il n'en ait pas été pêché.

214. Il n'est permis à personne de pêcher dans des cours d'eau non navigables, même en temps et avec des engins non prohibés, sans l'autorisation du propriétaire ou de celui, qui se trouve à ses droits et celui qui le fait se rend coupable d'un délit sur lequel il appartient aux tribunaux correctionels de prononcer.

L'art. 1.er, titre 31 de l'ordonnance de 1669, le décide ainsi pour les rivières navigables.

« Défendons à toutes personnes , y est-il dit ,
» autres que maîtres pêcheurs , reçus ès-siéges des
» maîtrises , par les maîtres particuliers ou leurs
» lieutenans , de pêcher sur fleuves et rivières navi-
» gables à peine de 50 fr. d'amende et de confisca-
» tion du poisson, filets et autres instrumens de

» pêche pour la 'première fois , et pour la seconde
» de cent francs d'amende , outre pareille consfica-
» tion , même de punition plus sévère s'il y échet.

Ainsi , le seul fait de pêche sans autorisation
constitue un délit.

Le même titre , dans les articles suivans , prononce
des peines plus sévères contre la pêche en temps ou
avec des engins prohibés.

Il n'est question dans ces dispositions que des
rivières navigables.

Mais l'art. 5 titre 26 porte ce qui suit : « Sera
» libre à tous nos sujets de faire punir les délinquans
» en leurs bois, garennes, étangs et rivières, même
» pour la chasse et pour la pêche, des mêmes peines
» et réparations ordonnées par ces présentes pour
» nos eaux et forêts, épasses et pêcheries ; et à cet
» effet, se pourvoir, si bon leur semble, par-devant
» le grand maître et les officiers de la maîtrise, aux-
» quels en tant que besoin serait, nous en attri-
» buons toute connaissance et juridiction. »

Enfin , l'art. 28 du titre 32 porte : « Toutes
» amendes, restitutions, dommages et intérêts et
» confiscations seront adjugés ès eaux et bois des
» ecclésiastiques, commanderies, maladeries, hô-
» pitaux, communautés et particuliers ; et les con-
» damnés et redevables exécutés en la même manière
» que pour celles qui auront été prononcées sur le
» fait de nos eaux et forêts. »

L'art. 179 du Code d'instruction criminelle attribue aux tribunaux correctionels la connaissance
de ce délit, puisqu'il donne lieu à plus de 15 fr.
d'amende.

L'art. 484 du code pénal porte : « Dans toutes les
» matières qui n'ont pas été réglées par le présent
» Code, et qui sont régies par des lois et règlemens
» particuliers, les cours et les tribunaux continue-
» ront de les observer. »

Ainsi donc le propriétaire ou le fermier de la
pêche peut traduire en police correctionnelle quiconque se serait permis de pêcher à son préjudice.

A plus forte raison le pourrait-il, si la pêche
avait eu lieu en temps ou avec des engins prohibés
et quand même le ministère public n'agirait pas.

215. Quoique la pêche sans autorisation avec des
engins et en temps non prohibés, constitue un
délit donnant lieu à une amende envers le trésor,
cependant le ministère public ne peut agir d'office,
si la partie lésée ne se plaint pas.

C'est ce que la cour de cassation a jugé dans l'espèce suivante :

Un garde champêtre constate par un procès-verbal
en bonne forme un fait de pêche en temps et avec
des engins permis, dans un cours d'eau particulier.

Le ministère public traduisit les prévenus en
police correctionnelle; mais par jugement et arrêt
l'action fut déclarée non recevable, attendu qu'il ne

s'agissait pas d'un délit public, et que le particulier lésé ne se plaignait pas ; le procureur-général se pourvu en cassation ; mais par arrêt du 5 février 1807, au rapport de M. Seignette, son recours fut rejeté en ces termes :

« Attendu qu'aucune loi ne classe au nombre des » délits publics l'action de pêcher dans un ruisseau » qui est la propriété d'autrui, comme étant non » navigable, et ses deux rives appartenant à ce » propriétaire ; que Villensegne de Sorinne, pro- » priétaire à ce titre, selon qu'il est dit au procès- » verbal du garde champêtre, de la portion du ruis- » seau de Lizoche, dans lequel suivant le même » procès-verbal, Finfe et Wirkay ont été trouvés » faisant la pêche, ne se plaint pas de cette action. »

216. Mais le ministère public pourrait et devrait agir, indépendamment du propriétaire riverain, si le fait de pêche avait eu lieu soit en temps prohibé, soit avec des engins défendus.

C'est ce qu'a jugé un arrêt de la cour de cassation du 21 février 1812.

217. L'administration des eaux et forêts a même qualité, dans ce cas, pour agir contre les délin- quans. Ainsi jugé par deux arrêts de la cour de cas- sation de 17 brumaire an 14, et 12 février 1808.

218. Jusqu'à présent nous avons supposé que les deux rives d'un cours d'eau appartenaient à des pro- priétaires différens ; nous avons expliqué le droit

que leur confère l'article 644 de s'en servir pour l'irrigation de leurs héritages.

Supposons maintenant que l'héritage soit traversé par le cours d'eau, et qu'ainsi les deux rives appartiennent au même propriétaire; l'article 644 du code civil confère dans ce cas à ce propriétaire un droit plus étendu; il peut user de l'eau pendant qu'elle parcourt sa propriété. Il n'a d'autre obligation que de la rendre, à la sortie de ses fonds, à son cours ordinaire.

Il peut donc en détourner le cours, pour son plus grand avantage, par exemple pour la construction d'une usine; car quoique le code civil ne dise pas un seul mot des moulins et usines, et qu'il ne parle que de l'irrigation des héritages, cependant en conférant au propriétaire, dont le fonds est traversé par un cours d'eau, l'usage de cette même eau, il a eu l'intention de lui accorder un droit plus étendu, celui de l'employer à tous ses besoins, suivant les mesures prescrites par l'autorité administrative. Le code en effet n'a pas limité le droit de ce propriétaire à l'irrigation de ses héritages, et par l'art. 714, il a laissé à l'autorité administrative le soin de déterminer l'usage auquel les eaux doivent servir.

Au surplus, en détournant leur cours, le propriétaire dont elles traversent l'héritage ne cause aucun tort aux riverains inférieurs, puisque le cours n'est changé.que depuis l'entrée jusqu'à la sortie de son fonds.

Quelqu'étendu que soit le droit que la loi lui confère, il ne peut cependant dégénérer eu une occupation tellement exclusive que les inférieurs soient privés de l'usage du cours d'eau.

L'eau est comme nous l'avons dit, un don que la nature a fait à tous les êtres. En permettant l'usage au propriétaire dont elle traverse l'héritage la loi lui a interdit l'abus. Il ne peut donc l'absorber.

La cour de cassation l'a ainsi décidé dans une espèce assez remarquable.

Un ruisseau traversait les propriétés d'un sieur Bollet, et après avoir fait tourner un moulin qui lui appartient, alimentait un autre moulin et un foulon appartenant au sieur Chevillard et à la veuve Collin.

Bollet, pour procurer à ses prés une irrigation abondante, pratiqua des ouvrages par suite desquels Chevillard et la veuve Collin furent privés d'une partie de l'eau nécessaire pour faire mouvoir leurs usines.

Le tribunal de Sémur, juge de la contestation, rendit le 20 floréal an 11, un jugement qui, attendu que la faculté de faire des prises d'eau pour l'irrigation des héritages, dans les ruisseaux ou rivières, ne comporte point le droit d'y pratiquer des digues ou étanches qui détourneraient de leur lit la totalité ou la plus grande partie de l'eau, et

que l'exercice de cette faculté est subordonnée à
des principes de justice et d'équité qui ne permettent
pas que quelques individus puissent s'attribuer exclusivement les bienfaits de la nature, ordonna une
expertise à l'effet de vérifier les faits articulés par
Chevillard et la veuve Collin.

L'expertise laur fut favorable et en conséquence,
le 15 prairial an 12, jugement qui condamne Bollet
a détruire les ouvrages qu'il a pratiqués pour tirer
les eaux de leur lit et les conduire dans ses héritages, à rétablir les choses dans leur ancien état,
et à payer au sieur Chevillard et à la dame Collin,
les dommages-intérêts arbitrés par les experts.

Bollet appelle de ce jugement, ainsi que de celui
du 20 floréal an 11 ; et il insiste sur la possession
immémoriale qu'il a inutilement fait valoir en première instance. Mais par arrêt du 27 messidor an
13, la cour d'appel de Dijon confirme l'un et l'autre
jugement, sauf à l'appelant à se pourvoir en règlement avec les parties intéressées sur le mode d'user
du droit de prise d'eau dans le ruisseau dont il s'agit,
pour l'irrigation de ses héritages.

Bollet se pourvoit en cassation, mais par arrêt
du 7 avril 1807, son recours a été rejeté en ces
termes :

Attendu qu'aux termes de l'art. 644 du code civil
les propriétaires dont les eaux traversent les héritages, ne peuvent en user qu'à la charge de les

rendre à la sortie de leurs fonds, à leur cours ordinaire; attendu que l'arrêt attaqué constate que
Bollet absorbait dans ses fonds les eaux de telle manière qu'il en résultait un préjudice considérable
pour les usines inférieures; attendu d'ailleurs que
l'art. 645 du code civil, donne aux juges la faculté
de concilier l'intérêt de l'agriculture, avec le respect
dû à la propriété, dans toutes les contestations
entre les propriétaires auxquels les eaux, de l'espèce
de celles dont il s'agit au procès peuvent être utiles;
attendu que les juges qui ont rendu l'arrêt attaqué
n'ont fait qu'user de cette faculté; attendu enfin
que l'article 16 du titre 2 de la loi du 28 septembre,
6 octobre 1791, attribue aux autorités administratives le droit de fixer la hauteur des eaux, ce qui
entraîne celui de détruire la hauteur des ouvrages
que peuvent faire ceux qui veulent jouir de ces eaux.

Par un autre arrêt du 16 juillet 1807, la cour de
cassation a décidé que le propriétaire dont le fonds
est traversé par une eau courante, a le droit de faire
sur son terrain toutes constructions utiles pour
jouir des eaux, lors même que leur volume en serait
diminué au préjudice des héritages inférieurs. Son
obligation se réduit à ne pas absorber toute l'eau;
il suffit qu'il puisse la rendre à son cours ordinaire
à la sortie de ses domaines.

Cat arrêt semble au premier aspect contradictoire
avec le précédent. Dans l'espèce de l'arrêt du 15

juillet, le propriétaire supérieur avait agi comme le sieur Bollet; il avait pratiqué dans le lit du cours d'eau une multitude de rigoles à l'aide desquelles il en absorbait la presque totalité. Cependant elles furent maintenues par arrêt de la cour d'appel de Paris, confirmé par la cour de cassation ; mais ces arrêts peuvent très-bien se concilier, et l'on reconnaîtra qu'ils reposent sur le même principe, si l'on fait attention que dans la dernière espèce les tribunaux n'avaient point à ménager l'intérêt d'une usine; que l'article 645 leur confère le pouvoir de distribuer les eaux comme ils le jugent utile, et qu'il ne peut y avoir aucun recours en cassation contre les décisions qui se bornent à faire ce partage; mais il y aurait lieu au recours, dans le cas où ils accorderaient toute l'eau aux uns et rien aux autres.

Par autre arrêt du 17 février 1809, la cour de cassation a encore jugé que les propriétaires de moulins n'ont pas essentiellement droit à la quantité d'eau nécessaire pour leurs usines, à ce point qu'ils puissent priver les propriétaires supérieurs de l'usage des eaux pour l'irrigation de leurs prairies.

Quoiqu'il en soit, on peut tirer de ces arrêts combinés avec l'article 644 du code civil, la conséquence que l'usage que cet article accorde aux riverains, doit s'entendre d'un usage raisonnable proportionné aux besoins respectifs, et que l'obligation qu'il leur impose de rendre l'eau après s'en être servi ne s'entend pas du même volume ; autrement il y aurait contradiction dans le même article, l'irrigation des prés ne pouvant se faire sans une déperdition quelconque.

Art. VI.

De la compétence de l'autorité administrative et des tribunaux, pour régler l'usage des eaux.

219. L'eau étant, ainsi que nous l'avons dit , une chose commune à tous, le droit d'en user résulte en général du besoin qu'on en a ; mais ce besoin varie à l'infini , suivant les localités et la nature des héritages , et reçoit des modifications de l'abondance ou de la rareté de cet élément , et même des droits acquis ; aussi le législateur ne pouvait déterminer par des dispositions expresses l'étendue du droit de chaque riverain.

Nous avons expliqué ailleurs la disposition des articles 641 , 642 et 643 relatifs aux droits des propriétaires d'héritages qui renferment une source ; nous avons fait remarquer que le dernier de ces articles porte formellement qu'ils sont aussi propriétaires de la source ; mais que ce droit n'est pas absolu, puisque le possesseur de l'héritage supérieur peut en couper les veines, et les en priver par des fouilles faites dans son fonds. Le droit que consacre la loi n'est donc qu'un simple droit d'accession. S'ils sont propriétaires de la source , c'est parce que la propriété du sol emporte celle du dessus ; mais la loi n'attribue pas la propriété de l'eau aux riverains, elle ne dit pas non plus que les rivières non navigables appartiennent aux particuliers , quoiqu'elle ait pris soin d'exprimer que les rivières navigables appartiennent à l'Etat. Il en résulte qu'elle considère l'eau comme une chose commune à tous , ainsi que le faisait le droit romain ; et cela est si vrai que lors de la discussion du code civil au conseil d'Etat, on disait que la nature avait destiné les eaux à l'usage de tous , et que sans doute , celui dans le fonds duquel naît une fontaine a le droit de s'en servir le premier pour ses besoins et de préférence à tous autres ; mais que ces besoins une fois satisfaits, l'équité, l'intérêt public et la destination même de l'eau ne permettent pas qu'il en prive arbitrairement les autres propriétaires auxquels ces eaux peuvent être utiles.

Aussi, suivant M. Malville, c'est ce motif qui a dicté l'article 645 du code civil portant que , s'il s'élève une contestation entre les propriétaires auxquels les eaux peuvent être utiles , les tribunaux en prononçant doivent concilier l'intérêt de l'agriculture avec le respect dû à la propriété ; et que dans tous les cas , les règlemens particuliers et locaux sur le cours et l'usage des eaux doivent être observés.

Les riverains ont sans doute droit de jouir des eaux ; préférablement à tous autres ; nous avons même vu que des titres ou la possession peuvent augmenter ou diminuer ce droit, mais non le dénaturer et faire une propriété d'un simple usage, et si l'art. 645 s'applique à un propriétaire de source pour l'empêcher d'abuser de sa propriété , il s'applique à plus forte raison aux riverains qui auraient acquis quelques droits particuliers dont ils voudraient user sans avantages réels pour eux, et dans la seule vue de nuire à autrui; si l'exercice de ces droits leur était utile , leurs titres devraient être respectés.

Toutefois nous devons faire observer qu'il n'appartient pas aux juges de paix d'appliquer l'article 645. Cet article est uniquement relatif au droit d'user des eaux , au partage que les tribunaux peuvent en faire entre ceux qui ont ce droit ; un juge de paix ne peut connaître d'un droit ni rendre une décision définitive; il ne peut prononcer que sur le fait de la possession , il ne peut rendre qu'une décision provisoire. Nous pensons donc que l'opinion contraire de M. Henrion de Pansey (compétence des juges de paix), n'est qu'une erreur échapée à ce profond jurisconsulte ; mais lorsqu'il existe un règlement administratif sur le cours et l'usage des eaux , et qu'une action possessoire est portée devant le juge de paix, il peut, pour s'éclairer et pour déterminer le caractère de la possession , s'aider de ce règlement.

L'article 645 reconnaît la compétence des tribunaux et celle de l'autorité administrative; mais il ne
la détermine pas; il en est à peu près de même des
autres lois qui concernent les eaux.

C'est précisément ce silence qui rend cette matière très-embarrassante.

220. L'article 5 du code civil défend aux tribunaux de prononcer par voie de dispositions générales et règlementaires sur les causes qui leur sont
soumises.

Suivant l'article 714 du code civil, des lois particulières règlent la manière de jouir des choses qui
sont communes à tous.

La loi du 12, 20 août 1790, chapitre 6, charge
les administrations de département (les préfets) de
rechercher et indiquer les moyens de procurer le
libre cours des eaux; d'empêcher que les prairies ne
soient submergées par la trop grande élévation des
écluses, des moulins, et par les autres ouvrages
d'art établis sur les rivières; de diriger enfin autant
qu'il sera possible, toutes les eaux de leur territoire
vers un but d'utilité générale, d'après les principes
de l'irrigation.

Enfin, la loi du 6 octobre 1791, sur la police rurale, titre 2, art. 15 et 16, dispose que les propriétaires ou fermiers de moulins et usines construits ou
à construire seront forcés de tenir les eaux à une
hauteur qui ne nuise à personne, et qui sera fixée

par l'administration du département (aujourd'hui le préfet), d'après l'avis de l'administration de district (aujourd'hui le sous-préfet).

Il résulte bien clairement de la combinaison de ces diverses dispositions, que c'est aux préfets qu'il appartient de faire des règlemens relatifs à l'usage des eaux, pouvoir qui s'étend même jusqu'aux plus faibles ruisseaux, ainsi que cela se pratique journellement. Nous citerons entr'autres règlemens locaux sur les eaux, celui fait par le préfet de l'Eure, le 25 germinal an 9. Après avoir prescrit les mesures nécessaires pour l'usage des eaux, ce magistrat ajoute à son arrêté la note suivante : Le préfet du département rappelle aux maires des communes traversées par des rivières, canaux d'irrigation et de dessèchement, les dispositions de l'arrêté du Directoire exécutif du 19 ventose an 6, qui leur enjoint de s'opposer à ce qu'il ne soit formé aucun établissement, entreprise ou autre obstacle quelconque au libre cours des eaux, à moins qu'il ne leur soit justifié de l'autorisation expresse que le Gouvernement aurait pu accorder. La surveillance doit s'étendre depuis *le plus petit ruisseau* jusqu'au plus grand fleuve, et l'autorité supérieure qui doit en suivre l'emploi jusque dans les moindres ramifications pour les diriger à l'avantage de l'industrie, de la navigation et du commerce, ne permet aucune concession, aucun établissement que l'avantage et la légalité n'en aient été vérifiés par des procès-verbaux *de commodo et incommodo*, appréciés par les gens de l'art. Une exactitude scrupuleuse à cet égard est d'autant plus nécessaire que ces autorisations font les titres des familles, et que le défaut d'observation des formes peut vicier la propriété.

Ces principes sont confirmés par un arrêt du conseil du 5 juin 1818, qui décide que les règlemens d'eau nécessaires pour l'irrigation, dans l'intérêt public et dans celui des propriétaires riverains, doivent être faits par les préfets, et qu'un particulier, dont les propriétés sont traversées *par un ruisseau*, peut être soumis, pour l'irrigation de ses propriétés riveraines, à un règlement administratif.

221. Ces principes, au surplus, sont généraux. Ils reçoivent leur application, soit que les différens héritages soient traversés ou seulement bordés par le cours d'eau, et lors même qu'il n'alimenterait que des usines, comme lorsqu'il serait employé au service des usines et à l'irrigation des fonds, ou seulement à ce dernier objet. C'est ce qui résulte de la généralité des termes : *les eaux*, *ces eaux*, employés dans l'article 645, qui prouvent en même temps que le propriétaire de la source est assujetti au règlement comme les riverains.

222. Toutefois, il ne faut pas conclure de ce que nous venons de dire, que les préfets soient seuls compétens dans tous les cas, pour faire des ré-

glemens sur l'usage des eaux. En effet, l'administration ordonne et dispose dans l'intérêt de tous. Elle
prend des mesures générales et reglémentaires applicables à l'avenir et à tous les individus sans distinction, elle agit sans être provoquée, sans qu'il existe
de contestations et pour les prévenir. Mais elle ne
peut régler un intérêt purement privé, qui n'est fondé
que sur la loi, appliquer le droit civil, décider
sur une contestation élevée entre les particuliers,
ni déclarer si tel fait existe, si tel acte renferme
telle disposition, si tel droit appartient à celui qui
le réclame ; de telle questions sont du ressort des
tribunaux.

Ainsi, lorsque plusieurs particuliers se disputent
l'usage des eaux, qu'il s'agit de déterminer entr'eux
le mode de jouissance de chacun, sans même qu'il
y ait des titres ou une possession qui fixent les droits
individuels, c'est aux tribunaux à statuer. Mais alors,
ils ne décident pas par voie de disposition générale ;
ils se bornent à juger la contestation actuelle et à
porter une décision qui n'a d'effet qu'entre les parties
présentes devant eux. Ils peuvent fixer le temps
pendant lequel chaque propriétaire jouira de l'eau ;
ils peuvent eux mêmes faire un réglement entre les
parties litigantes ; car si l'article 645 leur impose
l'obligation d'appliquer les réglemens administratifs lorsqu'il en existe, il ne les assujettit pas à renvoyer les parties devant l'administration pour en

faire faire lors qu'il n'en existe pas encore. Au contraire, dans ce dernier cas, il veut qu'ils statuent sur le different en conciliant l'intérêt de l'agriculture avec le respect dû à la propriété. Or, si les tribunaux ne pouvaient faire un réglement, l'art. 645 serait illusoire et ne recevrait jamais son application. Toutes fois, si l'usage des eaux nécessite des traveaux d'art destinés à les retenir ou à en fixer la hauteur, les parties doivent s'adresser pour cet objet, à l'autorité administrative qui a seule le pouvoir, d'après la loi du 6 octobre 1791, de prescrire à cet égard les mesures nécessaires.

Ce que nous venons de dire, fait comprendre la différence qui existe entre les pouvoirs des deux autorités. Les tribunaux se bornent à statuer sur une contestation existante, et à l'égard des parties présentes, sans se mêler de fixer la hauteur des eaux. L'autorité administrative, règle sans qu'il y ait contestation, de son propre mouvement, et d'une manière générale.

Nous ne devons cependant pas dissimuler que l'arrêt, rendu dans l'affaire Bollet, dont nous avons déjà parlé est en opposition avec ces principes.

En effet, on se rappelle que Bollet, à l'aide de rigoles nouvelles absorbait une grande partie de l'eau nécessaire au mouvement de deux moulins ; que la Cour de Dijon avait ordonné la fermeture de ces rigoles, le rétablissement de l'ancien état des choses, et avait en même temps renvoyé Bollet à se pourvoir administrativement avec ses adversaires, sur le mode d'user du droit de prise d'eau dans le ruisseau dont il s'agissait, pour l'irrigation de leurs propriétés.

Le pourvoi dirigé contre cet arrêt fut rejeté.

Ainsi la cour de Dijon, n'a rendu qu'une décision provisoire, telle qu'aurait pu la prononcer un juge de paix sur une action en complainte ; elle s'est bornée à réprimer les voies de fait, mais la question relative au droit de chacune des parties d'user de l'eau, n'a point été jugé ; la cour à renvoyé devant l'autorité administrative pour qu'il y soit statué.

Si cette cour eut décidé que le sieur Bollet, n'avait pas le droit de prendre le volume d'eau qu'il avait extrait du ruisseau à l'aide des rigoles; que ce volume devait appartenir à ses adversaires, pour le service de leurs usines, elle eut usé d'un pouvoir que la loi lui confère ; elle eut fait le partage des eaux ; elle eut fixé les droits de chacun tels qu'ils étaient exercés avant l'entreprise dont il s'agissait, et c'est ce qu'avait fait le tribunal de première instance. Mais la cour royale en renvoyant devant l'autorité administative, reconnut que Bollet avait des droits à jouir des eaux, et ne fixa pas ces droits.

Au surplus, on ne sera pas surpris de cette décision, si l'on fait attention que lorsqu'elle fut rendue, le code civil venait d'être promulgué, et que la loi étant conçue en termes assez vagues, il était difficile d'en bien saisir l'esprit, la première fois qu'il s'est agi de son application.

223. Mais depuis, il est intervenu au conseil d'Etat, et à la cour de cassation, différentes décisions qui ne laissent plus de doute sur le sens et l'esprit de la loi.

Avant de les rapporter, rappelons un passage de la discussion qui eut lieu au conseil d'Etat, sur l'article 644 du Code civile.

» M. Pelet, dit qu'il est à craindre que l'un des propriétaires supérieurs ne s'empare tellement des eaux, qu'il n'en absorbe l'usage, et n'en laisse rien échapper vers les propriétés inférieures.

» M. Tronchet, répond que cet abus est impossible, parceque, dans le cas de contestation, les tribunaux déterminent la jouissance de chacun, par un réglement qui fixe le temps pendant le quel chaque propriétaire usera des eaux, et même l'heure où il pourra s'en servir.

Voici maintenant, 4 arrêts du conseil, qui ont reconnu ces pricipes. Le premier est rendu dans l'espéce suivante.

En 1807, le sieur Resseguier, fit construire un moulin, dans une de ses propriétés, bordant un petit ruisseau.

Le sieur Becardit, propriétaire d'un pré longeant,

la rive opposée dudit ruisseau , sur le motif que l'entreprise du sieur Resseguier , avait desséché sa prairie , et pour réparer le dommage qu'il prétendait en éprouver , fit construire une digue ou chaussée en travers du ruisseau , à 78 mètres au dessous du moulin , pour servir à l'irrigation de son terrain.

Le sieur Resseguier , réclama auprès du Préfet , contre l'établissement de cette digue. Il représenta , qu'ayant exhaussé le niveau des eaux , elle gênait le jeu de son moulin ; et il en demanda la démolition.

Le Préfet , se fondant sur l'article 640 du Code civil , prit un arrêté qui ordonna la démolition de la digue dont il s'agit ; et le rétablissement du lit du ruisseau dans son état primitif.

Mais sur le pourvoi au conseil d'Etat , il y intervint le 15 novembre 1809 , un arrêt ainsi conçu :

» Vu la loi du 6 octobre 1791 , et les articles » 644 et 645 du Code civil , considérant que s'il » appartient à l'administration de fixer la hauteur » à laquelle doivent être tenues les eaux qui ali- » mentent les moulins et usines , c'est aux tribu- » naux à prononcer sur le droit d'usage , auquel » prétend le propriétaire d'un terrain , limité ou » traversé par une eau courante qui ne fait pas partie » du domaine public.

» Considérant que les motifs d'utilité locale qui

» pourraient se rattacher à l'existence du moulin du
» sieur Rességuier, ne sauraient changer la nature de
» l'action principale , puisque l'article 645 du Code
»¹ civil impose formellement aux tribunaux, l'obligation de concilier l'intérêt de l'agriculture avec le
respect dû à la propriété ,

Notre conseil d'État entendu ,

Nous avons décreté , et nous décrétons ce qui
suit :

Les deux arrêtés pris le 6 Août , et le 5 septembre
1808 , par le Préfet de l'Aveyron , sont annulés ; les
parties sont renvoyées devant les tribunaux. »

(Sirey Jurisprudence du Conseil d'État , t. I.
page 325.)

Voici le second :

Un sieur Laulanié était propriétaire de plusieurs
usines , moulin , ou forges établis sur un ruisseau ,
depuis un temps immémorial.

Un arrêt du parlement de Bordeaux défendait
à tous les propriétaires riverains de détourner le
cours des eaux de ce ruisseau, et d'y établir des
digues et autres obstacles.

Nonobstant cet arrêt de réglement , un sieur
Gipoulon détourna l'eau du ruisseau.

Un arrêté du Préfet , ordonna le rétablissement
du cours d'eau ;

Mais sur le recours au Conseil d'Etat , il intervint
le 28 novembre 1809 , un arrêt ainsi conçu :

» Vu le règlement·

Vu les articles 644 et 645 du Code civil, considérant que le ruisseau de la Buronne n'est ni navigable ni flottable, et qu'il appartient à l'autorité judiciaire de prononcer sur les contestations relatives à l'usage d'une eau courante, qui ne fait pas partie du domaine public ;

Notre Conseil d'Etat entendu ,

Nous avons décrété et décrétons ce qui suit :

L'arrêté du préfet de la Dordogne est annulé ; les parties sont renvoyées devant les tribunaux.

(Sirey, même tome, page 33.

Le troisième arrêt, qui est du 25 mai 1810, porte les motifs suivans : « Considérant que le cours d'eau dont il s'agit n'est ni navigable ni flottable ; que la contestation est toute dans les intérêts privés ; qu'à l'époque où cette contestation a commencé, il n'existait aucun règlement d'administration publique qui y eût trait ; que dès-lors il y a lieu d'appliquer l'article 645 du Code civil qui a suffisamment pourvu dans ce cas à ce qui touche l'intérêt de l'agriculture et à l'exécution des règlemens particuliers et locaux. »

Le quatrième arrêt a été rendu dans l'espèce suivante :

Deux moulins appartenant aux sieurs Pigeaux et Marquis existaient sur un même cours d'eau.

Des conventions et des règlemens fixaient les obligations de chacun d'eux et la hauteur des eaux.

Le sieur Marquis, ayant relevé le sault de son moulin et changé les repères qui lui avaient été donnés, il en résulta un reflux considérable sous la roue du moulin du sieur Pigeaux.

Celui-ci s'étant plaint, le conseil de préfecture ordonna au sieur Marquis de construire un deversoir de dix mètres de largeur attenant au mur de son clos et en dehors.

Mais sur le pourvoi, le Conseil d'Etat, attendu qu'il s'agissait de maintenir et appliquer des règlemens et conventions antérieurs, a annulé et renvoyé devant les tribunaux.

(Ordonnance du 28 septembre 1816, Sirey, tome 3, page 594.)

Voici maintenant un arrêt fort remarquable de la Cour de cassation.

Au commencement du siècle dernier, un sieur de Drevon était propriétaire d'un terrein d'environ quinze hectares dans une partie duquel surgissait une fontaine appelée *Grenouillet*, dont les eaux servaient à arroser les quinze hectares au moyen d'ouvrages tels qu'écluses et canaux qui y avaient été pratiqués. Ces eaux servaient aussi à l'irrigation de deux prairies appelées *Denis* et *Ruat*, dont les propriétaires avaient le droit de se transporter à la fontaine même pour lever les écluses.

En 1713, le sieur de Drevon vendit les quinze hectares, par parties, à quatre particuliers.

Les trois premiers contrats portent que les acquéreurs auront la faculté de se servir des eaux de la fontaine Grenouillet pour l'arrosage de leurs héritages,
et de les faire passer et conduire par les fossés et les
canaux actuellement existans, pourvu que ce soit sans
abus. Le quatrième contrat comprend la partie des
quinze hectares où se trouve la fontaine de Grenouillet : ce contrat porte que l'acquéreur sera tenu
d'entretenir la fontaine et de laisser passer les eaux
qui en sortent par les fossés et canaux ordinaires, le
tout sans abus.

Des difficultés s'étant probablement élevées entre
les ayant-droit, relativement à la jouissance des eaux,
quelques-uns formèrent contre les autres, devant le
tribunal civil d'Orange, une demande tendant à ce
qu'il fût procédé à la répartition des eaux pour un
temps égal et déterminé, d'après la proportion de la
contenance des fonds appartenant à chacun des
ayant-droit à l'arrosage.

Plusieurs des défendeurs adhérèrent à la demande;
le propriétaire de l'héritage renfermant la fontaine
déclara ne pas s'y opposer ; mais quelques autres
contestèrent le règlement demandé sur le fondement
des titres qui constituaient le droit particulier de
chacun des acquéreurs, titres qui, disaient-ils, leur
donnaient la faculté indéfinie d'arroser les fonds à
eux vendus, sans autre modification que celle de ne
pouvoir en abuser.

Sur ce, jugement du tribunal civil, qui ordonne que par experts il sera procédé à la mensuration des terreins ; qu'ils diront dans quel laps de temps la fontaine peut fournir à l'irrigation de toutes les propriétés, fixeront le temps à accorder à chacune des parties, à raison de l'étendue de leurs propriétés, ayant égard dans ce mode aux besoins plus fréquens des parties en jardins. Le motif principal de ce jugement est que le règlement demandé est de l'utilité commune, parce qu'il contribue au meilleur aménagement des eaux, à plus de surveillance pour le repurgement et l'entretien de la source et des fossés ; qu'il préviendra l'abus qui est interdit dans les actes de toutes les parties.

Sur l'appel, arrêt de la cour de Nîmes du 23 avril 1809, qui infirme ce jugement, déclare n'y avoir lieu à procéder au règlement des eaux de la fontaine de Grenouillet, et ordonne que les divers acquéreurs du sieur de Drevon ou leurs représentans continueront de jouir sans abus, conformément à leurs titres.

Pourvoi en cassation, et le 10 avril 1821, arrêt de la section civile, au rapport de M. le comte Jaubert, par lequel sur les conclusions conformes de M. Cahier, avocat général, vu la loi « 4 *ff. de aquâ quotidianâ et æstivâ*, vu aussi l'article 645 du Code civil, attendu que, lorsque les propriétaires de différens terreins ont le droit de se servir des mêmes eaux, et que le mode de jouissance n'est déterminé ni par les titres ni *par aucun règlement particulier et local*, c'est aux tribunaux qu'il appartient de prononcer sur les points qui divisent les intéressés, et de fixer des règles qui préviennent tout débat ultérieur ; *qu'il est sur-tout naturel que les juges interposent leur autorité lorsqu'il n'y a aucun règlement sur les époques où chacun des intéressés peut prendre les eaux, et sur la durée du temps pendant lequel il peut les garder*, l'absence d'un règlement sur ces deux points pouvant laisser les parties exposées à des incertitudes fâcheuses, à des troubles, et même entraîner des voies de fait ; que la principale question du procès était donc de savoir si le mode de jouissance des eaux de la fontaine de Grenouillet était fixé par des titres ou par un règlement particulier et local ; qu'aucun règlement particulier et local n'est représenté ; qu'on ne saurait regarder comme tel la clause des contrats de vente par laquelle le propriétaire originaire de la fontaine avait transmis aux acquéreurs la faculté d'user des eaux, de les faire passer et de les conduire dans leurs terreins par les mêmes fossés et canaux dont on se servait pour les arroser, bien entendu que ce serait sans abus ; qu'une telle clause constituait le droit de se servir des eaux, mais ne fixait pas les époques où les intimés pouvaient les prendre, ni le temps pendant lequel ils pourraient les garder ; qu'au surplus, les propriétaires des prés Denis et Ruat,

qui ont aussi le droit de se servir de la fontaine,
étaient étrangers aux contrats de vente consentis par
le propriétaire originaire de la fontaine, et qu'ainsi
ces contrats ne pouvaient, sous aucun rapport, être
opposés à la demande qu'ils faisaient d'un règlement; que le très long-temps qui s'est écoulé sans
demande de règlement ne peut être un obstacle à
l'exercice du droit que les intéressés ont de le pro-
voquer; que c'était un droit facultatif inhérent à leur
qualité de communiers, et conséquemment imprescriptibles; que le point de savoir quel doit être
l'ordre des jouissances entre les intéressés, s'il doit
être uniquement réglé par la possession, si la si
tuation des terreins doit être prise en considération, si, à l'égard des acquéreurs, du propriétaire
originaire de la fontaine, c'est à la date des contrats qu'il faut s'arrêter, peut être un des élémens
du règlement à faire; mais qu'il n'en est pas moins
vrai, d'une part, qu'il n'existe pas de règlement
sur les époques où les intéressés peuvent prendre
les eaux, et sur la durée du temps pendant lequel
ils peuvent les garder, et, de l'autre, *qu'il était
du devoir des juges de faire un règlement qui con-
ciliât l'intérêt de l'agriculture avec le respect dû à
la propriété.*

« D'où il suit qu'en décidant, tant contre les acquéreurs du propriétaire de la fontaine que contre les
propriétaires des prés Denis et Ruat, qu'il n'y avait

lieu de procéder au règlement des eaux, la Cour royale de Nîmes a violé la loi 4 *ff de aquâ quotidianâ et æstivâ*, qui régissait les pays de droit écrit, sous l'empire duquel les droits d'usage avaient été établis, et que la Cour royale a violé aussi l'article 645 du Code civil par ces motifs, casse.

Et s'il est démontré que les tribunaux sont compétens pour statuer sur toutes les difficultés qui s'élèvent relativement aux droits particuliers d'user des eaux, lors même qu'ils ne sont fondés ni sur des titres ni sur la possession, il en doit être de même *à fortiori*, lorsqu'il existe des titres ou une possession.

225. Il s'élève à cet égard une question importante. Des particuliers peuvent-ils faire des conventions en pareille matière?

Pourquoi ne le pourraient ils pas?

Tout ce qui concerne la législation des eaux se compose des principes sur la propriété territoriale et des règles sur le mode de jouissance des choses qui n'appartiennent à personne, et dont l'usage est commun à tous.

L'eau, considérée séparément du lit qu'elle occupe et comme élément destiné à l'usage de tous, n'est, à proprement parler, la propriété de personne; mais ce lit est une véritable propriété privée qui, d'après l'article 552 du Code civil, communiquerait son caractère et sa nature à l'eau qui y coule si elle était susceptible d'occupation exclusive et de propriété réelle; mais elle ne peut être que l'objet d'un usage que la loi accorde d'abord aux riverains, et qui confère à chacun des droits plus ou moins étendus, suivant que le lit des eaux est construit spécialement pour les recevoir; qu'il constitue une propriété ou privée ou commune, et que ces eaux y coulent en vertu d'un droit particulier ou comme simple servitude,

Ainsi, l'article 688 du Code civil, en admettant les servitudes de conduite d'eau, établit suffisamment qu'elles constituent un droit privé indépendant du droit commun; et nous avons vu que d'après la Jurisprudence de la Cour de cassation, il n'était pas permis au riverain d'un aqueduc d'y faire des prises d'eau; ce qui est conforme à ce que nous venons de dire, que c'est la nature du lit qui détermine l'étendue du droit d'usage de l'eau qui y coule; car, les arrêts de la Cour suprême n'ont pas décidé que cette eau était la propriété du maître du canal; mais ils ont jugé qu'il n'était pas permis aux riverains de couper ce canal qui ne leur appartient pas, ni par conséquent d'y faire des prises d'eau. L'eau que contient ce canal est si peu une propriété privée, que les riverains du cours d'eau dont il extrait une partie peuvent obliger celui qui en est le propriétaire de restreindre sa prise d'eau si cela est nécessaire pour l'irrigation de leurs héritages; aussi l'article 645 du

Code civil, tout en reconnaissant que l'on peut acquérir des droits particuliers à l'usage des eaux, n'en
donne pas moins aux tribunaux le pouvoir de les
concilier avec l'intérêt de l'agriculture.

Et puisque la loi accorde aux riverains l'usage des
eaux, ceux-ci peuvent faire, relativement à cet usage,
toutes les conventions qu'ils jugent utiles ; car l'art.
1127 du Code civil dispose que le simple usage d'une
chose peut être l'objet d'un contrat.

Sans doute ces conventions n'auront aucun
effet préjudiciable à l'intérêt public ; elles ne lie-
ront aucunement l'autorité administrative, qui
pourra prescrire des mesures toutes différentes de
celles qu'elles consacrent; mais du moins si elles
ne renferment rien de contraire à l'intérêt général,
elles recevront leur exécution entre les parties qui
les ont souscrites, sans que l'administration puisse
s'y opposer.

Ainsi, rien n'empêche qu'un riverain ne convienne avec d'autres qu'il pourra construire une usine;
qu'il jouira de tel volume d'eau pendant tel temps,
et que ceux-ci ne pourront en établir ni user de
l'eau que de telle ou telle manière. Nous allons plus
loin : nous pensons que les parties peuvent convenir
qu'il sera placé une vanne à tel endroit, qu'elle aura
telle dimension, que les eaux seront tenues à telle
hauteur. Mais ces conventions ne pourraient s'exécu-

ter sans l'autorisation de l'autorité administrative, les tribunaux ne pourraient prescrire les constructions convenues. Leur mission se borne à interpréter les actes, à déterminer les faits, les droits et les obligations qui en résultent. Ils devraient donc renvoyer à l'autorité administrative pour obtenir l'autorisation nécessaire, et afin qu'elle vérifie si les conventions ne contrarient pas l'intérêt général.

C'est ce que le Conseil d'Etat a jugé le 28 juillet 1820, entre M. Ternaux et madame Lemaître.

Deux moulins à farine existaient sur un bras d'eau non navigable de la rivière d'Eure.

En 1740, l'archevêque de Rouen, propriétaire d'un des moulins, acheta l'autre pour le faire démolir, afin qu'il n'existât que le sien qui était banal : le contrat lui impose l'obligation de laisser couler l'eau du moulin qu'il voulait supprimer, dans le même lit, pour la commodité du public.

En exécution de cette clause, le moulin fut supprimé, ainsi que le vannage, et l'eau coula sans obstacle.

Mais M. Ternaux, successeur de l'archevêque, sollicita et obtint du directeur-général des ponts et chaussées, en l'absence des parties intéressées, un arrêté portant qu'il serait placé une vanne à l'endroit où elle existait avant la suppression du moulin, ce qui fut exécuté.

Madame Lemaître, propriétaire d'une usine au-dessus, prétendit que cette vanne faisait refluer l'eau sur sa roue et l'empêchait de tourner; elle se pourvut devant le tribunal de Louviers, pour faire ordonner l'exécution de la convention de 1740, qui obligeait M. Ternaux à laisser couler l'eau dans le même lit; en conséquence, pour faire prononcer, sinon la suppression, du moins la levée de la vanne; sa demande fut accueillie. La justice ordonna la levée de la vanne.

Mais le préfet ayant élevé le conflit, le Conseil d'Etat décida que si en matière de cours d'eau et relativement à une vanne ordonnée par l'administration, l'autorité judiciaire peut statuer sur tout ce qui est droit de propriété et de servitude, elle ne peut pas ordonner que la vanne soit levée, si l'administration a ordonné qu'elle sera fermée, parce qu'une pareille mesure tient au droit de fixer la hauteur des eaux qui n'appartient qu'à l'autorité administrative.

226. Ces principes sont encore confirmés par l'arrêt du Conseil que nous allons rapporter, duquel il résulte que les tribunaux saisis d'une contestation élevée entre deux propriétaires, à l'occasion d'un cours d'eau, doivent se borner à expliquer les actes passés entre les parties et dont elles excipent; mais que de même qu'ils ne peuvent prescrire les mesures qui sont dans les attributions de l'autorité administrative, de même aussi ils ne peuvent en

prendre de contraires à un règlement arrêté par elle sur la demande des parties. Cet arrêt décide encore que le conflit peut être élevé après un arrêt de Cour royale, mais lorsque les délais pour se pourvoir en cassation ne sont pas encore expirés.

Les sieurs Loustalet et Cazala sont chacun propriétaires d'un moulin sur le gave d'Oleron, département des Basses-Pyrénées.

En 1808, une transaction avait mis fin à une contestation relative au terrain sur lequel était bâti le moulin du sieur Cazala.

En 1817, une seconde contestation s'est élevée entr'eux à l'occasion de constructions faites par ce dernier. Elle a été portée devant les tribunaux.

Le 31 août 1820, jugement qui condamne Cazala à démolir les ouvrages qu'il avait fait construire;

Appel; et le 22 novembre suivant, arrêt émané de la cour de Pau qui infirme et ordonne la reconstruction de la digue et du canal de jonction établi en contravention par le sieur Cazala.

Mais, tandis que les sieurs Loustalet et Cazala saisissaient de leurs contestations l'autorité judiciaire, ils se pourvoyaient, par voie administrative, auprès du préfet pour obtenir l'autorisation de conserver leurs moulins. Cette demande, a donné lieu à un projet d'ordonnance sur lequel le comité de l'intérieur a délibéré dans sa séance du 27 décembre 1820.

Mais ayant appris que l'autorité judiciaire avait statué de son côté sur la difficulté, par deux jugemens dont les dispositions étaient contraires à deux arrêtés qu'il avait déjà pris sur cette même affaire les 8 février 1817 et 8 novembre 1819, et qui faisaient l'objet du projet d'ordonnance adopté par le comité de l'intérieur, le préfet a pensé qu'il y avait, dans ce cas, conflit de juridiction et il a élevé ce conflit par un arrêté du 30 décembre 1820.

Les motifs de cet arrêté étaient que, suivant les lois des 22 décembre 1789, 20 août 1790, 6 octobre 1791, l'administration est chargée de rechercher et d'indiquer les moyens de procurer le libre cours des eaux publiques, d'empêcher que les prairies ne soient submergées par la trop grande élévation des ouvrages établis sur les rivières, de les diriger vers un but d'utilité générale d'après les principes de l'irrigation et de fixer la hauteur des eaux, des deversoirs, digues et autres ouvrages de moulins ou usines, à peine d'amende contre les contrevenans ; que de ces dispositions résulte pour l'administration le droit de régler, et pour les juges que la loi a institués celui de réprimer ; que l'administration règle seule, parce que l'art. 5 du Code civil défend expressément aux tribunaux de prononcer par voie de disposition générale et réglementaire et qu'ils ne

peuvent, aux termes de l'art. 645 , que statuer sur
les contestations, en conciliant l'intérêt de l'agriculture avec le respect dû à la propriété et en observant, dans tous les cas , ainsi que le prescrit le
même article, les règlemens particuliers et locaux
sur le cours et l'usage des eaux ; qu'enfin les tribunaux pour les rivières non navigables, et les conseils
de préfecture, pour les rivières navigables ou flottables, répriment seuls les contraventions, parce
que seuls ils ont le pouvoir , par la loi, d'appliquer
les amendes qu'elle prononce contre les contrevenans ; qu'il suit de ces principes que nul ne peut
faire d'entreprise sur un cours d'eau public sans y
avoir été autorisé par l'administration ; que c'est à
elle seule qu'il appartient de permettre l'établissement des moulins et usines avec l'approbation du
gouvernement , de régler les prises d'eau, d'en fixer
la hauteur et de changer la direction des cours
d'eau , dans les formes légales , lorsque l'intérêt
public le réclame ; qu'il s'agit ici de l'autorisation
de deux moulins à farine, établis sur un cours d'eau
public et de la concession et du règlement de la
prise des eaux nécessaires pour mettre ces usines
en mouvement ; qu'il est évident que les droits des
propriétaires à cet égard dépendent de la décision
de l'administration générale ; que les transactions
qui ont eu lieu entre ces propriétaires ne leur en
donnent aucuns par elles-mêmes, et qu'elles se-

raient sans force , si cette décision ne les confirmait
pas ; que cependant c'est d'après elles seules que
l'autorité judiciaire a prononcé sur les contestations
portées devant elles , abstraction faite des attributions de l'autorité administrative ; mais qu'il paraît
que les parties lui ont dissimulé l'existence des deux
arrêtés des 8 février 1817 et 8 novembre 1819 ,
soumis à la sanction royale , puisqu'il n'en est pas
fait mention dans les jugemens intervenus ; qu'il
résulte de là , en premier lieu , que le tribunal
de 1.ere instance d'Oléron a ordonné entr'autres
choses la destruction du mur de barrage , de l'ouverture par laquelle les eaux sortant du moulin de
Loustalet prenaient leur fuite vers la gorge , avant
d'arriver au canal de l'ancien moulin inférieur appartenant au sieur Cazala , barrage que les arrêtés
précités tendent à maintenir pour la conservation
de ce dernier moulin ; que la Cour royale ayant jugé
que l'exécution provisoire prescrite par ce tribunal
était contraire à la loi , il a été de son devoir de
réformer le jugement du tribunal , sous ce rapport ;
mais qu'en déterminant en même temps que les choses
seraient maintenues ou remises dans leur premier
état , elle a ordonné la reconstruction de la digue
et du canal de jonction établis en contravention
par le sieur Cazala et condamnés par ces mêmes
arrêtés ; que la Cour royale en se réservant de statuer sur le fond a semblé annoncer qu'elle se croyait

compétente pour permettre ou défendre définitivement les ouvrages dont il s'agit et qu'il arriverait que
si elle autorisait, par l'arrêt définitif, l'existence
de la digue et du canal de jonction construits par
Cazala , son arrêt serait en contradiction avec
les arrêtés sus-relatés qui en prescrivent la destruction, et qu'il pourrait l'être ultérieurement avec
l'ordonnance royale à intervenir, si, comme il était
probable, elle était conforme à ces arrêtés.

M. le garde des sceaux a exprimé que le conflit
lui paraissait fondé sur les lois existantes qui ont
toujours chargé l'administration de faire les règlemens sur le cours et le nivellement des rivières :
« Les deux moulins dont il s'agit ont été construits
sans son autorisation ; elle a fait un travail pour en
autoriser le maintien ; l'autorité judiciaire ne pouvait pas prononcer sur une difficulté qui est sur le
point d'être réglée administrativement, et qui est
en effet du ressort de l'autorité administrative. »

Cette opinion a été embrassée par le Conseil
d'Etat, ainsi qu'il résulte de sa décision du 20 juin
1821 :

» Louis, sur le rapport du comité du Contentieux ;

Vu le rapport à nous présenté, le 26 février 1821 ,
par notre garde des sceaux , sur un conflit élevé
par deux arrêtés du préfet du département des
Basses-Pyrénées , à l'occasion d'un jugement du
tribunal d'Oléron et d'un arrêté de notre cour

16

royale de Pau , intervenu sur une contestation existante entre les sieurs Loustalet et Cazala , relativement à des constructions faites par eux pour
l'activité de leurs moulins respectifs , sur le gave
d'Oléron , etc.

» Vu les lois des 22 décembre 1789, 24 août 1790
et 6 octobre 1791 ;

» Considérant 1.° que les arrêtés du préfet du
département des Basses-Pyrénées, en date des 8
février et 8 novembre 1819, avaient déterminé les
conditions imposées aux sieurs Loustalet et Cazala ,
pour régulariser la possession de leurs moulins respectifs , construits sans autorisation ; considérant
2.° que le jugement du tribunal d'Oléron et l'arrêt
de notre cour royale de Pau , intervenus dans cette
affaire , ne se sont pas bornés à expliquer l'acte de
transaction passé entre les parties , mais contiennent
des dispositions contraires au règlement arrêté par
le préfet , sur la demande des parties ; considérant
que le 11 janvier 1821 , époque où le préfet a rendu
son second arrêté , les délais pour se pourvoir en
cassation contre l'arrêt de la cour royale n'étant pas
expirés, le conflit a pu être valablement élevé, et que
c'est à tort que le préfet a prétendu en limiter l'effet
aux jugemens à intervenir ;

» Notre Conseil d'Etat entendu , nous avons ordonné et ordonnons ce qui suit :

» Art. 1.er L'arrêté de conflit pris par le préfet du

département des Basses-Pyrénées, le 20 décembre
1820, est confirmé...... Art. 2. Le jugement du tribunal d'Oléron, en date du 31 août 1820, et l'arrêt
de la cour royale de Pau du 22 novembre suivant
sont considérés comme non avenus. »

(Voyez le recueil des arrêts du Conseil, par
M. Macarel, tome 2 de 1821, pag. 92 et suivantes.)

227. Par suite de ces principes, c'est devant l'autorité administrative que doit être portée la demande
formée par un propriétaire de moulin contre un
autre propriétaire de moulin pour contraindre celui-
ci à détruire les écluses et autres ouvrages qu'il a
faits sur une rivière non navigable ni flottable, afin
d'amasser dans le biez de son moulin les eaux suffi-
santes pour faire jouer son usine. Il y a un arrêt du
Conseil du 2 février 1808 qui le décide ainsi ; il est
fondé sur ce que, dans l'espèce dont il s'agissait,
la contestation était élevée entre des propriétaires
de moulins ; que les ouvrages dont la destruction
était demandée avaient pour objet de se procurer
et de conserver la hauteur d'eau que celui qui les
avait exécutés, prétendait être nécessaire pour le
service de son moulin ; que la surveillance continuelle de l'administration relativement à la hauteur
des eaux est indispensable à cause des dommages
que les eaux pourraient causer aux chemins et aux
propriétés voisines par la trop grande élévation du
déversoir ou par toute autre construction non con—

forme à l'art, et à cause des inconvéniens graves qui pourraient en résulter sous le rapport des approvisionnemens. »

On remarque que si la compétence de l'administration fut reconnue dans l'espèce précédente, quoiqu'il s'agit d'une contestation d'intérêt privé, c'est uniquement parce qu'il était question de fixer la hauteur des eaux ; à la vérité, il n'existait aucune convention dont il s'agit d'ordonner l'exécution ; mais il en aurait été de même , s'il avait existé une pareille convention. Seulement l'administration eut préalablement renvoyé devant les tribunaux pour son interprétation , si les parties n'avaient pas été d'accord à cet égard.

Concluons donc de tout ce que nous avons dit que les objets d'un intérêt général , que ceux qui tiennent à la fixation de la hauteur des eaux sont du ressort de l'autorité administrative ; mais que les questions d'intérêt purement privé, celles qui tiennent à la propriété, l'interprétation des actes, l'appréciation des faits et de la possession appartiennent exclusivement aux tribunaux.

228. Ainsi il ne peut être construit aucune usine ou autre établissement sur les rivières non navigables ni flottables ou autres cours d'eau , sans l'autorisation de l'autorité administrative.

Les doutes que quelques jurisconsultes ont élevés sur la nécessité de cette autorisation ne sont pas fondés. La jurisprudence du Conseil d'Etat qui est bien fixée à cet égard, le prouve de la manière la plus péremptoire.

Nous citerons d'abord une décision du 11 novembre 1811, rendue dans l'affaire d'un sieur Loison qui avait construit un moulin sur un ruisseau traversant ses propriétés et alimenté par une prise d'eau faite dans la rivière du Thérain qui n'est pas navigable. La décision porte : Attendu les contraventions commises à diverses reprises par le sieur Loison , tant en altérant les prises d'eau , qu'en faisant construire son usine sans autorisation légale , ledit sieur Loison est renvoyé par-devant le procureur général près la cour royale d'Amiens , pour être poursuivi conformément aux lois et règlemens.

Une autre décision du 14 mai 1817 , n.° 2770 , juge qu'il appartient exclusivement à l'autorité administrative d'autoriser l'établissement des moulins et usines , même sur des cours d'eau qui ne sont ni navigables ni flottables, et de régler l'emploi des eaux nécessaires au mouvement desdits moulins et usines.

Un autre arrêté plus récent, puisqu'il est du 30 mai 1821 , contient la même décision. On y lit le motif suivant : Considérant que l'établissement des moulins et usines même sur les cours d'eau qui ne sont ni navigables ni flottables ne peut être autorisé que par S. M. sur le rapport du ministre de l'intérieur et d'après l'avis du préfet.

(Voyez le recueil des arrêts du Conseil par M. Macarel, an 1821, page 595. Ce recueil très-utile par la matière qu'il embrasse le devient encore davantage par le talent avec lequel il est rédigé. Nous ne saurions trop le recommander à tous ceux qui s'occupent de matière administrative. Nous irons plus loin ; nous pensons qu'il peut fournir des renseignemens précieux aux personnes attachées aux tribunaux.)

Sans doute, on ne peut rien citer de plus fort que ces décisions, aussi nous avons commencé par les rapporter ; elles pourraient suffire à établir le principe posé en tête de ce numéro. Néanmoins pour ne rien laisser à désirer sur une question si importante, nous ajouterons quelques observations ; nous commencerons par citer l'opinion de M. Merlin. Il s'exprime ainsi : (Repert. v.° Moulin , § 7 , art. 4 : « Il semblerait, au premier aspect, résulter de là que du moins le propriétaire d'un terrein contigu à une rivière non navigable ni flottable n'a pas besoin de la permission du Gouvernement pour y bâtir un moulin à eau.

» Mais, dans l'usage, cette permission est regardée comme nécessaire ; et cet usage paraît avoir sa source dans le droit que l'art. 16 du titre 2 de la loi du 6 octobre 1791 attribue aux administrations départementales, de fixer la hauteur à laquelle les propriétaires de moulins doivent tenir les eaux.

» Cet usage n'est pas restreint à l'ancien territoire français. Un décret du 7 messidor an 12 porte : Art. 2, que personne ne pourra à l'avenir établir ou réparer sur aucune rivière du ci-devant Piémont ni moulin, ni barrage pour en faciliter le roulement, sans l'intervention des ingénieurs et sans avoir rempli toutes les formalités ordonnées par l'arrêté du directoire exécutif du 19 ventose an 6, ainsi que de celles énoncées dans l'instruction du ministre de l'intérieur du 19 thermidor même année, lesquels seront publiés dans les départemens de la 27e division militaire. »

Et ailleurs, au mot Rivière, M. Merlin ajoute : (§. 2, n.° 2.)

» Au reste, les propriétaires riverains ne peuvent, sans la permission du Gouvernement, construire sur ces rivières (non navigables) aucun moulin, aucune usine, aucune espèce d'ouvrage qui en gêne le cours; et il n'appartient en conséquence qu'à l'autorité administrative de connaître des contestations qui s'élèvent à ce sujet. »

Aux raisons que donne ce jurisconsulte pour démontrer la nécessité de l'autorisation on pourrait ajouter, je crois, 1.° que le droit de se servir des eaux courantes est réglé par des lois particulières. (Art. 714 Code civil.)

2.° Que la loi en forme d'instruction des 12, 20 août 1790, chargeant les administrations de rechercher et indiquer les moyens de procurer le libre cours des eaux et de diriger toutes celles de leur territoire vers un but d'utilité générale, il faut bien qu'elles soient appelées à vérifier si l'établissement projeté ne nuira pas au cours des eaux et à l'intérêt général et à prescrire les ouvrages nécessaires pour y parvenir.

La construction d'une usine ne peut donc être faite qu'avec l'autorisation du Gouvernement, qui fixe l'emplacement du moulin, la dimension du vanage, la hauteur des eaux;

Et comme aucune loi n'a réglé les formes à suivre pour obtenir l'autorisation de construire une usine sur une rivière ou tout autre cours d'eau non navigable ni flottable, il est tout naturel d'observer la marche tracée pour les rivières navigables et flottables, par la loi du 19 ventôse an 6, et l'instruction du 19 thermidor même année; car la nécessité de l'autorisation et l'administration à laquelle on doit la demande étant les mêmes, les formes pour l'obtenir doivent aussi être semblables.

229. Les riverains sont admis à s'opposer au nouvel établissement,

Ou ils prétendent que le nouvel établissement nuirait au leur.

Ou ils soutiennent avoir des titres ou une possession qui leur attribuent la propriété exclusive du cours d'eau.

Dans le premier cas, c'est à l'autorité administrative qu'il appartient de connaître et de juger de l'opposition, parce qu'il s'agit uniquement de fixer la hauteur des eaux;

Dans le second, c'est aux tribunaux à prononcer préalablement sur la question de propriété ou d'usage des eaux, sur l'interprétation des actes, sur l'appréciation de la possession. Au surplus, l'autorisation de construire un moulin avec détermination de la prise d'eau, accordée à un particulier, ne dispose que par voie d'action administrative et pour les intérêts de la voirie. Les droits de propriété restent intacts en ce sens que les propriétaires riverains ont toute faculté d'élever devant les tribunaux une question de propriété sur la quantité d'eau à prendre et les époques de la prise.

Ainsi jugé par arrêt du Conseil du 30 août 1814, (Sirey, jurisprudence du Conseil, T. 1. page 2.) Fondé sur le motif suivant; attendu que le ruisseau de Nouzon sur lequel le sieur Malfait a demandé à établir un moulin, n'est ni navigable ni flottable, et que l'autorisation accordée audit sieur Malfait par les arrêts et la décision attaqués, n'a pu préjudicier aux droits d'usage et de propriété des requérans.

230. Si les tribunaux ne peuvent faire exécuter, sans le concours et l'approbation de l'autorité administrative, les conventions relatives à la construction d'établissemens sur les cours d'eau, ils ont ce pou-

voir relativement à l'exécution des réglemens administratifs qui autorisent ces établissemens. La raison
de la différence est sensible : dans ce dernier cas, ils
ne fixent point la hauteur des eaux ; elle a été préalablement réglée par l'administration ; ils se bornent
à s'y conformer, à la faire observer. Lorsqu'un règle-
men est fait, les droits et les obligations de chaque
riverain sont fixés ; ce règlement devient pour chacun d'eux un titre privé de propriété. Celui d'entr'eux
qui l'enfreint est passible de l'action en dommages-
intérêts de la part du particulier qui en éprouve du
préjudice.

231. Nous allons même jusqu'à penser que si le porteur d'une autorisation faisait des travaux contraires à
ceux qu'elle prescrit, un tribunal serait compétent,
sur la demande de la partie lésée, pour en ordonner
la destruction et la construction de ceux prescrits.

Nous nous fondons à cet égard sur l'art. 645 du
Code civil, qui en donnant aux tribunaux le pouvoir
de statuer sur les difficultés d'intérêt privé qui s'élèvent au sujet des eaux, veut qu'ils appliquent *dans
tous les cas* les règlemens particuliers et locaux.
C'est d'ailleurs ce qui résulte d'un arrêt du Conseil
du 20 juin 1816, rapporté par Sirey, dans sa jurisprudence du Conseil, T. 3 page 319, qui décide que
lorsqu'un particulier se plaint dans son intérêt privé
que le sur-haussement du déversoir d'un moulin
occasionne l'inondation de ses prairies, cette contes-

tation de droits privés ne regarde pas la justice administrative, et qu'elle doit être soumise aux tribunaux.

232. Toutefois, s'il y avait doute sur le sens de l'autorisation, le tribunal ne pourrait se permettre de l'interpréter et devrait renvoyer les parties devant l'autorité administrative. Nous entendons parler d'un doute réel; car si l'une des parties contestait sans fondement la clarté de l'autorisation, et qu'il fût évident que ce n'est de sa part qu'un moyen de chicane imaginé pour retarder sa condamnation, la la justice ne devrait pas y avoir égard.

Remarquons néanmoins que de ce qu'un acte de l'autorité administrative aurait permis des constructions sur un cours d'eau pour l'établissement d'un moulin, il ne s'ensuit pas que cette autorité soit empêchée de revenir sur son arrêté, en ordonnant la destruction de ces travaux lorsqu'elle les reconnaît nuisibles à l'écoulement des eaux.

Arrêt du Conseil du 18 septembre 1807, (T. 1, page 127.)

233. Ce que nous avons dit, que lorsque le règlement est fait par l'administration, il appartient à l'autorité judiciare de le faire exécuter et de punir les infractions qui préjudicient aux intérêts privés, s'applique non-seulement aux autorisations de construire des moulins ou tous autres établissemens, mais encore aux règlements qui contiennent la fixation du mode d'user des eaux entre les propriétaires d'anciens

établissemens ou entre les propriétaires d'héritages qui doivent jouir des avantages de l'irrigation. C'est ce qui a été décidé par l'arrêt suivant:

Un préfet avait fait contradictoirement avec les propriétaires riverains le règlement des eaux d'une riviére non navigable ni flottable; un de ces propriétaires demanda qu'il y fût fait des changemens dans son seul intérêt; mais le Conseil d'Etat par arrêt du 3o mai 1821, rapporté au recueil de M. Macarel, tôme 1.er page 6o2, a décidé que le ministre de l'intérieur n'est pas compétent pour faire ces changemens dans un intérêt purement privé; que les contestations qui peuvent s'élever à cet égard, sur l'application des règlemens existants et sur l'usage des eaux, sont du ressort des tribunaux

Cette jurisprudence est encore confirmée par l'arrêt rendu par le Conseil d'Etat dans l'espèce suivante:

Un arrêté du préfet du Calvados, du 25 novembre 18o7, a fixé la largeur de la rivière de Calonne, sur le plan de son cours, dressé par l'ingénieur en chef et autorisé les riverains à faire les redréssemens indiqués sur ledit plan.

Le sieur Descoqs, propriétaire d'un herbage sur la rive gauche de la rivière de Calonne, a fait des travaux sur son cours, dans les limites fixées par l'arrêté du 25 novembre 18o7.

Le sieur Mouton et le sieur May, tous deux propriétaires, l'un d'un herbage, l'autre d'un moulin situé sur l'autre bord, vis-à-vis de l'herbage du sieur Descoqs, se sont plaint des travaux faits par celui-ci.

Le sieur Mouton s'est pourvu devant l'autorité administrative, et a demandé que le sieur Descoqs fût tenu de suspendre ses travaux jusqu'à la notificacation de l'alignement, et d'enlever un arbre qui obstruait le cours de la rivière.

Le préfet du Calvados a déclaré qu'il n'y avait lieu à délibérer, sauf au sieur Mouton à se pourvoir devant l'autorité compétente, contre l'arrêté du 26 novembre 1807.

Le sieur May, au contraire, s'est pourvu devant l'autorité civile; il a dénoncé au juge de paix de Blangy les travaux faits, par le sieur Descoqs, dans les limites de l'arrêté précité, comme entreprise illicite et voie de fait. Le sieur Mouton, repoussé par l'autorité administrative, a suivi la même marche.

Dans les deux instances, le juge de paix a ordonné une descente sur les lieux; et, conformément au procès-verbal qui en a été dressé, il a condamné le sieur Descoqs à reculer ses travaux.

Le sieur Descoqs a interjeté appel de ces jugemens devant le tribunal de première instance, et s'est pourvu en même temps auprès du préfet, qui a élevé le conseil par arrêté du 5 juin 1821.

Les motifs de cet arrêté étaient, que les fonctions

judiciaires sont distinctes et séparées des fonctions administratives ; — qu'un tribunal ne peut annuler ni modifier un acte administratif ; — que les rivières non navigables ni flottables et les petites rivières sont considérées comme propriétés publiques , dont l'usage est subordonné à l'intérêt général ; que leur administration appartient au Gouvernement et à ses délégués dans l'ordre administratif ; — qu'en conséquence il entre dans leur attribution, comme il est de leur droit et de leur devoir de prendre les mesures nécessaires pour prévenir les dégradations qui pourraient s'y commettre, pour en maintenir la largeur, pour l'augmenter ou en changer la direction , si l'intérêt public l'exige ; pour modèrer ou accélérer , suivant les circonstances , la rapidité des eaux ; pour déterminer à cet égard tous les travaux d'art nécessaires , en suivre et en vérifier l'exécution que l'arrêté du 25 novembre 1807 n'avait pour objet que de fixer et de maintenir la largeur et l'alignement de la rivière de Calonne dans sa partie comprise entre le pont Enault et l'extrémité de l'herbage du Camp du Pont ; que cet arrêté était dans les attributions de l'autorité administrative en et qu'il ne préjugeait, en aucune manière les questions de propriété et de possession ; que celui du 28 janvier 1820 était fondé sur le principe que les préfets ne peuvent rapporter ni modifier les arrêtés de leurs prédécesseurs ; que si ces arrêtés portaient préjudice aux parties intéressées, elles devaient se pourvoir devant le ministre secrétaire d'Etat de l'intérieur; que si les travaux exécutés par le sieur Descoqs ne l'avaient pas été dans les limites et suivant les formes déterminées par l'arrêté du 25 novembre 1807, les sieurs May et Mouton devaient se pourvoir devant le préfet, parce que c'était à l'autorité administrative et non à l'autorité judiciaire à décider si un acte émané de la première avait reçu son exécution, dans le cas et selon le mode qu'elle avait déterminé par cet acte lui-même; qu'enfin en s'attribuant la connaissance de la bonne ou mauvaise exécution des travaux, le juge de paix de Blangy avait outrepassé les limites de ses attributions.

Dans son rapport au roi, du 27 septembre 1821, S. Exc. le ministre de la justice a exprimé que le conflit lui paraissait fondé. «Il s'agissait, a dit S. Exc. de l'exécution d'un acte de l'autorité administrative relatif au cours d'une rivière qui n'est ni navigable ni flottable. Si cet acte était susceptible de modification ou de changement, c'était à cette autorité même que les parties devaient s'adresser pour les obtenir. Si elles se croyaient fondées à en demander l'anullation, c'était auprès de l'autorité supérieure qu'elles devaient se pourvoir; et dans l'un ni dans l'autre cas, l'autorité judiciaire n'était compétente pour connaître de leurs réclamations. »

Le Conseil d'Etat n'a pas adopté l'opinion du ministre. Voici les termes de l'ordonnance royale rendue dans cette affaire :

Vu le rapport à nous présenté par notre garde-des-Sceaux, enregistré au sécrétariat général de notre Conseil d'Etat, le 27 septembre 1821, concernant un arrêté de conflit pris par le préfet du département du Calvados le 5 juin précédent, dans deux contestations pendantes l'une entre le sieur Mouton propriétaire en la commune de Sainte-Mélanie, et le sieur Descoqs, propriétaire en la commune de Surville ; et l'autre, entre le sieur May, propriétaire du moulin situé sur la ivière de Calonne et ledit sieur Descoqs etc.

Vu les lois et règlements sur la matiére ;

Considérant qu'il s'agit, dans l'espèce de contestations d'intérêt privé, entre des particuliers, sur l'application d'un règlement administratif relatif au cours d'une rivière non navigable ni flottable ; que ce règlement n'est pas attaqué et que le juge de paix du canton de Blangy a déclaré le prendre pour base de ses jugemens ci-dessus visés ; qu'ainsi, aux termes de l'art. 645 du Code civil et du décret du 12 avril 1812, inséré au bulletin des lois, lesdites contestations sont du ressort des tribunaux ordinaires ;

Notre Conseil d'Etat entendu, nous avons ordonné et ordonnons ce qui suit :

L'arrêté de conflit pris par le préfet du département du Calvados, le 28 janvier 1820 est annullé ;

les parties sont renvoyées devant les tribunaux ordinaires. (Ordonnance royale du 20 février 1822, Macarel, T. 3, 1822, page 140.)

254. De ce que les tribunaux sont seuls compétens pour statuer sur les questions de propriété privée sur l'interprétation des actes, il résulte que c'est à eux et non à l'autorité administrative qu'appartient la connaissance d'une demande qui tend à obliger le propriétaire d'un moulin à eau de le démolir, et qui est fondée sur un titre par lequel la démolition de ce moulin avait été convenue avec défense de le rétablir, c'est ce qu'a jugé la cour de cassation par arrêt du 6 thermidor an 13. Cet arrêt juge aussi que l'abolition du régime féodal n'a porté aucune atteinte à la clause d'une transaction antérieurement passée entre deux seigneurs hauts-justiciers, par laquelle l'un deux s'était obligé de démolir un moulin qu'il avait élevé sur une rivière dont les rives étaient sous sa haute justice, et s'était interdit la faculté de le rétablir.

En voici l'espèce :

L'ordre de Saint-Lazare était avant sa suppression et sous le régime féodal, propriétaire et seigneur haut-justicier de la terre de Boigny ; le sieur Legrand de Melleray avait la propriété et la haute justice de la terre de Bretanche ; le sieur Papillon était seigneur censier de plusieurs héritages contigus ou enclavés dans l'une et dans l'autre.

Ces trois seigneuries étaient traversées par un cours d'eau formé en partie par les eaux qui viennent des communes de Chilteurs, Lourg et Vennecy, en partie par la décharge des étangs de Bussy et de Goumier, et en partie par la fontaine dite de Saint-Pierre qui prend sa source dans un pré ci-devant dépendant de l'abbaye de Saint-Loup, commune de Boigny.

Ces eaux réunies sous le nom de ruisseau des Esses coulaient de temps immémorial et d'après la pente du terrein, dans la partie la plus basse de la prairie de Boigny à la sortie de laquelle, et au-dessous du pont de Boigny, elles prenaient le nom de rivière de Bionne qui se jette dans la Loire au-dessous de Combleuse.

L'ordre de Saint-Lazare crut pouvoir changer la direction de ce ruisseau, lui creuser un nouveau lit depuis la fontaine Saint-Pierre jusqu'au pont de Boigny dans l'espace d'un kilomètre et demi, et le faire ainsi passer le long du parc et des jardins de la maison seigneuriale.

Peu de temps après, il fit construire sur ce même ruisseau, près de la maison seigneuriale et dans un endroit où les deux rives lui appartenaient, un moulin qui, dans les sécheresses de l'été ne pouvant tourner que trois ou quatre heures par jour, retenait les eaux pendant vingt à vingt-deux heures de suite, et mettait pendant tout ce temps le lit inférieur à sec.

En 1779, l'ordre réclama l'ancien lit du ruisseau dont les propriétaires riverains avaient joui jusqu'alors. Les sieurs Legrand de Melleray et Papillon qui étaient au nombre de ces propriétaires, et qui avaient en outre la seigneurie directe sur la plus grande partie des deux côtés de cet ancien lit, s'opposèrent à sa prétention. De là procès au grand Conseil où l'ordre avait ses causes commises. Les sieurs Legrand et Papillon y demandaient que le ruisseau fût rétabli dans son ancien lit.

Ce procès fut terminé par une transaction du 18 mai 1786, homologué au grand Conseil : Voici à quelles conditions. Art. 2 : s'obligent mesdits sieurs grands officiers pour ledit ordre, de supprimer, dans le délai d'un mois à compter de ce jour, le moulin de Boigny et d'en faire enlever toutes les pelles, roues, meules tournans et virans, et sous la charge qu'ils ne pourront, en aucun cas, le rétablir. Le sieur de Melleray consent sous les conditions ci-dessus et ci-après de se désister comme il se désiste par ces présentes, de toutes demandes et prétentions tendant à faire rétablir le cours d'eau des Esses dans l'ancien lit qu'il occupait autrefois ; consent que l'ordre fasse construire à ses frais, à l'extrêmité de l'avenue dudit moulin, un mur de la hauteur de vingt pouces seulement au-dessus du niveau actuel du fond solide de la rivière pour y conserver toujours pareille hauteur de vingt pouces d'eau. La grille étant actuellement au fond de la Vanne sera supprimée ; et il pourra en être substitué une autre soit de six pouces aud-essus du mur , soit de vingt-six poucés au fond de ladite Vanne, à compter des derniers vingt-six pouces du niveau du fond solide actuel , pris à l'entrée de ladite Vanne. Les barreaux de la grille ne pourront avoir moins de dix-huit lignes de distance entr'eux, etc.

Conformément à cette transaction , l'ordre de Saint-Lazarre fit détruire le moulin ; mais il en laissa subsister les fondations ainsi que la maison qui y avait été adossée pour l'habitation du meunier.

Le 11 mars 1793, l'administration du district d'Or-léans adjugea au sieur Delespine 1.° la maison dite la commanderie de Boigny , le parc , les jardins, les bâtimens qui servaient précédemment de cha-pelle , le tout entouré par des fossés , la rivière et une partie du mur ; 2.° la ferme, la basse-cour, les bâtimens et les terres qui en dépendent ; 3.° la maison du moulin ; et il fut stipulé par les clauses de l'adjudication que l'acquéreur prendrait le do-maine de la commanderie dans l'état où il se trou-vait , avec toutes les servitudes actives et passives dont il pouvait être légitimement tenu sans pouvoir par lui prétendre aucune diminution, exercer au-cune garantie ni recours , sous quelque prétexte que ce pût être.

Le sieur Delespine, devenu propriétaire de ce domaine, fit reconstruire le moulin sur ses anciennes
fondations.

Par suite de vente et revente, ce domaine passa
entre les mains de la dame Morin.

Le sieur Legrand de Melleray fit assigner la dame
Morin au tribunal de première instance d'Orléans,
pour voir dire qu'elle serait tenue, conformément
à la transaction du 18 mai 1786, de démolir le
moulin.

Jugement qui, attendu qu'il s'agit de l'exécution
d'une transaction qui restreindrait l'effet du droit
de propriété, résultant d'une adjudication de domaines nationaux, puisque sans cette transaction,
et par la force du droit de son adjudication, l'adjudicataire aurait incontestablement le droit de faire
construire un moulin dans la portion de rivière qui
lui a été concédée, renvoye le demandeur à se
pourvoir devant le Préfet du département du
Loiret.

Le sieur le Grand appelle de ce jugement.

Arrêt qui infirme le jugement du tribunal de
première instance, en ce qu'il s'est déclaré imcom-
pétent ; faisant droit au principal, ordonne que
la transaction du 18 mai 1786, sera exécutée, et
qu'en conséquence le moulin sera démoli.

Pourvoi en cassation. Trois moyens sont pré-
sentés : 1°. Contravention à l'article 4 de la loi

du 28 pluviôse an 8 , et à l'article premier de l'arrêté du gouvernement , du 13 brumaire an 10 , relatif aux conflits d'attributions ; 2° violation de l'article 16 du titre 2 de la loi du 6 octobre 1791 , sur la police rurale ; 3°. Contravention aux lois qui ont aboli les justices seigneuriales et leurs effets.

Voici en substance ce que disait M. Merlin sur les deux premiers moyens.

« Cela serait parfaitement exact , si le sieur Legrand eût ou attaqué la vente faite au sieur Delespine , le 11 mars 1793 , par l'administration du district d'Orléans , ou prétendu faire interpréter les clauses de cette vente dans un sens favorable à sa demande en démolition du moulin reconstruit par l'acquéreur direct de la nation. Car il est bien constant , et c'est une vérité justifiée tant par l'arrêté du directoire exécutif du 2 nivôse an 6, que par celui du gouvernement consulaire du 5 fructidor an 9, qu'il n'appartient qu'à l'autorité administrative, soit d'annuler , soit d'interpréter les adjudications de domaines nationaux.

» Mais, le sieur Legrand ne demandait au tribunal de première instance ni l'annulation, ni l'interprétation de la vente dont il s'agit; il ne demandait que l'exécution de la transaction du 18 mai 1786; le sieur Legrand était donc bien fondé dans l'appel qu'il avait interjeté du jugement de ce tribunal; ce jugement a donc dû être , comme

il l'a été , réformé par la cour d'appel , et il est fort
indifférent qu'aux termes de l'article 16 du titre
2 de la loi , du 28 septembre 1791 , l'autorité
administrative soit seule compétente pour fixer la
hauteur des eaux, qui font tourner les moulins et
les autres usines.

« Cet article , que le demandeur cite comme fondement de son deuxième moyen de cassation , ne s'applique sous aucun rapport à l'espèce actuelle. Son
seul objet est de régler la police des eaux , pour
les cas où il n'existe point de titres particuliers qui
en déterminent l'usage entre telles et telles personnes. Il est absolument étranger aux contestations élevées entre de simples citoyens , et ont leur
source dans des titres spéciaux. »

« Sur le troisième moyen, M. Merlin démontre que
ce n'est pas comme seigneur haut-justicier , que
le sieur Legrand a stipulé dans la transaction du
18 mai 1786 , mais comme simple propriétaire fon-
cier et riverain ; puis il ajoute » : Inutile d'objecter
que le motif de cet article a disparu avec sa haute
justice. Il en est des motifs des contrats comme
des motifs des lois , une loi n'est pas abrogée par
cela seul , que le motif exprimé dans son texte est
devenu sans objet. Elle conserve sa vigueur , tant
que pour la faire maintenir , on peut alléguer un
autre motif dont son texte ne parle pas , mais que
la raison avoue, et de même , le sieur Legrand

ayant aujourd'hui comme propriétaire riverain , le même intérêt qu'il avait en 1786 , comme seigneur haut-justicier , d'empêcher la retenue du poisson dans la partie supérieure de la rivière de Bionne , il est évident qu'il peut aujourd'hui exercer en la première qualité le droit de l'empêcher en effet , qu'il n'a stipulé qu'en la seconde , dans la transaction de 1786. Pour qu'il fût aujourd'hui privé de ce droit , il faudrait que ce droit eût été féodal dans son principe ; et bien certainement , il n'y avait , il ne pouvoit même y avoir en 1786 rien de féodal dans ce droit , puisque par la transaction de 1786 le sieur Legrand n'est devenu ni le seigneur direct , ni le seigneur justicier de l'ordre de Saint-Lazare.

Sur ces conclusions , il intervint un arrêt ainsi motivé : « attendu qu'il ne s'agissait ni d'interpréter ni d'expliquer l'acte d'adjudication du domaine de Boigny ; qu'en conséquence le conseil de préfecture avait décidé que la question n'était pas administrative ; enfin qu'il n'existe pas de conflit ; que l'article 12 du titre 2 de la loi du 28 septembre 1791 ; ne soumet à l'autorité administrative , que la police des eaux ; que dans l'espèce il ne s'agit pas d'un simple fait de police , mais d'un droit de propriété réglé par une transaction , que les parties avaient défendu au fond devant le tribunal de première instance ; attendu que dans la transaction de 1786 ,

Legrand quoique qualifié seigneur, ne stipule néan-moins que comme propriétaire; par ces motifs, la cour rejette le pourvoi. »

235. Lorsque , dans une contestation entre les acquéreurs d'un canal et des actionnaires du même canal au sujet d'une prise d'eau , il s'élève une question de propriété, fondée sur des contrats et jugemens , la décision en appartient aux tribunaux ; les conseils de préfecture doivent y renvoyer les parties.

C'est ce qu'a décidé un arrêt du conseil du 20 juin 1821 , (Macarel , tome 2,1821, page 105.)

En 1772 , les Etats de provence arrêtèrent qu'il serait ouvert un canal pour conduire les eaux de la Durance jusqu'à Tarascon.

La construction du canal achevée, il fut fait plusieurs concessions, entr'autres celle en faveur d'une association composée de 5 membres , qui depuis a pris le nom *de Congrès des acquéreurs des Alpines.*

Les termes de la concession étaient que les Etats conduiraient l'eau dans un bassin, et que de ce bassin les eaux seraient ensuite dérivées dans un autre, qui serait établi au point appelé le Merle , par un canal construit aux frais des concessionnaires , c'était dans ce dernier bassin que devait se faire la répartition des eaux appartenant à chaque intéressé.

Le canal qui y conduisait a pris le nom de canal

du Merle ; il est devenu la propriété du congrès des acquéreurs des Alpines.

Les sieurs Audran et de Suriau, actionnaires faisant partie de ce congrès, ont demandé au préfet des Bouches-du-Rhône, l'autorisation de prendre dans le canal du Merle directement, les eaux dont ils avaient besoin pour l'arrosement de leurs possessions.

La pétition des sieurs Audran et de Suriau fut communiquée au syndic du congrès, qui se borna à récuser l'autorité administrative, et à revendiquer la juridiction ordinaire.

Le 16 janvier 1818, le conseil de préfecture a débouté le syndic du congrès de son déclinatoire, et lui a ordonné de défendre au fond.

C'est contre cette décision, que le congrès des acquéreurs s'est pourvu devant le conseil d'Etat. Ils ont soutenu qu'ils étaient propriétaires des eaux et du canal de Merle ; que le titre fondamental ayant assigné le bassin du Merle pour point de départ aux canaux de répartition, indistinctement, les membres du congrès n'avaient le droit d'en jouir, chacun en particulier, que conformément à ce titre ; que pour pouvoir statuer sur un pareil débat, il fallait nécessairement commencer par s'assurer si le congrès était ou non propriétaire du canal du Merle ; que cette question sortait évidemment des attributions du conseil de préfecture, et rentrait dans celle du pouvoir judiciaire ; qu'en ordonnant de défendre au fond , le conseil de préfecture des Bouches-du-Rhône s'était attribué la connaissance d'une question que la loi ne lui accorde pas , et avait ainsi commis un excès de pouvoir.

Les sieurs Audran et de Suriau ont répondu que la loi du 14 floréal an 11 attribue à l'autorité administrative la connaissance exclusive de tout ce qui a rapport aux canaux et rivières non navigables , à l'entretien des ouvrages d'art qui y correspondent ; qu'ils demandaient à faire une tranchée sur les bords du canal de Boisgelin , pour se procurer les eaux nécessaires à l'arrosement de leurs prairies , eaux qu'ils avaient précédemment achetées ; que cette demande était bien sans doute relative à un ouvrage d'art ; qu'ainsi sous ce rapport elle était administrative ; que les entreprises sur les chemins vicinaux étant du ressort de l'autorité administrative , d'après la loi du 9 ventose an 13 , les entreprises sur les canaux se trouvaient dans les attributions des conseils de préfecture ; qu'ainsi les conseils de préfecture devaient connaître exclusivement de la difficulté présente , qui n'avait pour objet que de détourner une partie des eaux du canal de Boisgelin ; que du reste, ce canal était une propriété publique , et que , sous ce rapport , l'autorité administrative était seule compétente pour connaître du litige.

Les membres du congrès ont répliqué qu'il ne fallait pas confondre le canal du Boisgelin, reconnu domanial, avec le canal du Merle, qu'ils soutenaient être leur propriété privée ; que c'était dans ce dernier canal et non dans celui de Boisgelin, que les sieurs Audran et de Suriau voulaient faire leur prise d'eau, et qu'ainsi il était de toute nécessité de renvoyer les parties devant les juges ordinaires, pour faire statuer préjudiciellement sur la question de propriété.

Sur ce, est intervenu l'ordonnance suivante.

« Louis etc., sur le rapport du comité contentieux.

» Vu la requête à nous présentée, au nom des membres composant le congrès des acquéreurs des Alpines, département des Bouches-du-Rhône ; vu le certificat du syndic de l'œuvre générale des Alpines, en date du 21 juillet 1819, portant que le canal du Merle a été construit et est entretenu et curé aux frais de la réunion appelée congrès des acquéreurs des Alpines ; qu'il constitue sa propriété particulière et privée dans la manutention de laquelle le domaine, et après lui l'œuvre générale ne se sont jamais immiscés ; vu le certificat de l'ingénieur ordinaire, chargé du service des ponts et chaussées, dans le troisième arrondissement des Bouches-du-Rhône, préposé par le préfet de ce département à la surveillance du canal Boisgelin ; ledit certificat en date du 22 juillet 1819, et portant

que cette surveillance ne s'étend pas au canal du
Merle, ce canal n'ayant jamais été domanial, et
constituant la propriété des communes et individus
qui l'ont fait construire, et l'entretiennent à leur
frais ; considérant qu'il s'agit, dans l'espèce d'une
contestation entre le congrès des acquéreurs du
canal d'irrigation des Alpines, et deux actionnaires
dudit canal au sujet d'une prise d'eau réclamée
dans le canal par les dits actionnaires ; que le
congrès desdits acquéreurs soutient que le canal
d'irrigation est sa propriété privée, et se fonde à
cet égard sur des contrats et des jugemens dont
l'application appartient aux tribunaux ; qu'il en résulte une question de propriété, et que le conseil de
préfecture a excédé les bornes de sa compétence
en statuant sur cette question etc. »

236. La question de savoir si un cours d'eau servant à faire mouvoir un moulin, vendu comme propriété nationale, est dérivé d'une rivière et fait partie
de la vente, ou provient de plusieurs sources situées
dans des héritages privés et appartenant aux propriétaires de ceux-ci, est exclusivement du ressort
des tribunaux. C'est ce qui a été jugé par un arrêt
du conseil du 5 avril 1809, dont voici les termes :

« Vu la requête présentée par les sieurs Bach,
Paperio et autres propriétaires à Reinengen ;

» Vu l'arrêté du préfet du département du Haut-
Rhin, du 18 août 1808 ;

» Vu les deux procès-verbaux dressés séparément par les experts respectifs qui n'ont pas pu tomber d'accord, ensemble l'avis de l'ingénieur en chef du département;

» Vu le procès-verbal d'adjudication qui a conféré au sieur Struch la propriété de son moulin vendu comme bien national, le 30 mars 1791;

» Vu la réponse du sieur Struch, en date du 27 mars 1809, et la réplique des requérans principalement fondée, ainsi que leur premier mémoire sur cette assertion, que les eaux, dont l'arrêté du préfet les réduisait, à ne faire usage qu'un jour par semaine, ne proviennent pas de la rivière Dallesen, mais bien de plusieurs sources situées dans leurs propriétés où elles ont toujours été employées à l'irrigation, avant de tomber dans le canal de l'usine du sieur Struch;

« Vu l'article 641 du Code civil;

» Considérant qu'il ne s'agissait pas d'interpréter l'acte qui a rendu le sieur Struch propriétaire d'un moulin vendu comme bien national, mais de juger si les requérans n'ont pas un droit de propriété sur les eaux dont le sieur Struch réclame la jouissance;

» Considérant qu'il n'appartient qu'aux tribunaux de statuer sur une question de cette nature; sur le rapport de notre commission du contentieux, notre Conseil d'Etat entendu, nous avons ordonné et ordonnons ce qui suit:

» L'arrêté pris le 18 août par le préfet du département du Haut-Rhin, sur la pétition du sieur Struch, est annulé, et les parties sont renvoyées devant les tribunaux. »

237. Lorsqu'un cours d'eau arrive par l'effet de sa direction usuelle sur le fonds d'un particulier, et qu'il est prétendu que l'usage en appartient au Gouvernement sous prétexte d'anciens ouvrages commencés par lui sur ce même cours d'eau pour le diriger vers un établissement public, cette contestation est du ressort des tribunaux. Un préfet ne pourrait donc changer la direction de ce cours d'eau ; car ce serait préjuger une question de propriété.

C'est ce qu'a décidé un arrêt du conseil du 15 mai 1818, rapporté par Sirey, dans son *Journal de Jurisprudence*, an 1818, deuxième partie, pag. 297.

238. Lorsque, dans une contestation relative à la répartition des frais d'entretien d'un canal ou prise d'eau entre les riverains, il s'agit de savoir si l'un d'eux doit être dispensé de contribuer à cette dépense, soit d'après une transaction passée entre lesdits riverains ou leurs auteurs, soit d'après d'autres titres ou usages invoqués par les parties, les tribunaux seuls sont compétens pour prononcer sur cette question.

Ainsi l'a décidé un arrêt du conseil du 30 juin 1813, rapporté par Sirey, dans sa *Jurisprudence du Conseil*, tome 2, page 580.

239. Une contestation entre une société d'arro-

sans et un propriétaire qui prétend n'en pas faire partie, et dont la décision dépend de l'examen des contrats de société, des faits d'exécution ou actes d'acquiescement, est exclusivement du ressort des tribunaux.

C'est ce qui a été décidé dans l'espèce suivante :

Le canal de Crapone servait, de temps immémorial, à l'arrosement du territoire de la commune de Salon, département des Bouches-du-Rhône. Les habitans en payaient la jouissance par une rétribution annuelle. Les eaux de ce canal étant devenues insuffisantes, un grand nombre de propriétaires se sont réunis pour solliciter de l'administration du département la vente de deux moulans d'eau à prendre dans le canal des Alpines, ci-devant Boisgelin, et ils ont demandé en même temps qu'il leur fût permis de la conduire dans leurs champs, par le même canal qui leur amenait les eaux de Crapone.

Le 16 ventose an 5, arrêté de l'administration départementale qui a concédé les deux moulans d'eau, sous la condition que les concessionnaires feraient curer à leurs frais le canal de Crapone, depuis la prise d'eau jusqu'au bassin général de partage.

Pour subvenir à la dépense du curage, une cotisation a été faite, et ceux même qui n'avaient pas signé la pétition (de ce nombre était le sieur Pascalis), n'ont point refusé de contribuer avec les signataires.

Des incidens avaient empêché les arrosans du canal des Alpines de se constituer en association régulière. Au mois d'avril 1817, des assemblées ont eu lieu à ce sujet; des délibérations ont été prises pour fixer l'organisation de la société; et, les 13 mai et 8 juillet suivant, elles ont reçu l'approbation du préfet. Le sieur Pascalis n'y a point pris part; néanmoins il a été compris pour une somme de 150 fr. dans un rôle contributoire, adopté par l'association et rendu exécutoire par le préfet.

Au mois d'octobre 1818, le sieur Pascalis s'est pourvu en dégrèvement de cette somme auprès du conseil de préfecture. Il a demandé, en outre, qu'il lui fût tenu compte, sur sa cotisation annuelle, pour la part qu'il aurait prise à la distribution des eaux, des sommes qu'il avait avancées lors de l'acquisition des deux moulans d'eau, déclarant qu'il ne voulait plus participer à l'usage de ces eaux, et qu'il consentait en conséquence à ce que sa martellière fût barrée.

Le 21 juillet 1820, un arrêté du conseil de préfecture a fait droit aux différens chefs de demande du sieur Pascalis.

L'un des syndics de l'association, le sieur Soubier, a déféré cet arrêté à la censure du Conseil d'Etat, comme entaché du vice d'incompétence.

La discussion approfondie à laquelle il s'est livré mérite de trouver place ici. Elle contient un traité complet sur la matière. La voici :

Tout ce qui concerne la législation des eaux, se compose des principes sur les propriétés territoriales, et des règles sur le mode de jouir des choses qui n'appartiennent à personne, et dont l'usage est commun à tous.

L'application des premières est réservée aux tribunaux, et la fixation des autres à l'autorité administrative. Ainsi, la police et l'administration des rivières appartiennent au Gouvernement et à ses délégués dans l'ordre administratif. Tout ce qui concerne le curage des petites rivières, par exemple, est placé dans les attributions des mêmes agens, c'est-à-dire des préfets ; la loi du 14 floréal an 11 est formelle à cet égard. De plus, elle porte que l'état de répartition des dépenses faites, pour les travaux de réparations et reconstruction d'un canal d'arrosement tiré des rivières publiques, doit être dressé sous la surveillance des préfets, et que, s'il s'élève des contestations au sujet de ces règlemens, c'est au conseil de préfecture à en connaître. En voici la raison : Quoique les canaux d'arrosement destinés à fertiliser les propriétés particulières ne soient pas des canaux publics dans le même sens que les canaux de navigation, il est néanmoins constant qu'ils sont placés, à raison de leur grande utilité, sous la surveillance et l'administration de l'autorité locale, en ce qui tient au mode de construction, aux réparations, au curage.

Il en est autrement pour les contestations entre particuliers sur des titres de propriété ou d'association ; celles-ci n'intéressent, en aucune manière, l'ordre public ; elles ne peuvent être résolues que par l'examen des titres produits ou l'appréciation des faits articulés.

Ainsi, deux points également certains, c'est que 1.º l'administration et la police des petites rivières ou canaux d'arrosage appartiennent, dans l'intérêt de l'ordre public, au pouvoir administratif; 2.º que les questions de propriété, en matière d'eau, sont dans les attributions exclusives de l'autorité judiciaire.

D'après ces principes, et dans quelque hypothèse que le sieur Pascalis veuille se placer, soit qu'en demandant à se retirer de l'association, il convienne qu'il en faisait partie, soit qu'il prétende y être resté constamment étranger, et n'avoir profité des eaux que comme tout autre particulier a pu le faire, de l'agrément de l'association et au moyen d'une redevance annuelle, l'autorité administrative était également incompétente pour statuer. Il ne dépendait pas plus de cette autorité de déclarer le sieur Pascalis étranger à l'association, qu'il ne lui était permis de décider que, comme associé, il pouvait s'en séparer. Sous l'un comme sous l'autre rapport, la contestation n'intéresse en aucune manière l'ordre public, unique objet des procédés administratifs. Elle présentait une question de propriété : elle entrait donc dans le domaine des tribunaux.

C'est ainsi qu'en matière de contributions publiques, s'il s'élève une contestation sur la répartition à faire entre les contribuables, la question est du ressort de l'administration ; mais si la difficulté est relative à la propriété de la chose imposée, elle reste dans le ressort de la juridiction ordinaire, parce que, dans le premier cas, il s'agit de statuer par voie réglementaire sur des intérêts collectifs, tandis que dans le deuxième il s'agit seulement de reconnaître et de déclarer des droits privés de propriété.

Pour le sieur Pascalis on a répondu que son adversaire avait déplacé la question ; que l'on ne contestait pas à l'association la propriété de deux moulans d'eau acquis en l'an 5 ; que les parties étaient divisées uniquement sur des points relatifs à l'organisation et à l'administration intérieures de l'association. Il s'agit de décider 1.º si le sieur Pascalis fait ou ne fait pas partie de l'association formée en 1817 ; 2.º s'il a dû être compris dans la répartition de la contribution sociale ; 3.º s'il est en droit de répéter les avances qu'il a faites antérieurement. Or, aucune de ces questions n'est du ressort des tribunaux.

C'est sous les auspices de l'autorité administrative que les associations de l'espèce de celle qui nous

(277)

occupe prennent naissance ; c'est l'autorité administrative qui les régit et les protège, c'est elle qui
donne la vie à leurs délibérations en les approuvant,
qui rend les rôles de répartition exécutoires, et qui
décerne les contraintes contre les retardataires.

Puisque rien ne se fait sans son intervention, il
s'en suit nécessairement qu'il n'appartient qu'à elle
de prononcer sur les contestations nées dans le sein
des associations de ce genre ; en renvoyer la connaissance aux tribunaux, ce serait constituer ces derniers interprètes et juges des actes de l'administration.

Dans l'espèce pour terminer le litige, il fallait discuter le titre constitutif de l'association, décider si,
en autorisant la réunion du 27 avril 1817, le préfet
avait autorisé les individus présens à stipuler pour
les absens ; or, un débat qui devait amener pour résultat le maintien ou la modification d'un rôle contributoire *ordonnancé* par le préfet, ne pouvait être
dévolu aux tribunaux ; la question était indubitablement du ressort du conseil de préfecture, suivant
les lois des 14 floréal an 11 et 16 septembre 1807.

Dans sa réplique, le syndic des arrosans s'est
attaché à ramener la discussion à ses véritables
termes.

Le sieur Pascalis fait-il ou ne fait-il pas partie de
l'association ? telle est la seule question à examiner.
Or, il est réservé aux tribunaux de déclarer par

leurs jugemens que tel fait existe, que tel acte renferme telle disposition.

Tout ce qui est d'*exécution* apparttient au pouvoir administratif. Il peut prendre des mesures de conservation et de prévoyance sur les objets qui, par leur nature ou par leur destination, intéressent une collection plus ou moins grande de citoyens.

Mais de quoi s'agit-il dans l'espèce? de l'interprétation d'un acte de société délibéré par le corps des arrosans, et de la déclaration du fait que le sieur Pascalis était incorporé à l'association ou qu'il y était étranger; donc l'action des tribunaux était indispensable.

Vainement, pour justifier la compétence du conseil de préfecture, on se fonde sur l'homologation administrative, dont la délibération de 1817 était revêtue. L'homologation est en soi une simple mesure d'exécution accessoire à l'acte, mais incapable d'en déterminer ou d'en altérer le caractère essentiel.

Le débat, dit-on, doit avoir pour résultat le maintien ou la modification d'un rôle contributoire, et dès lors l'administration seule est compétente. Cette observation n'est pas admissible, en ce qu'elle ne présente qu'une des faces de la question en litige.

Il est hors de doute que le débat ne doive amener, en dernière analyse, le maintien ou la modification d'un rôle contributoire; et qu'à cet égard l'administration ne soit juge naturel de la difficulté ; mais il est une conséquence antérieure à ce résultat, et à laquelle il est lui-même subordonné ; C'est qu'elle doit servir à déterminer les rapports existant entre l'association des arrosans et le sieur Pascalis. Or, cette conséquence ne saurait être appréciée et fixée que par les tribunaux, c'est ce qu'a jugé le Conseil d'Etat, par arrêt du 20 juin 1821, dans une affaire relative au canal d'irrigation des Alpines.

Enfin, a-t-il ajouté, les conseils de préfecture étant des tribunaux extraordinaires ne peuvent connaître que des affaires qui leur sont attribuées par une loi spéciale, et il n'en est aucune qui leur confère le droit de prononcer sur la question qui nous occupe.

Par l'arrêt suivant, le conseil d'Etat à consacré les principes développés devant lui, au nom de l'association de arrosans.

« Louis. — Sur le rapport du comité du contentieux ;

» Vu les requêtes sommaire et ampliative à nous présentées au nom du sieur Loubier, syndic des arrosans des eaux du canal des Alpines ou de Boisgelin, dans le territoire de la commune de Salon, département des Bouches-du-Rhône, les dites requêtes enregistrées, etc.

» Considérant, sur la compétence, qu'il s'agit dans l'espèce d'une contestation entre l'association des arrosans du canal des Alpines, et un propriétaire qui prétend n'en pas faire partie; que la solution de cette question dépend de l'examen des contrats de société, des faits d'exécution ou actes d'aquiescement qui n'intéressent pas l'ordre public, et qui ne peuvent être appréciés que par les tribunaux; qu'ainsi le conseil de préfecture a excédé les bornes de sa compétence, en statuant sur l'objet en litige.

Notre Conseil d'Etat entendu, nous avons, etc.

L'arrêté du conseil de préfecture des Bouches-du-Rhône, du 21 juillet 1820, est annullé pour cause d'incompétence, et les parties sont renvoyées devant les tribunaux. (Macarel, ordonnance du 6 février 1822, tome 3, page 91.)

Nous pourrions citer un bien plus grand nombre de décisions. Nous avons choisi les plus récentes, et celles qui nous ont paru avoir été précédées des discussions les plus lumineuses et les plus approfondies. C'est par ce motif que nous avons apporté ces discussions en entier, tant dans l'affaire Loubier et Pascalis, que dans celles May et Mouton, Loustalet et Cazala, Audran et Suriau. Le lecteur y trouvera des renseignemens très-importans sur la compétence des autorités en matière d'eaux.

240. Une contestation sur les droits de pêcherie dans un étang à titre prétendu féodal ne peut être soumise à l'autorité administrative; elle est uniquement du ressort des tribunaux.

Ainsi décidé par arrêt du conseil du 20 juin 1816.

241. Les discussions entre les propriétaires riverains d'un canal et le propriétaire d'un moulin sur une question de dommage au moulin par des établissemens de pêcherie ou de lavoirs doivent être jugées par l'autorité judiciaire et non par l'autorité administrative.

Arrêt du conseil du 20 juin 1816. (Sirey, jurisprudence du conseil, tom. 3, pag. 320.)

242. C'est au pouvoir judiciaire et non à l'autorité administrative qu'appartient la connaissance des contestations qui s'élèvent entre un particulier réclamant la possession dans laquelle il est de faire dériver sur son fonds des eaux dont la source est dans un terrein communal, et un autre particulier à qui la commune, par une délibération approuvée du préfet, a cédé l'usage exclusif de ces eaux.

On trouve dans le recueil des questions de droit de M. Merlin, v.° pouvoir judiciaire, un arrêt de la cour de cassation du 15 prairial an 12, qui le décide ainsi.

243. Lorsqu'il s'agit de l'usurpation prétendue faite par le propriétaire d'un moulin, du biez du moulin appartenant à son voisin, les tribunaux seuls sont compétens pour statuer; car cette prétention fait naître une question de propriété d'un terrein qui ne peut être fondée que sur des titres ou sur une possession qui en tient lieu.

Un arrêt du conseil du 2 juillet 1812 le décide

ainsi ; il est fondé sur les motifs suivans : « considérant que le préfet de la Creuse avait le droit de régler les dimensions de la retenue et du biez du
moulin ; mais que les contestations que ce règlement
pouvait exciter devaient être portées devant les tribunaux ou devant le conseil de préfecture, suivant
qu'elles avaient ou non la propriété pour objet ;
qu'il s'agit dans l'espèce d'une contestation entre
deux propriétaires riverains d'un cours d'eau qui
n'est ni navigable ni flottable, sur la question de savoir
si l'un d'eux doit fournir comme l'ayant usurpé, le
terrein nécessaire au biez de l'usine qui appartient
à l'autre ; que l'état ni le reste des propriétés riveraines n'ont d'intérêt dans la contestation ; qu'elle
se réduit par conséquent à une simple question de
propriété qui est du ressort des tribunaux. »

244. Même décision lorsqu'il s'agit de contestations élevées entre deux maîtres de forge, sur l'u-
sage des eaux nécessaires à leurs usines, et qui sont
nées d'anciens arrêts du conseil rendus entre les
mêmes parties ; c'est ce qui résulte de l'arrêt du
conseil suivant du 23 avril 1807 :

« . . . . . . Sur le rapport de notre ministre de
l'intérieur tendant à renvoyer à la commission du
contentieux, pour être examinée par elle, la réclamation du sieur Diego Dittner, propriétaire d'une
usine dans la commune de Beaumont La Ferrière,
dont les conclusions tendent à ce qu'il nous plaise

annuler comme incompétemment rendu l'arrêté
du préfet de la Nièvre, en date du 1.er germinal
an 11, lequel prononce dans la contestation qui
s'est élevée entre lui et le sieur Chaillou, maître de
forges, subsidiairement et dans le cas où nous pen-
serions que la connaissance de cette affaire appartient à l'autorité administrative, à ce qu'il nous
plaise casser ledit arrêté, et ordonner au sieur
Chaillou de rétablir les choses en l'état où elles
étaient avant son exécution ; vu le mémoire adressé
par le sieur Chaillou au préfet de la Nièvre, et sur
lequel l'arrêté du 1.er germinal an 11 a été rendu,
les arrêts de l'ancien Conseil d'Etat, des 28 juillet
1705 et 12 juin 1708, sur lesquels le sieur Chaillou
appuie sa défense ; considérant que la contestation
entre le sieur Diego Dittner et le sieur Chaillou ne
concerne en aucune manière l'intérêt public ; qu'il
s'agit seulement de savoir si les eaux du puits d'An-
girau et du ruisseau de Veaugengi serviront à alimenter les usines de l'un ou de l'autre des deux propriétaires ; que cette question ne peut être décidée
que par l'examen des titres de propriété, et les
preuves d'une ancienne possession ;

Vu l'avis de notre commission du contentieux,
notre Conseil d'Etat entendu, nous avons décrété
et décrétons ce qui suit :

L'arrêté du préfet de la Nièvre, contre lequel réclame le sieur Diego Dittner, est annulé, ainsi que

tout ce qui s'en est suivi, et les parties renvoyées pardevant qui de droit.

245. L'autorité administrative serait incompétente pour connaître des contestations élevées entre les propriétaires des terreins baignés par une rivière non navigable, au sujet d'une digue que l'un d'eux aurait fait construire à travers cette rivière pour s'en attribuer la pêche exclusive.

Une décision du Conseil d'Etat, en date du 12 avril 1812, juge qu'une telle contestation est de la compétence des tribunaux.

« Considérant, y est-il dit, que la rivière de Cère n'est point navigable ; que par l'avis de notre Conseil d'Etat, approuvé le 30 pluviose an 13, et inséré au Bulletin des lois, la pêche des rivières non navigables appartient aux propriétaires riverains en se conformant aux lois et règlemens ; que par l'avis de notre Conseil d'Etat, du 24 ventose an 12, et non inséré au Bulletin des lois, les contraventions aux règlemens de police sur les rivières non navigables, canaux et autres petits cours d'eau, doivent, suivant les dispositions du Code civil et les lois existantes, être portées, suivant leur nature, devant les tribunaux de police municipale ou correctionnelle, et les contestations qui intéressent les propriétaires devant les tribunaux civils ; que la loi du 14 floréal an 11 n'attribue à l'autorité administrative que les mesures relatives au curage des canaux et rivières non navigables, à l'entretien des digues et ouvrages d'art qui y correspondent, au rôle de répartition et au recouvrement des sommes nécessaires au paiement des travaux d'entretien, réparations ou reconstructions; qu'il ne s'agit dans l'espèce que d'une digue nouvelle, dont l'effet serait d'attribuer au sieur Royre la pêche exclusive du saumon et des autres poissons qui remontent la rivière de Cère, au préjudice des propriétaires riverains. »

246. Par la même raison, ce n'est pas à l'autorité administrative, mais aux tribunaux qu'il appartient de statuer sur la contestation qui s'élève entre deux propriétaires relativement à une digue ou chaussée que l'un prétend construire le long d'une rivière non navigable, et à la construction de laquelle l'autre s'oppose sur le fondement qu'elle empêche les eaux d'arriver à son moulin.

C'est ce qui résulte d'une décision du Conseil d'Etat du 6 janvier 1813, dans lequel on lit le motif suivant :

« Considérant qu'il s'agit, dans l'espèce, de statuer sur la propriété d'un cours d'eau qui n'est ni navigable ni flottable, dans une contestation qui n'intéresse ni l'Etat ni les riverains, et sur laquelle il existe une transaction entre les auteurs des parties. »

Art. V.

De la police des rivières non navigables ni flottables.

247. Nous avons vu, dans la première partie, que la police de surveillance et de conservation des rivières navigables et flottables appartient à l'autorité administrative ; que le pouvoir de prendre toutes les mesures pour prévenir les contraventions qui pourraient s'y commettre, pour assurer le service public, pour protéger les riverains et les établissemens construits sur ces rivières appartient aux préfets et sous-préfets ; mais que le pouvoir de prononcer sur les contraventions commises, d'y appliquer les peines déterminées par les lois, ce que nous avons appelé droit de réprimer, appartient aux conseils de préfecture.

En est-il de même à l'égard des rivières non navigables ni flottables, et de tous les autres cours d'eau ?

Oui, à l'égard des préfets, pour le droit de prévenir ;

Non, à l'égard des conseils de préfecture, pour le droit de réprimer.

Suivant l'article 3 de la loi du 28 pluviose an 8, le préfet est chargé seul de l'administration.

L'administration ou le pouvoir administratif des préfets consiste à faire toutes les dispositions, à prendré toutes les mesures pour régir la chose publique dans l'intérêt de tous; et comme le dit M. Merlin, *Répertoire de Jurisprudence, v°. Prefet., n°. 9:* « Les attributions des préfets, prises dans un sens « étendu, portent sur tout ce qui peut intéresser le « Gouvernement. Rien, dans ce sens, ne peut ni ne « doit leur être étranger; réparer, féconder, sur- « veiller, voilà leur tâche : ainsi, si des abus exis- « tent dans leur département, si des améliorations « sont possibles, si le relâchement s'introduit dans « l'exercice des fonctions d'une autorité quelconque « ou dans la conduite de ses agens, il ne peut le voir « avec indifférence, et il doit appeler l'attention du « Gouvernement même lorsqu'il s'agit d'objets étran- « gers à l'administration ; »

Or, comme la loi du 12, 20 août 1790, et celle du 28 pluviose an 8, art. 2 et 3, chargent spécialement les préfets de « rechercher et indiquer les moyens de « procurer le libre cours des eaux, d'empêcher que « les prairies ne soient submergées par la trop grande « élévation des écluses, des moulins, et par les au- « tres ouvrages d'art établis sur les rivières ; de diri- « ger enfin autant qu'il sera possible toutes les eaux « de leur territoire vers un but d'utilité générale, « d'après les principes de l'irrigation. »

Il en résulte que les préfets ont le droit, comme nous l'avons déjà dit, de faire les réglemens né- cessaires sur le cours et l'usage des eaux, suivant les règles que nous avons tracées dans l'article précédent.

Ils peuvent fixer la hauteur des déversoirs des moulins et usines ;

Ordonner le changement des vannes ;

Prescrire le curage des rivières ou ruisseaux ;

Ordonner, pour cause d'utilité publique régulièrement constatée , et sauf indemnité, s'il y a lieu, la destruction d'une usine , d'un moulin ou de tout autre obstacle au libre cours des eaux , ou faire cesser les travaux commencés , ordonner la réparation des contraventions et le rétablissement des choses dans leur premier état.

Mais on ne peut pas dire qu'en agissant ainsi, ils ne prennent que des mesures provisoires, et que la question définitive de savoir s'il y a ou non contravention , le droit de la punir , de prononcer les peines , appartienne aux conseils de préfecture.

La compétence des conseils de préfecture est extraordinaire et d'exception. Ils ne peuvent connaître que des matières qui leur sont spécialement attribuées par une loi formelle.

La loi du 28 pluviose an 8 qui les institue , borne leur pouvoir relativement aux eaux , au jugement des difficultés qui peuvent s'élever en matière de grande voirie ; la loi du 29 floréal an 10 qui développe ce principe , ne leur attribue que la connaissance des contraventions commises sur les rivières navigables et flottables ; elle ne dit pas un mot des rivières qui ne sont ni navigables ni flottables; ils n'ont donc pas à l'égard de celles-ci la même attribution qu'à l'égard de celles-là.

C'est au surplus ce qui a été formellement reconnu par deux décisions du Conseil d'État.

En l'an 12, le Ministre de l'intérieur présenta un projet tendant à renvoyer aux conseils de préfecture la répression de tous les délits qui se commettent sur les petites rivières. Le Ministre se fondait sur la loi du 29 floréal an 10, qui attribue à ces mêmes conseils de préfecture la connaissance de tous les délits relatifs aux grandes routes, rivières naviga- bles, canaux, etc.; mais le Conseil d'Etat, auquel ce projet fut renvoyé, observa très-judicieusement que le régime établi pour les grandes routes pouvait bien s'appliquer aux rivières navigables, mais qu'il était étranger aux petites rivières, et décida, par un avis du 24 ventose an 12, « que les contraventions « aux règlemens de police sur les rivières non navi- « gables, canaux et autres petits cours d'eau, doi- « vent, suivant les dispositions du Code civil et au- « tres lois existantes, être portées, suivant leur na- « ture, devant les tribunaux de police municipale ou « correctionnelle; et les contestations qui intéressent « les propriétaires, devant les tribunaux civils. »

Une décision semblable a été rendue par un arrêt du Conseil d'Etat du 15 floréal an 12, intervenu sur un conflit entre le préfet des Bouches-du-Rhône et l'un des juges de paix de Marseille. Il s'agissait d'une usurpation de terrein et d'une entreprise sur le cours d'un ruisseau. L'arrêt du conseil renvoie l'affaire à l'autorité judiciaire, sur le motif que la loi du 29 floréal an 10 n'attribue à l'autorité administrative que les détériorations sur les grandes routes, sur les canaux, fleuves et rivières navigables.

M. Henrion de Pansey, qui rapporte ces deux décisions, (compétence des juges de paix, pages 307 et 308) ajoute qu'elles avaient fixé les idées ; que les contraventions sur les rivières non navigables ni flottables étaient dans les attributions des tribunaux de police correctionnelle et de simple police : « Mais, dit-il, une loi publiée peu de temps après, la loi du 9 ventose an 13, a rendu problématique le point de savoir si cet ordre de choses n'est pas changé, au moins en partie.

» A la vérité, cette loi n'est relative qu'aux chemins vicinaux ; mais il faut se rappeler que dans notre jurisprudence, les rivières sont assimilées aux chemins ; que l'on applique aux rivières navigables les règles établies pour les grandes routes, et aux petites rivières celles relatives aux chemins vicinaux.

» C'est en conformité de cette règle, et parce que la loi du 29 floréal an 10 ne dispose que pour les grandes routes, que les deux actes du Conseil d'Etat dont nous venons de parler décident que

cette loi, applicable aux grandes routes et aux rivières navigables, est étrangère aux petites ; et de là
paraît sortir la conséquence que si cette loi du 29
floréal avait eu les chemins vicinaux pour objet, le
Conseil d'Etat aurait soumis les petites rivières au
régime qu'elle établit.

» Si cette conséquence est juste, et je la crois
également conforme à notre ancienne jurisprudence
et à l'esprit des lois nouvelles, il faut modifier par
la loi du 9 ventose an 13 cette décision consignée
dans l'avis du Conseil d'Etat dont nous venons de
parler : *que les contraventions de police sur les rivières non navigables doivent, suivant leur nature,
être portées devant les tribunaux de police municipale ou correctionnelle.* Que porte donc cette loi
du 9 ventose an 13 ?

» Nous en avons rapporté les dispositions dans
le § 3 du chapitre relatif aux chemins. En conséquence, nous nous bornerons à rappeler ici qu'elle
attribue au conseil de préfecture la connaissance
des infractions aux règlemens sur la largeur et l'alignement des chemins vicinaux.

» Si l'on applique cette loi aux petites rivières,
comme l'on a fait l'application de celle du 29 floréal
an 10 aux rivières navigables, il faut tenir comme
une des règles de cette matière, que des quatre
sortes de délits que l'on peut commettre sur les
petites rivières, deux sont dans les attributions des

conseils de préfecture, et les deux autres dans celles des tribunaux de police.

» Ainsi, lorsqu'il aura été commis des entreprises sur une rivière, soit en changeant son cours, soit en entreprenant sur son lit, ce sera au conseil de préfecture qu'il faudra dénoncer ces deux contraventions; mais s'il s'agit de délits de pêche, ou si le lit de la rivière est embarrassé par des dépôts de matériaux ou d'immondices, c'est aux tribunaux de police qu'il appartient de statuer. »

Telle est l'opinion d'un de nos plus savans jurisconsultes. Nous avons cru devoir la rapporter en entier, parce que malgré le respect qu'elle mérite nous nous proposons de la combattre.

D'abord, nous ne croyons pas qu'il soit exact de dire que les rivières doivent être comparées aux chemins; que de même qu'on assimile les rivières navigables aux grandes routes, de même aussi l'on doit assimiler les petites rivières aux chemins vicinaux.

On conçoit très-bien que les rivières navigables puissent être assimilées aux grandes routes, parce que les unes et les autres sont également consacrées à l'usage général et appartiennent à l'Etat; que les premières sont destinées à procurer des communications par eau, et les secondes par terre; mais il n'en est pas de même des petites rivières et des ruisseaux, à l'égard des chemins vicinaux. Ces chemins

appartiennent aux communes; ils sont consacrés
spécialement à faciliter , à procurer les communications d'une commune à une autre et sont à l'usage
de tous les habitans de ces communes ; mais l'usage
des eaux considérées comme accessoires du lit où
elles coulent, est bien plus limité, et le Code ne
l'accorde qu'à ceux dont elles bordent ou traversent
les héritages. Ce qui dans l'ancienne jurisprudence
avait pu contribuer à faire regarder les petites rivières comme des chemins vicinaux , c'est que ces
rivières et ces chemins étaient également la pro_
priété des seigneurs, qu'ils en avaient seuls la police.
Mais si les lois abolitives de la féodalité ont attribué
la propriété des chemins vicinaux aux communes ;
la propriété du lit des cours d'eau a été dévolue aux
riverains , ainsi que l'usage des eaux qui coulent
dans ce même lit. Il nous semble donc qu'il n'y a
plus aujourd'hui de motif pour assimiler les petites
rivières aux chemins vicinaux. Nous pourrions
poursuivre ce raisonnement; nous pourrions le forti-
fier par plusieurs autres réflexions ; nous nous bornerons à ajouter que les frais d'entretien et de réparation des chemins vicinaux sont à la charge des
communes, et que les frais d'entretien et de curage
des petites rivières sont à la charge des riverains.

Il n'est pas exact non plus de dire que la loi du
29 floréal an 10 ne dispose que pour les grandes
routes, et que c'est pour cela qu'elle n'est applicable

qu'aux rivières navigables ou flottables ; qu'enfin si elle avait eu les chemins vicinaux pour objet, le Conseil d'Etat aurait soumis les petites rivières au régime qu'elle établit. «

Ce n'est pas par voie de conséquence que les conseils de préfecture connaissent des contraventions commises sur les rivières navigables ou flottables ; c'est en vertu d'une attribution spéciale et très-formelle. L'art. 1.er de la loi du 29 floréal an 10 ne se borne pas à déférer aux conseils de préfecture le jugement des contraventions commises sur les grandes routes ; il y ajoute encore celui des contraventions *sur les canaux , fleuves et rivières navigables , leurs chemins de halage , francs-bords , fossés et ouvrages d'art.* Ce n'est donc pas parce que la loi ne parle que des grandes routes que le Conseil d'Etat a déclaré ses dispositions inapplicables aux petites rivières , c'est uniquement parce qu'elle ne parle que des rivières navigables.

Il n'y a donc aucune conséquence à tirer de la loi du 9 ventose an 13 , qui attribue aux conseils de préfecture la connaissance des contraventions commises sur les chemins vicinaux.

Au surplus, c'est ce qui nous paraît résulter d'un décret postérieur à la loi du 9 ventose an 13. Ce décret que nous avons déjà cité est du 12 avril 1812 , et a été inséré au bulletin des lois. Il statue dans une affaire où il s'agissait de suppression d'une digue établie par un particulier en travers d'une rivière non navigable pour s'en attribuer la pêche exclusive.

Ce décret ne renvoie pas aux conseils de préfecture la connaissance et le jugement de cette contravention ; il déclare qu'elle est du ressort exclusif des tribunaux ; il rappelle la décision du 24 ventose an 12 et ajoute que les lois n'attribuent à l'autorité administrative *que les mesures relatives au curage des canaux et rivières non navigables, à l'entretien des digues et ouvrages d'art qui y correspondent, au rôle de répartition et au recouvrement des sommes nécessaires au paiement des travaux d'entretien, réparation ou reconstructions.*

Ce que nous disons que les rivières non navigables ne peuvent être assimilées aux chemins vicinaux, se trouve encore nettement décidé par deux arrêts de la cour de cassation dont le premier a été rendu au rapport de M. Rataud le 5 janvier 1809, et le second au rapport de M. Brillat Savarin, le 29 juin 1813.

Voici l'espèce de ce dernier arrêt.

Le garde forestier et le garde champêtre de la commune de Sainte-Menehould avaient dressé un procès-verbal par lequel ils déclaraient que sur la plainte portée au maire de la ville de Sainte-Menehould que différens propriétaires de jardins situés derrière la maison commune de ladite ville, et donnant sur la rivière d'Aisne qui entoure la ville s'étaient permis de faire des anticipations sur ladite rivière en jetant des décombres au bas de leurs jardins, ils se sont rendus sur les lieux et y ont remarqué que le jardin de M.   conseiller à la cour de   avançait beaucoup dans ladite rivière.

Ce procès-verbal fut transmis au ministre de la justice à raison de la qualité du prévenu, conformément à l'art. 481 du code d'instruction criminelle, et d'après l'art. 482 du même code, le grand juge ministre de la justice l'a adressé au procureur-général à la cour de cassation avec ordre de le mettre sous les yeux de la cour, à l'effet de renvoyer l'affaire s'il y a lieu devant le tribunal qui devra en connaître.

M. le procureur-général dans son réquisitoire s'exprimait ainsi :

« La rivière d'Aisne n'étant ni navigable ni flottable à l'endroit dont il s'agit, l'anticipation que M.   est prévenu d'y avoir commise ne se trouve qualifiée de délit par aucune loi.

» Il est assurément fort singulier, ajoutait-il, que notre législation criminelle soit muette sur un fait de cette nature ; mais, après beaucoup de recherches infructueuses, l'exposant est forcé de reconnaître qu'elle l'est réellement. »

M. le procureur-général rapporte ensuite une

espèce dans laquelle la question a été jugée ; c'est celle de l'arrêt du 5 janvier 1809.

Le tribunal de police du canton de la Grasse, département de l'Aude, avait cru pouvoir qualifier *l'anticipation sur le lit d'un ruisseau communal de dégradation de la voie publique*, et il en avait, en conséquence, condamné l'auteur aux peines de police déterminées par l'art. 605 du code des délits et des peines du 3 brumaire an 4. Mais son jugement a été cassé le 5 janvier 1809 au rapport de M. Rataud, « attendu qu'il s'agissait, dans l'espèce, d'une prétendue anticipation ou usurpation sur un terrein, servant de lit à un ruisseau ; qu'un pareil fait ne peut, sous aucun rapport, caractériser le délit prévu par le n.º 2 de l'art. 605 du code des délits et des peines dont la disposition n'est applicable qu'à ceux qui auraient embarrassé ou dégradé la voie publique; qu'un ruisseau n'est point dans cette classe ; et qu'ainsi il a été fait une fausse application de cette disposition de la loi dans la condamnation prononcée contre le réclamant. »

M. Merlin ajoute ensuite : « Ce qu'a décidé cet arrêt pour un ruisseau, l'identité de raison veut qu'on le décide également pour une rivière non navigable ni flottable ; car la loi ne met aucune différence entre l'une et l'autre.

» Aussi le grand-juge ministre de la justice, en annonçant à l'exposant, le 24 mai dernier, que la

rivière d'Aisne n'est ni navigable ni flottable à
Sainte-Menehould, n'a-t-il pas hésité à lui dire : En
» conséquence, je pense, comme vous, que le fait
» imputé au S... ne peut être considéré comme
» délit.

» La conséquence de tous ces développemens est
que le fait dont il s'agit peut bien attirer pour l'avenir
l'attention du législateur sur la lacune qui existe à
cet égard dans le code pénal; mais qu'il ne peut en
résulter contre le prévenu aucune poursuite tendant
à l'application d'une peine.

Le 29 juin 1813, intervint arrêt en ces termes :
« Ouï le rapport de M. Brillat Savarin, attendu que
le fait imputé à M. ...... conseiller à la cour de
                  n'est qualifié délit par aucune loi; la
cour statuant sur le réquisitoire de M. le procureur-
général, déclare qu'il n'y a lieu à suivre sur le procès-verbal du 4 janvier dernier. »

Il résulte donc de ce que nous avons dit que les
conseils de préfecture ne sont pas compétens, pour
connaître des contraventions sur les rivières non
navigables; que leur pouvoir à cet égard est limité
aux rivières qui font partie du domaine public.

Il n'y a qu'une seule loi qui leur confère des attributions sur les rivières non navigables; mais ce n'est
point comme matière de police répressive; ce n'est
point pour la punition des contraventions.

Cette loi est celle du 14 floréal an 11.

(299)

Elle est ainsi conçue :

Art. 1.er Il sera pourvu au curage des canaux et rivières non navigables, et à l'entretien des digues et ouvrages d'art qui y correspondent de la manière prescrite par les anciens règlemens, ou d'après les usages locaux.

Art. 2. Lorsque l'application des règlemens ou l'exécution du mode consacré par l'usage éprouvera des difficultés, ou lorsque des changemens survenus exigeront des dispositions nouvelles, il y sera pourvu par le Gouvernement dans un règlement d'administration publique, rendu sur la proposition du préfet du département, de manière que la quotité de la contribution de chaque imposé soit toujours relative au degré d'intérêt qu'il aura aux travaux qui devront s'effectuer.

Art. 3. Les rôles de répartitions des sommes nécessaires au paiement des travaux d'entretien, réparation ou reconstruction, seront dressés sous la surveillance du préfet, rendus exécutoires par lui, et le recouvrement s'en opérera de la même manière que celui des impositions publiques.

Art. 4. Toutes les contestations relatives au recouvrement de ces rôles, aux réclamations des individus imposés et à la confection des travaux, seront portées devant le conseil de préfecture, sauf le recours au Gouvernement qui décidera en Conseil d'État.

Ainsi, d'après ce dernier article, les conseils de préfecture ne peuvent connaître, relativement aux cours d'eau non navigables, que des contestations sur le recouvrement des rôles contenant la répartition des frais de curage, ou de travaux d'entretien, réparations ou reconstructions. Leur pouvoir ne s'étend pas plus loin, et cela est si vrai que le lit des ruisseaux et petites rivières doit être curé, et entretenu suivant la largeur et la profondeur nécessaires pour l'écoulement des eaux dans leurs plus grandes crues périodiques, et qu'en cas de contestation *cette largeur et cette profondeur sont déterminées, non par le conseil de préfecture*, mais par le préfet, après avoir entendu le conseil municipal de la commune et les propriétaires intéressés.

Remarquons d'ailleurs que le curage et les ouvrages d'art qui en dépendent, sont à la charge de tous les propriétaires de fonds, de moulins ou usines et de canaux de dérivation qui y sont intéressés;

Que chaque intéressé est tenu de contribuer à la dépense des travaux en raison de l'intérêt qu'il y a, soit sous le rapport des avantages qu'il retire de la jouissance des eaux, soit sous le rapport du dommage qu'il souffrirait de leur débordement;

Que tout intéressé a le droit de demander l'exécution des travaux de curage, et d'obliger ses cointéressés à y contribuer;

(301)

Que les préfets peuvent aussi ordonner d'office le curage d'un cours d'eau, après avoir entendu le conseil municipal des lieux, et les propriétaires intéressés.

(Ainsi décidé par deux arrêts du conseil des 4 août 1811, n.º 550 et 6 mars 1816, n.º 2137. Voyez aussi deuxième projet du Code rural, articles 141, 142, 143, 144 et 145).

Que lorsqu'il existe d'anciens règlemens ou des usages locaux, c'est par leur application qu'il doit être pourvu au curage d'après l'art. 1.er de la loi du 14 floréal an 11 ; mais si des changemens survenus dans les lieux exigent des dispositions nouvelles, ainsi que l'a prévu l'art. 2 de la même loi, il peut y avoir nécessité de faire un règlement nouveau d'administration publique, et les parties doivent à cet égard se retirer devant le ministre de l'intérieur. Arrêt du 9 avril 1817, n.º 2956.

Qu'outre le curage des rivières, ils peuvent aussi ordonner les travaux qui sont nécessités par l'intérêt public, de même que régler le mode de paiement des frais occasionnés par ces travaux, sauf le recours au conseil de préfecture, s'il y a réclamation sur ce paiement.

Arrêts des 12 avril 1812 et 6 mars 1816, déjà cités ;

Que lorsqu'un banc de sable réclamé par un particulier gène tellement le cours d'une rivière, qu'il le fait souvent refluer sur les propriétés voisines ou dans une ville, le préfet a le droit, en exécution des lois sur la police et le curage des rivières, d'autoriser des particuliers à enlever ce sable, lors même que le réclamant voudrait le faire considérer comme un attérissement réuni à sa propriété.

Ainsi décidé par arrêt du Conseil d'Etat du 18 août 1807, n.° 220.

248. Mais si les conseils de préfecture n'ont aucun pouvoir répressif sur les rivières non navigables, qui donc a ce pouvoir et dans quels cas peut-il être exercé?

M. Henrion de Pansey dit que les délits qui se commettent sur les rivières non navigables ni flottables, peuvent se réduire à quatre principaux : en détourner le cours, anticiper sur leur largeur, les encombrer en jetant des immondices, ou des matériaux dans leurs lits ; enfin, y pêcher dans des temps ou avec des engins défendus.

Il ajoute qu'avant la loi du 9 ventose an 13, tous ces délits étaient dans les attributions des tribunaux correctionnels ou de police ; mais que depuis cette loi, les deux premiers délits (détourner le cours d'eau, entreprendre sur sa largeur) sont de la compétence des conseils de préfecture. Il penserait donc, sans cette loi, que tous ces délits seraient de la compétence des tribunaux de police simple ou correctionnelle.

Nous ne pouvons partager cette opinion ;

Pour qu'elle fût admissible, il faudrait pouvoir citer une loi formelle qui qualifie de pareils faits *délits et contraventions*, et leur applique une peine ; car d'après l'article 4 du Code pénal, aucun fait ne peut être réputé crime, délit ou contravention, s'il n'est qualifié tel par une loi expresse.

Il n'existe que deux lois qui contiennent des dispositions à cet égard :

La loi du 6 octobre 1791, et le Code pénal de 1810.

L'article 15, titre 2 de la 1.re loi, défend à toute personne d'inonder l'héritage de son voisin, ou de lui transmettre les eaux d'une manière nuisible, à peine de dommages-intérêts et d'une amende égale à leur montant.

L'article suivant prononce la même peine contre les propriétaires ou fermiers de moulins et usines qui feraient du tort aux chemins et aux propriétés voisines, par la trop grande élévation du déversoir de leurs eaux.

Enfin, l'article 457 du Code pénal renouvelle cette dernière disposition et y ajoute, suivant les cas, la peine de six jours à un mois d'emprisonnement.

(304)

On ne trouvera dans aucune loi d'autres dispositions que celles que nous venons de rapporter ; elles
sont les seules sur cette matière.

Toutes les fois que des plaintes sont portées contre
des individus jouissant de moulins, usines, étangs
à cause de l'élévation de leur déversoir au-dessus de
la hauteur déterminée, ou qu'il s'agit d'un délit de
pêche, la contestation est de la compétence de la
police correctionnelle.

Lorsque l'inondation ou la transmission nuisible
des eaux ont lieu par le fait de personnes non jouissant de moulins, usines ou étangs, la contestation
est de la compétence des tribunaux correctionnels
ou de simple police, *suivant la quotité de l'amende.*

Nous disons *suivant la quotité de l'amende*, et en
effet, l'art. 15, tit. 2 de la loi de 1791, prononce
contre le fait dont il sagit, des dommages - intérêts
et une amende égale à leur montant.

D'après les articles 137 et 138 du Code d'instruction criminelle, le tribunal de police est compétent
pour connaître des contraventions qui n'entraînent
que 15 fr. d'amende ou cinq jours d'emprisonnement, quelque soit la valeur des dommages-intérêts.

Mais, comme d'après la loi de 1791, la quotité des
dommages-intérêts réclamés détermine celle de
l'amende, l'affaire sera de la compétence de la
simple police, si le demandeur ne conclut qu'à 15 fr.
de dommages-intérêts ; et de la compétence de la

police correctionnelle, s'il conclut à une somme plus forte.

Ainsi donc, le fait de changer le cours des eaux, d'entreprendre sur la largeur de leur lit, de l'embarrasser en y jetant des immondices, ne constitue ni délit, ni contravention.

C'est d'ailleurs ce qui a été jugé comme on l'a déjà vu par les deux arrêts des 5 janvier 1809, et 29 juin 1813.

Ces arrêts établissent que l'anticipation commise sur la largeur d'un cours d'eau non navigable ne peut être considérée comme cette espèce de contravention que l'article 471, n.° 4 du Code pénal, qualifie d'embarras de la voie publique, parce qu'un pareil cours d'eau ne peut pas être assimilé à un chemin, à une place, à une rue, en un mot, à une voie publique ; et quoique ces arrêts ne parlent que d'anticipation sur le lit d'un cours d'eau, on conçoit très-bien que le principe qu'ils consacrent, s'applique également aux changemens de direction de ces cours d'eaux, et au dépôt ou jet d'immondices dans leur lit.

On opposera peut-être que, si les entreprises sur les cours d'eaux ne peuvent être punies comme des contraventions de petite voirie, il faut du moins admettre que les préfets ayant le droit de faire des règlemens pour la police et l'usage des eaux, les tribunaux qui sont chargés par l'article 645 du Code civil de les appliquer, doivent prononcer les peines portées par ces mêmes règlemens.

Mais cette objection repose sur une erreur manifeste.

Les préfets sont chargés de prendre toutes les mesures propres à assurer l'exécution des lois qui concernent l'intérêt public ; leur devoir est de les maintenir, de les faire exécuter ; leurs règlemens ne peuvent donc avoir d'autre objet : les préfets sont administrateurs ; ils n'ont pas de pouvoir législatif. Leurs règlemens ne peuvent établir aucune peine proprement dite. Les articles 471 à 482 du Code pénal prononcent bien des peines de simple police contre la violation des règlemens, mais ce n'est pas contre la violation de tous les règlemens en général ; c'est seulement contre l'inobservation des règlemens relatifs aux objets spécialement désignés dans ces mêmes articles.

Ainsi donc, si un particulier refuse d'exécuter les règlemens relatifs à la petite voirie, aux bans de vendange ou autres bans autorisés, aux poids et mesures ; aux chargemens des voitures et aux autres objets spécialement désignés dans les articles précités, il est passible d'une peine de 1 fr. à 15 fr. d'amende, et de un à cinq jours d'emprisonnement. Mais, comme on le voit, les tribunaux ne prononcent pas alors une peine établie par les réglemens, ils prononcent seulement la peine portée par le Code pénal.

En vain on oppose l'article 645 du Code civil qui veut *que, dans tous les cas*, les tribunaux appliquent les règlemens particuliers et locaux sur le cours et l'usage des eaux. Ce Code uniquement destiné à établir, à consacrer les droits et intérêts purement privés, purement civils de chaque individu, ne s'occupe nullement des peines, des crimes, délits ni contraventions, et l'article précité n'ayant d'autre objet que le partage des eaux entre ceux qui peuvent y avoir des droits, n'a par conséquent prescrit l'exécution des règlemens que sous le même rapport. Il a nécessairement supposé que ces règlemens seraient émanés de l'autorité compétente, qu'ils seraient valables et n'excéderaient pas les limites des pouvoirs de cette autorité. Le Code n'a pu ni dû s'occuper de ces différens points étrangers à la matière qu'il traite, et qui d'ailleurs sont régis par des lois spéciales. Enfin, il résulterait de l'interprétation qu'on veut donner à l'art. 645 du Code (interprétation que nous combattons), que si un préfet établissait une peine correctionnelle ou même criminelle, les tribunaux seraient obligés de la prononcer, ce qui n'est pas soutenable.

Concluons de tout ce que nous venons de dire que, comme les préfets ne peuvent s'ériger en législateurs, ils ne peuvent établir aucune peine qui ne résulte pas de la loi, qu'aucun article du Code pénal ni d'aucune autre loi ne mettant le change-

ment des cours d'eaux, l'anticipation sur leur largeur ou le jet d'immondices dans leur lit au nombre
des délits ou contraventions, ces faits ne peuvent
donner lieu à aucune poursuite correctionnelle ni
de police simple.

Et quoi qu'en dise M. Henrion de Pansey, ces
principes ne sont pas nouveaux; ils ne résultent pas
uniquement du Code pénal de 1810; ils étaient les
mêmes avant sa promulgation; nous en avons pour
première preuve l'arrêt du 5 janvier 1809, qui,
fondé sur le Code du 3 brumaire an 4, décide que
l'anticipation sur un cours d'eau non navigable ne
constitue, d'après ce même Code, ni délit, ni contravention.

Nous ajouterons ce que dit M. Merlin, dans son
répertoire de jurisprudence, v.° préfet :

« Les préfets ont le droit d'ordonner, par des ar-
» rêtés, toutes les précautions locales qu'ils jugent
» nécessaires sur les objets confiés à la vigilance et
» à l'autorité des corps administratifs, *tant par les*
» *articles 3 et 4 du titre 11 de la loi du 24 août 1790,*
» *que par la loi du 6 octobre 1791, relative à la*
» *police rurale.*

» Les contraventions à leurs arrêtés sont punies
» comme infractions aux règlemens de police, toutes
» les fois qu'aucune peine plus grave n'est prononcée
» par une loi, sans que dans aucun cas son si-
» lence puisse en assurer l'impunité.

» Les tribunaux ne peuvent au surplus discuter
» ni modifier, sous aucun prétexte, les dispositions
» des règlemens de police faits par les préfets , *sur*
» *les objets dont il a été parlé ci-dessus.* Ils sont
» tenus de punir comme délit toute infraction à ces
» règlemens, lorsqu'elle a été régulièrement cons-
» tatée. Il n'appartient qu'au Gouvernement et aux
» ministres de réformer les arrêtés pris *par les pré-*
» *fets sur ces sortes de matières.*

» Mais, hors ces cas, les arrêtés des préfets *qui*
» *contiennent des dispositions pénales , ne sont*
» *pas obligatoires pour les tribunaux.* »

M. Merlin, rep. , v.° *pouvoir judiciaire,* après
avoir établi que les tribunaux doivent appliquer les
réglemens et arrêtés administratifs , ajoute :

« Mais il ne faut point conclure de là que les tri-
» bunaux soient obligés ni puissent se permettre
» d'appliquer les dispositions des arrêtés des préfets
» qui, hors des cas de police municipale, infligent
» des peines à des faits que la loi ne punit pas , ou
» qui, même dans ce cas, aggravent ou diminuent
» les peines déterminées par la loi. C'est ce que j'ai
» établi dans le réquisitoire cité, et ce qu'ont jugé,
» comme on peut le voir dans le même recueil et
» au même endroit, une foule d'arrêts de la cour de
» cassation. »

Et dans ses questions de droit v.° préfet, M. Merlin
s'exprime ainsi :

« Ou l'arrêté soit du préfet, soit du maire qui prescrit des mesures générales d'ordre public, porte sur des objets que l'art. 3 du titre 11 de la loi du 24 août 1790 place dans les attributions de la police municipale; ou il porte sur des objets qui appartiennent à la haute police, à la haute administration.

» Si l'arrêté ou règlement porte sur les objets compris dans l'art. cité de la loi du 24 août 1790, nul doute qu'il ne soit obligatoire pour les tribunaux à qui est déléguée la connaissance des délits de police municipale; et que ces tribunaux ne soient tenus d'appliquer à ceux qui contreviennent à ses dispositions, les peines de simple police. C'est la disposition expresse de l'art. 5 du même titre de la même loi; et la cour l'a ainsi jugé par un grand nombre d'arrêts trop connus pour qu'il soit nécessaire de les rappeler.

» Mais l'arrêté ou règlement porte-t-il sur des objets étrangers à la police municipale? alors on ne trouve plus de loi qui par une disposition générale détermine et la juridiction devant laquelle les contrevenans doivent être traduits, et la peine qui doit leur être appliquée. Il faut donc faire une autre distinction.

» Ou l'arrêté tend à assurer et régulariser l'exécution d'une loi déjà existante qui prescrit des peines contre ses infracteurs et désigne soit expressément, soit implicitement et par relation à la nature de ces peines le tribunal qui doit les appliquer; ou il tend

à assurer et régulariser l'exécution d'une loi déjà
existante qui ne prescrit contre ses infracteurs aucune espèce de peine ; ou enfin les mesures qu'il
ordonne ne sont relatives à aucune loi et forment
un règlement tout nouveau.

» Dans le premier cas, les tribunaux ne doivent
et ne peuvent avoir égard à l'arrêté qu'autant qu'il
est conforme à la loi ; ils ne doivent et ne peuvent
appliquer les dispositions pénales de l'arrêté qu'en
vertu de la loi dans laquelle l'arrêté les a prises ; et
ce n'est point dans l'arrêté, c'est dans la loi seule
qn'ils doivent chercher les règles de leur compétence.

» Ainsi, il n'importe que l'arrêté ordonne la tra-
duction des contrevenans devant des juges autres
que ceux à qui la loi attribue la connaissance de
leurs contraventions ; il n'importe que l'arrêté en-
chérisse sur la sévérité de la loi ; il n'importe que
l'arrêté substitue aux peines déterminées par la loi,
des peines moins rigoureuses : les tribunaux ne
doivent et ne peuvent s'en étayer ni pour s'attribuer
la connaissance d'un délit que la loi place hors de
leur juridiction, ni pour s'abstenir de la connaissance d'un délit que la loi leur attribue, ni pour se
montrer plus ou moins sévères que la loi.»

A l'appui de son opinion, M. Merlin cite une
foule d'arrêts.

Nous rapporterons le plus récent qui est du 27 janvier 1820.

Le 21 août 1819, arrêté du maire de la commune de Mamazet qui enjoint à tous les habitans de cette commune d'arborer un drapeau blanc à leurs maisons le jour de la Saint-Louis.

Le 6 septembre suivant, jugement du tribunal de police du canton de Mamazet, qui condamne les sieurs Baux, Alquier, Griffoulet, Chabert et Sabattier, chacun à 6 fr. d'amende, pour avoir contrevenu à cet arrêté, et motive cette condamnation sur l'art. 475 du Code pénal relatif aux infractions *des bans de vendange et autres bans autorisés par les règlemens.*

Les sieurs Baux, Alquier, Griffoulet, Chabert et Sabatier appellent de ce jugement au tribunal correctionnel de Castres, qui le confirme, le 24 novembre de la même année, attendu qu'aux termes du § 3 de l'art. 5 du titre 11 de la loi du 16 24 août 1790, le maintien du bon ordre dans les endroits où il se fait de grands rassemblemens d'hommes, *tels que les foires, marchés, réjouissances et cérémonies publiques,* est au nombre des objets confiés à la vigilance et à l'autorité des officiers municipaux.... que la disposition de l'arrêté de police dont il s'agit touche au maintien du bon ordre, puisqu'elle avait pour objet de prévenir l'impression fâcheuse que devait naturellement produire, sur une population

ardente , l'affectation de quelques dissidens à ne pas
arborer un signe , qui dans ce jour particulièrement
devait être considéré comme l'expression de l'amour
et du dévouement qui est dû à l'auguste monarque
dont on célébrait la fête ; d'où pouvaient naître des
propos injurieux et par suite des désordres.

Recours en cassation contre ce jugement ; et arrêt
ainsi conçu :

» *Vu l'art. 46 de la loi du 22 juillet 1791 , et les*
» *art. 1 , 2 , 3 , 4 et 5 du titre 11 de la loi du 24* août
1790.

» Attendu que des articles cités de ces lois , il
résulte que les tribunaux de police ne sont compétens pour connaître des contraventions aux arrêtés
de l'autorité municipale que relativement à ceux de
ces arrêtés qui ont été rendus *snr des objets de
police confiés à sa vigilance par les art. 3 et 4 du
titre 11 de ladite loi du 24* août 1790, ou par des
lois particulières ; que l'ordre qui serait donné aux
habitans d'une commune par l'autorité municipale
d'arborer aux croisées de leurs maisons un drapeau
pour la célébration d'une fête quelconque ne serait
relatif à aucun des objets de police spécifiés dans
les art. 3 et 4, titre 11 de la dite loi du 24 août
1790 ; qu'il ne pourrait particulièrement être considéré comme une mesure de police, propre à prévenir le trouble dans les lieux où il pourrait se faire
de grands rassemblemens d'hommes ; que cet ordre

ne rentrerait non plus dans les dispositions posté-
rieures d'aucune loi qui l'eût autorisé, et qui eût in-
vesti les tribunaux de police du droit de prononcer
des peines sur les contraventions qui pourraient y
être commises ; qu'on ne pourrait spécialement appliquer à ces contraventions les dispositions du
§ 1.er de l'art. 475 du chap. précédent qui punit
d'une peine de police *ceux qui auront contrevenu
aux bans de vendanges et autres bans autorisés
par les règlemens*, puisque cet article ne se réfère
qu'aux bans que les règlemens permettent de faire
dans certains lieux pour fixer le temps des vendanges et autres récoltes ; que les tribunaux de police seraient donc sans caractère pour connaître des
poursuites qui seraient faites devant eux contre ceux
qui auraient désobéi à un arrêté municipal portant un
ordre semblable et qui seraient fondés sur cette dé-
sobéissance , attendu néanmoins que lesdits Baux,
Alquier, Griffoulet, Sabattier et Chabert avaient
été cités devant le tribunal de police du canton de
Mamazet et condamnés à l'amende pour avoir refusé
d'obéir à un arrêté du maire de Mamazet, qui ordon-
nait à tous les habitans de cette commune d'arborer
un drapeau blanc à leurs maisons, le jour de la fête
de Saint-Louis ; que le tribunal de police correctionnelle de Castres, saisi de l'appel du jugement
du tribunal de police de Mamazet , en a prononcé
la confirmation , en quoi il a violé les règles de

compétence qui dérivent des art. 1, 2, 3 et 4, titre 11 de la loi du 24 août 1790;

« Par ces motifs, la cour casse et annulle.... »

Cette jurisprudence est fondée sur le texte d'une loi formelle. L'art. 46 de la loi du 22 juillet 1791, sur l'organisation d'une police municipale et correctionnelle, est ainsi conçu : « Aucun tribunal de
» police municipale, *ni aucun corps municipal ne*
» *pourra faire de règlement* : le corps municipal
» néanmoins pourra, sous le nom et l'intitulé de
» délibérations et sauf la réformation s'il y a lieu,
» par l'administration du département sur l'avis de
» celle du district, faire des arrêtés sur les objets qui
» suivent :

» 1.º Lorsqu'il s'agira d'ordonner les précautions
» locales sur les objets confiés à sa vigilance et à
» son autorité, par les art. 3 et 4 du titre 11 du
» décret sur l'organisation judiciaire.

» 2.º De publier de nouveau les lois et règlemens
» de police ou de rappeler les citoyens à leur ob-
» servation. »

Or, en lisant les art. 3 et 4 du titre 11 de la loi du 24 août 1790, dont les objets sont les seuls sur lesquels les corps administratifs puissent faire des règlemens dont l'infraction soit punissable de peines de simple police, on reconnaît qu'il n'y est nullement question des entreprises sur les cours d'eaux.

En lisant les art. 14 à 28 de la loi du 22 juillet

1791 qui désignent les faits de contravention , et l'art. 6o5 du Code du 3 brumaire an 4, qui contient une désignation semblable , on reconnaît encore que les entreprises sur les cours d'eau n'y sont pas comprises.

Mais ici se présente une autre question : Si depuis la loi de 1790, l'infraction des règlemens faits par les préfets sur les cours d'eau ne peut donner lieu à l'application de peines de simple police, n'en doit-il pas être autrement à l'égard des règlemens antérieurs faits par les ci-devant seigneurs ou leurs officiers, et qui auraient établi des peines ? Les tribunaux ne devraient-ils pas les appliquer, puisque l'art. 46 de la loi du 22 juillet 1791 donne aux corps administratifs le pouvoir « de publier de nou- » veau les lois et règlemens de police ou de rappeler » les citoyens à leur observation ? »

La négative nous semble incontestable. La même loi explique par l'art. 39 quels sont les règlemens anciens qu'elle confirme. Tous ne sont donc pas également maintenus. Au surplus, voici le texte même de la loi :

» Les règlemens actuellement existans sur le titre des matières d'or ou d'argent, sur la vérification de la qualité des pierres fines ou fausses, la salubrité des comestibles et des médicamens, sur les objets de serrurerie , continueront d'être exécutés jusqu'à ce qu'il en ait été autrement ordonné. Il en sera de même de ceux qui établissent des dispositions de sûreté , tant pour l'achat et la vente des matières d'or et d'argent, des drogues , médicamens et poison , que pour la présentation , le dépôt et adjudication des effets précieux dans les monts-de-piété , Lombards ou autres maisons de ce genre.

» Sont également confirmés provisoirement les règlemens qui subsistent touchant la voirie , ainsi que ceux actuellement existans à l'égard de la construction des bâtimens et relatifs à leur solidité et sûreté , sans que de la présente disposition il puisse résulter la conservation des attributions ci-devant faites sur cet objet à des tribunaux particuliers. »

Aussi cette loi , le Code de brumaire an 4 et le Code pénal de 1810 ne s'attachent-ils point à distinguer les anciens et les nouveaux règlemens. Ils considèrent uniquement les objets sur lesquels ils portent, et ne punissent comme nous l'avons déjà dit, que les infractions commises aux règlemens relatifs aux objets qu'ils désignent spécialement. Peu importe donc que les préfets aient le droit de faire des règlemens, qu'ils portent ou non des peines , qu'ils soient anciens ou nouveaux. La seule chose à examiner est si la loi prononce une peine contre l'infraction des règlemens relatifs à la matière dont ils traitent.

En résumant ce que nous avons dit dans cette discussion dont le lecteur excusera l'étendue , tant à cause de l'importance de la question que de la gravité de l'autorité que nous avions à combattre , il faut tenir pour constant que les conseils de préfecture ne connaissent dans aucun cas des contraventions commises sur les cours d'eau non navigables ni de l'exécution des règlemens que les préfets peuvent avoir faits à cet égard ;

Qu'il n'y a de faits punissables et constitutifs de délit ou contravention que ceux prévus par les art. 15 et 16 de la loi du 6 octobre 1791 et l'art. 457 du Code pénal ; ils sont de la compétence des juges de paix ou des tribunaux correctionnels; et remarquons encore que lors même que les préfets auraient pris des arrêtés ou fait des règlemens pour l'exécution de ces deux articles , l'infraction de ces règlemens ne serait punissable qu'autant qu'elle reposerait sur les faits énoncés dans ces mêmes articles , c'est-à-dire qu'il y aurait inondation ou transmission des eaux d'une manière qui nuise à autrui.

249. Mais enfin , dira-t-on, le changement d'un cours d'eau , l'anticipation de sa largeur , le jet d'immondices dans son lit ne peuvent pas demeurer impunis. Comment donc les fera-t-on réprimer?

La réponse est bien simple. Tout ce qui résulte de ce que nous avons dit, c'est que ces faits ne constituent ni délit , ni contravention ; qu'ils ne peuvent former la matière d'une poursuite devant les conseils de préfecture ni devant les tribunaux de police simple ou correctionnelle; mais il reste toujours à ceux qui prétendent éprouver un dommage , l'action civile pour le faire réparer. Ils pourront donc se pourvoir à cet effet devant les tribunaux civils.

Ainsi donc, dans tous les cas où il s'agit de mesures d'intérêt général , le préfet les prend seul et définitivement, sauf pourvoi devant le ministre et ensuite au Conseil d'Etat; et les particuliers qui ont éprouvé des dommages par suite du fait qui nécessite ces mesures, se pourvoient ou devant les tribunaux civils ou devant les tribunaux de police simple ou correctionnelle, suivant les distinctions que nous avons établies.

250. Le préfet étant chargé par la loi des 12, 20 août 1790 de procurer le libre cours des eaux et de les diriger vers un but d'utilité générale , pourrait ordonner pour cause d'utilité publique la destruction d'un moulin, d'une usine , d'un établissement quelconque construit sur une rivière non navigable ni flottable ; c'est ce qui a été décidé par un arrêt du Conseil d'Etat du 16 avril 1811 , n.º 778 ; mais comme d'après cet arrêt même , il faut que les motifs d'utilité publique soient d'abord régulièrement constatés , il nous semble qu'il serait indispensable que les formalités prescrites par la loi du 8 mars 1810 sur les expropriations pour cause d'utilité publique eussent été préalablement observées.

Or, ces formes consistent,

1.º Dans l'ordonnance royale, qui seule peut ordonner des travaux publics ou achats de terrein ou édifices destinés à des objets d'utilité publique ;

2.º Dans l'acte du préfet qui désigne les localités ou territoires sur lesquels les travaux doivent avoir lieu, lorsque cette désignation ne résulte pas de l'ordonnance même, et dans l'arrêté ultérieur par lequel le préfet détermine les propriétés particulières auxquelles l'expropriation est applicable.

(Art. 3 de ladite loi.)

Suivant l'art. 4, cette application ne peut être faite à aucune propriété particulière qu'après que les parties intéressées ont été mises en état d'y fournir leurs contredits, selon les règles établies par la même loi.

L'expropriation ne peut être définitivement prononcée que par l'autorité judiciaire qui fixe le montant de l'indemnité.

Ainsi, par exemple, s'il existe une usine sur un cours d'eau que l'Etat veut rendre navigable, et que cette usine nuise à la navigation, il faudra que le préfet, avant de faire procéder à la démolition, fasse prononcer l'expropriation dans les formes prescrites par la loi du 8 mars 1810, et qu'une indemnité soit payée au propriétaire. Il en serait de même dans le cas où le Gouvernement aurait besoin d'employer les eaux ou une partie des eaux qui alimentent ce moulin, à faire mouvoir d'autres établissemens d'un grand intérêt comme des fonderies, des forges, des manufactures d'armes. Cette décision serait applicable, soit que l'établissement fût entrepris par l'Etat même, soit qu'il le fût par de simples particuliers. Supposons encore qu'un pays soit pauvre, que ses habitans soient nombreux et sans travail; il nous semble que la nécessité de leur en procurer, de les faire exister, ce qui pourrait avoir lieu au moyen d'un nouvel établissement, serait un motif suffisant d'utilité publique pour obliger le propriétaire d'une usine qui y ferait obstacle à céder la totalité de sa propriété, ou une partie des eaux qui la font mouvoir; il nous semble qu'il en serait de même, s'il n'existait pas dans une ville populeuse ni dans le rayon d'une grande distance de moulins pour moudre les grains destinés à sa subsistance; mais dans tous ces cas, l'indemnité qui serait due devrait être payée par ceux qui élèvent le nouvel établissement.

251. En raisonnant ainsi, nous supposons nécessairement que la propriété de l'usine qu'il s'agit de sacrifier à l'utilité publique est certaine et reconnue; autrement il n'y aurait lieu ni à remplir les formalités exigées par la loi du 8 mars 1810, ni à l'indemnité, et le préfet pourrait ordonner seul la démolition de l'usine.

252. Mais quand donc un établissement est-il

une propriété , quand n'en forme-t-il pas ? c'est ce qu'il faut examiner.

Deux cas peuvent se présenter : ou l'établissement a été autorisé, ou il ne l'a pas été.

253. Lorsqu'un établissement n'a pas été autorisé, peut-il néanmoins constituer une propriété par la possession ?

Nous avons vu , dans la première partie , que la simple possession ne pouvait faire acquérir aucun droit sur les rivières navigables ou flottables, à moins qu'elle ne fût antérieure à 1566 ; mais le motif de cette prohibition est que ces rivières appartiennent à l'Etat et que la propriété n'en peut être prescrite, contre lui. On voit que ce motif ne peut s'appliquer aux cours d'eau non navigables dont le lit appartient aux riverains qui ont aussi l'usage exclusif des eaux qui y coulent. C'est pour cela que la propriété exclusive d'un cours d'eau peut être acquise par l'un d'eux , au moyen de la prescription ; et qu'un particulier non riverain peut par le même moyen y acquérir des droits ; cela posé , ou les établissemens non autorisés ont été construits avant la loi du 12 20 août 1790 , ou ils ne l'ont été que depuis.

Nous avons dit qu'avant cette époque, ou du moins avant l'abolition de la féodalité en France , qui date de 1789 , les seigneurs étaient réputés propriétaires des cours d'eau non navigables coulant dans l'étendue de leurs Seigneuries ; nous avons dit aussi en quoi consistait cette propriété, et nous avons ajouté que, lorsqu'ils n'étaient pas propriétaires, ils avaient du moins la police des eaux. En vertu de ces droits, eux seuls pouvaient construire des usines dans l'étendue de leurs fiefs, et lorsqu'ils ne voulaient ou ne pouvaient exercer cette faculté par eux-même ils, pouvaient la concéder à d'autres, ce qui avait ordinairement lieu au moyen de certaines redevances payées au seigneur, indépendamment des droits féodaux.

Lorsqu'un établissement avait subsisté pendant le temps usité dans le pays, pour constituer la prescription, il était censé avoir été autorisé, et l'on supposait que le titre primitif de concession était perdu. La prescription y suppléait et constituait un titre aussi fort que l'aurait été ce titre primitif lui-même. En effet, un établissement nouveau pouvait porter préjudice au seigneur et aux riverains, qui peut-être possédaient aussi des moulins et usines, dont l'activité se trouvait ralentie par l'emploi que le propriétaire du nouvel établissement faisait d'une partie des eaux destinées à les faire mouvoir. C'était principalement pour obvier à cet inconvénient qu'on exigeait l'autorisation du seigneur; mais lorsque cet établissement avait existé pendant le temps de la prescription, sans trouble, sans donner lieu à aucune réclamation de la part du seigneur ni des riverains, il était suffisamment démontré par leur silence que le nouvel établissement ne pouvait leur nuire ; il eût été inutile et par conséquent injuste d'en faire prononcer la destruction ; d'ailleurs, toute propriété pouvant s'acquérir par la prescription , le propriétaire de ce nouvel établissement avait acquis par ce moyen contre le seigneur et les riverains le droit de le conserver tel qu'il était.

Ces principes qui sont puisés dans l'ancienne jurisprudence ont été formellement reconnus par l'autorité administrative elle-même. Voici ce que répondait, en l'an 12, le ministre de l'intérieur, aux questions d'un préfet qui avait reconnu la nécessité de supprimer plusieurs moulins existans, avant 1790, sur les rivières et cours d'eau non navigables de son département : « Vous ne pourriez » faire supprimer sur les petits cours d'eau, que » ceux des moulins ou usines reconnus nuisibles qui » ne seraient pas fondés en titres ; car, pour les » autres dont la propriété est fondée, il n'est inter- » venu à ce sujet aucune décision, *et tout au plus,* » *on doit présumer que leur destruction pourrait* » *être provoquée, en observant les formalités pres-* » *crites dans le cas où un particulier est tenu de* » *céder sa propriété pour cause d'utilité publique.*

» Mais il importe de déterminer ce qu'on doit en- » tendre par un moulin, dont la propriété est *fondée* » *en titres* ; et je suis d'avis que l'on doit regarder » comme tels tous ceux qui existaient avant 1790 ,

» en vertu de permissions légales, ou dont l'exis-
» tence sans trouble *avait et a acquis le temps de*
» *la prescription.* »

Cette décision ministérielle est rapportée par M. Pardessus, dans son excellent traité des Servitudes, page 160.

254. Mais ces principes peuvent-ils s'appliquer aux usines établies depuis 1790? Le droit de les conserver s'acquiert-il par la prescription? Nous croyons l'affirmative incontestable, et les mêmes motifs que nous avons donnés relativement aux établissemens antérieurs à 1790., nous paraissent devoir servir à résoudre la question proposée.

Si l'administration est chargée de la police des petites rivières, c'est dans l'intérêt même de ceux qui ont droit d'en jouir, pour éviter le désordre et les contestations, et veiller à ce qu'elles reçoivent l'emploi, la destination la plus utile. Si aucune usine ne peut être établie sans la permission de l'autorité, même sur la propriété de celui qui veut la construire, si cette permission ne peut être accordée qu'après les formalités prescrites, c'est pour mettre les riverains à même de faire leurs réclamations, et de démontrer que le nouvel établissemeut peut leur nuire, et par ce motif, il faut nécessairement admettre que lorsqu'un établissement aura subsisté pendant le temps requis pour constituer la prescription sans trouble, sans aucune réclamation, il sera prouvé qu'il ne peut nuire à personne, et que le propriétaire qui l'a fait bâtir aura acquis la propriété du droit de le conserver; un systême contraire amènerait la conséquence qu'un établissement qui aurait cent ans d'existence paisible, et même davantage, pourrait être détruit. Il suffit d'énoncer cette proposition pour la réfuter; chacun se convaincra facilement qu'elle est inadmissible.

255. Lorsque ces établissemens sont autorisés, deux cas peuvent se présenter : si les moulins et usines ont été autorisés par les seigneurs qui avaient seuls le droit d'accorder la permission nécessaire, l'abolition de la féodalité n'y ayant, comme nous l'avons dit, porté aucune atteinte, ces établissemens doivent continuer de subsister, parce qu'ils ont pour base le titre le plus fort qu'il était possible d'avoir à l'époque où ils ont été formés.

Si l'établissement est autorisé par une ordonnance royale, il repose sur le titre le plus respectable, et sa propriété est incontestable.

Toutefois nous devons répéter ici la remarque que nous avons déjà faite plusieurs fois, c'est que cette propriété ne peut être opposée qu'aux riverains et à l'autorité administrative, sans porter aucune atteinte au droit du propriétaire de la source d'en changer le cours à sa volonté.

256. Mais si les riverains peuvent acquérir, les uns à l'égard des autres, le droit d'usine sur les

cours d'eau non navigables , en est-il de même du droit d'user des eaux proprement dit?

Ainsi, par exemple, pendant trente ans un particulier aura joui sans opposition de tel volume d'eau pour l'activité de son usine, pendant trente ans il aura fait telle retenue d'eau, pendant trente ans il l'aura tenue à la même hauteur , aura-t-il acquis le droit de conserver le même état de choses? Cet état de choses constituera-t-il une propriété? Nous penchons pour l'affirmative, et il nous semble que les raisons que nous avons déjà données pour démontrer l'acquisition du droit d'usine sont les mêmes, lorsqu'il s'agit de l'acquisition d'un volume ou d'une hauteur d'eau. Les riverains qui ont souffert, sans se plaindre, pendant le temps requis, par la prescription que le propriétaire de l'usine usât de tel volume d'eau, et la tînt à telle hauteur , ont reconnu que cet état des choses était nécessaire à l'usine , et ne leur portait aucun préjudice. La présomption naturelle est, qu'il est intervenu entre eux et le propriétaire du moulin une convention à cet égard; et nous avons vu que des conventions pouvaient régler entre les riverains l'usage des eaux et le droit de s'en servir.

Toutefois, il faudrait qu'il fût certain que la possession du propriétaire de l'usine n'est pas fondée sur une simple tolérance des riverains. Ainsi, supposons que depuis long-temps les héritages de ceux-ci fussent plantés en bois destinés au chauffage ou en vignes ; que par ce motif ils eussent toujours laissé la jouissance totale de l'eau au propriétaire de l'usine, il nous semble que ces riverains pourraient changer la nature de leurs héritages, les transformer en prairies, et réclamer pour l'irrigation une partie des eaux qui font mouvoir le moulin ; il nous semble que la jouissance qu'aurait eue ce propriétaire, ne pourrait être réputée que l'exercice d'une simple faculté, et que ce serait le cas d'appliquer l'article 2232 du Code civil, d'après lequel les actes de pure faculté et ceux de simple tolérance ne peuvent fonder ni possession, ni prescription.

Mais si les riverains avaient des prairies ou des usines depuis l'établissement de l'état des choses qu'ils veulent faire changer, et qu'ils eussent joui des eaux pour le service de leurs propriétés, il nous semble aussi que la continuation de cet état des choses, pendant le temps requis pour la prescription, suffirait pour fixer les droits respectifs, à moins que par des évènemens indépendans de la volonté des riverains, par exemple, la diminution du volume des eaux, il ne se fût opéré dans leur cours des changemens qui exigeassent des dispositions nouvelles.

Dans aucun cas, il ne peut être établi d'autre usine sur le même cours d'eau, au préjudice du propriétaire d'un établissement déjà existant; car, ainsi que nous l'avons dit, on ne peut exiger le sacrifice de l'usine primitive, ou d'une partie des eaux destinées à la faire mouvoir, que pour cause d'utilité publique bien constatée, et moyennant une indemnité préalable. On ne peut pas dire dans ce cas, comme dans celui de l'irrigation, que le riverain qui n'a pas construit d'usine et qui a laissé un autre jouir pour la sienne du volume d'eau nécessaire, n'a fait qu'un acte de tolérance et de bon voisinage.

256. Il peut s'élever à cet égard une question importante. Quelques actes de concession d'usines établies depuis la loi du 19 ventose an 6 portent que, dans les cas où l'Etat jugerait nécessaire de faire démolir ces usines, il n'y aura lieu à aucune indemnité. Nous pensons qu'une telle clause ne ferait pas obstacle au paiement de l'indemnité, parce qu'aucune loi ne donne à l'autorité administrative le droit de l'imposer, et que par conséquent l'art. 545 du Code civil et la loi du 8 mars 1810 n'en peuvent éprouver aucune atteinte.

L'instruction du ministre de l'intérieur, du 19 thermidor an 6, qui prescrit l'insertion de cette réserve dans tous les actes de concession, est uniquement relative à l'exécution de l'art. 9 de la loi du 19 ventose an 6; or, cet article ne parle que des rivières navigables ou flottables, et des canaux qui en sont une dépendance.

Que l'Etat fasse cette réserve pour ces rivières et ces canaux, cela est également juste et fondé sur le motif qu'étant propriétaire exclusif, nonobstant tout titre ou possession, il peut imposer à l'aliénation qu'il fait de sa chose, par une pure libéralité, toutes les conditions que bon lui semble; mais il n'en peut être de même des cours d'eau non navigables ni flottables, puisque leur lit appartient aux riverains, et que d'après l'art. 644 du Code civil, ils ont le droit d'user de l'eau pendant qu'elle coule sur leur propriété, ce qui comprend nécessairement le droit de l'employer à faire mouvoir des usines. C'est là un droit acquis à chaque riverain, que l'administration ne peut lui enlever. L'autorité administrative est seulement appelée à vérifier si dans l'état présent des choses cet établissement est ou non nuisible au public, et à prescrire les mesures nécessaires à cet égard; mais une fois que ces mesures sont prises, que l'usine est autorisée et construite, elle ne peut plus être détruite sans indemnité. Il faudrait néanmoins excepter le cas où immédiatement après sa construction on apercevrait ce qu'on n'avait pas vu avant l'autorisation, que cet établissement nuit aux autres usines ou aux héritages riverains; car, comme nous l'avons dit, les droits des tiers doivent toujours être respectés.

« Encore, dans ce cas, le préfet ne peut-il ordonner de sa propre autorité la destruction de l'usine, qui ne peut avoir lieu sans une ordonnance royale.

Ces principes ont été consacrés par un arrêt du Conseil d'Etat du 29 août 1821 , rendu dans l'espèce suivante :

En 1812 , le sieur Martin fut autorisé à rétablir un ancien moulin. Il a construit, et s'est conformé aux conditions qui lui avaient été imposées par l'acte d'autorisation.

Le sieur Selves est propriétaire d'un parc voisin du moulin; il en reçoit les eaux. En 1813 , quelques murs de cascade s'écroulèrent dans ce parc; le sieur Selves en a attribué la cause à l'action du moulin. Il a, en conséquence, fait des réclamations devant le préfet de Seine-et-Marne.

Le 9 avril 1821 , ce magistrat a mis le moulin du sieur Martin en chomage *pour toujours*. Par deux arrêtés subséquens, il a prescrit la démolition (dans le délai de huitaine) d'un aqueduc et de divers autres ouvrages.

Le sieur Martin a demandé au Conseil d'Etat la réformation de ces arrêtés, pour cause d'excès de pouvoir.

Sur ce est intervenu l'ordonnance suivante :

« Louis, etc., sur le rapport du comité du contentieux;

« Vu la requête, etc. ;

« Considérant que l'arrêté du préfet du départe-

ment de Seine–et–Marne, en date du 9 avril 1821,
portant interdiction et mise en chomage pour toujours de l'usine du sieur Martin, est une véritable
violation de l'autorisation qui avait été donnée à ce
propriétaire le 10 novembre 1812; considérant que
la révocation d'une autorisation d'usine ne peut être
prononcée que par nous, dans les cas prévus par les
lois ou par l'acte d'autorisation, et après avoir ob-
servé les formalités prescrites pour lesdites autorisations, que dès-lors le préfet aurait dû se borner
à donner son avis sur les plaintes portées contre l'u-
sine du sieur Martin; qu'ainsi il a excédé ses pouvoirs
en interdisant ladite usine par son arrêté du 9 avril
1821, et mettant ledit arrêté à exécution par ceux
des 30 mai et 17 juillet suivant, qui ordonnent diverses démolitions d'ouvrages et le rétablissement
de l'ancien état des lieux ;

« Notre Conseil d'Etat entendu, nous avons ordonné, etc.

« Les arrêtés du préfet du département de Seine-
et-Marne, des 9 avril, 30 mai et 17 juillet 1821,
sont annulés pour excès de pouvoir. »

(Macarel, tome 2, page 294.)

Concluons donc de là que le préfet ne peut seul
ordonner la démolition d'une usine qu'autant qu'elle
n'a point été autorisée, et que la prescription n'est
point acquise.

257. Mais s'il s'élève des difficultés sur les titres

de propriété ou sur la possession, quelle est l'autorité compétente pour en connaître?

Il faut distinguer : si la propriété repose sur la possession , les tribunaux devront statuer ; car à eux seuls appartient le pouvoir de constater des faits propres à établir une propriété privée.

Si la propriété repose sur des titres, il faut sous-distinguer : ou le titre est antérieur à 1790, telle qu'une concession émanée du seigneur ; dans ce cas , c'est encore aux tribunaux à l'apprécier et à en déterminer le sens et l'étendue.

Ou le titre invoqué est une autorisation administrative accordée depuis 1790 ; et comme il s'agit alors de l'interprétation d'un acte administratif, que d'après les lois du 24 août 1790 et du 1.er fructidor an 3 , les tribunaux ne peuvent connaître de pareils actes, c'est uniquement à l'administration qu'il appartient de statuer.

Mais est-ce aux conseils de préfecture que la contestation devra être portée ? Non. Comme nous l'avons dit plusieurs fois , ces conseils ne peuvent connaître que des matières qui leur sont spécialement attribuées par la loi ; or, celle du 14 floréal an 11 ne leur attribue sur les rivières non navigables que le pouvoir de décider quelques difficultés relatives au curage et aux travaux d'entretien de ces mêmes rivières. Il faudra donc recourir à l'autorité qui a rendu l'acte qu'il s'agit d'interpréter. Si cet acte est une ordonnance royale , le préfet et le Ministre donneront leurs avis sur la difficulté, et le Roi décidera.

258. En terminant, nous ferons remarquer que si , comme nous l'avons dit, les tribunaux sont chargés relativement aux cours d'eau qui ne formant ni des rivières navigables, ni des rivières flottables , n'appartiennent pas au domaine public de décider si telles ou telles personnes en peuvent ou non détourner les eaux, ils ne doivent prendre à ce sujet aucune mesure de police répressive, ni en ordonner le curage, ou faire faire des travaux quelconques, soit pour faciliter l'écoulement des eaux, soit pour empêcher qu'il ne nuise au public. Dans ce cas, l'administration est seule compétente.

C'est ce qu'a décidé la Cour de cassation , par arrêt du 4 février 1807 , dans une espèce remarquable.

Le juge-de paix du canton de Château-Regnard , arrondissement de Montargis , département du Loiret , de l'avis des maire, adjoint et des anciens du pays sur ce consultés, rendit, le 22 vendémiaire an 14, une ordonnance portant 1.º que l'espèce de batardeau fait dans le ru de la Dardenne, vis-à-vis la pièce de terre du sieur Lanos , sera détruit, afin de rendre au cours d'eau son écoulement dans toute la largeur dudit ru; que les maire et adjoint inviteront les habitans à enlever, le plus tôt qu'il sera possible, une espèce de langue de terre qui se trouve au milieu dudit ru, pour faciliter l'écoulement des eaux ; 2.º que le ru de la Dardenne, dont on a dérangé le cours, à partir du grand chemin pour le faire aller droit à la rivière, ce qui occasionne l'encombrement de la rivière, sera rétabli dans son ancien lit, le long des haies et troques qui fixaient sa limite, de façon que la sinuosité empêche la rapidité du torrent, et que toutes les pierres, sable et gravier qu'il charroie, soient arrêtés avant que de tomber dans la rivière, et se répandent dans un terrein autrefois à ce destiné et appartenant ci-devant à la commune qui l'a concédé au sieur Leday, meunier, lequel, pour son avantage et de son consentement, s'arrangera pour arrêter ledit encombrement ; à cet effet, il est autorisé à faire placer une barrière, la plus solide possible, au commencement du ru nouvellement établi, afin de faire dégorger les immondices dans l'ancien ; 3.º qu'il fera également enlever les cailloux, pierres et sables par lui amoncelés sur le bord de la rivière, et les fera répandre dans des trous creusés sur le bord opposé de ladite rivière, du côté des usages ; le tout, sous la direction du maire et de l'adjoint spécialement chargés de l'exécution de la présente ordonnance de police, laquelle s'exécutera provisoirement nonobstant appel ou opposition, attendu qu'il s'agit de fait de police et du salut public.

« S'agit-il, disait M. Merlin dans cette affaire, de

prendre sur un cours d'eau une mesure de police non répressive ? S'agit-il d'en ordonner le curage ou d'y faire faire des travaux quelconques, soit pour faciliter l'écoulement des eaux, soit pour empecher qu'il ne nuise au public? Alors la justice devient incompétente, et l'administration seule peut agir.

Il en est, à cet égard, d'un cours d'eau comme d'un chemin vicinal. Si un particulier s'approprie un chemin vicinal, s'il le dégrade ou s'il l'embarrasse, les tribunaux sont là pour le réprimer. Mais s'il est question ou d'agrandir un chemin de cette nature, ou d'en changer la direction, ou de le faire réparer, en un mot, d'y faire des travaux commandés par la nécessité ou l'utilité générale, ce n'est plus l'affaire des tribunaux, c'est uniquement celle de l'administration.

Il résulte clairement de ces dispositions que tous les travaux à faire aux rivières non navigables, et par conséquent aux cours d'eau, tels que le ru de la Dardenne, ne regardent en rien le pouvoir judiciaire, et que l'administration seule est compétente pour les ordonner.

Ainsi s'exprimait M. le procureur-général, et ces principes ont été consacrés par l'arrêt ci-devant daté.

259. A plus forte raison les tribunaux sont-ils incompétens pour ordonner le changement du lit d'une rivière ou d'un ruisseau, à l'effet d'en prévenir les débordemens.

C'est ce qu'a décidé un arrêt du Conseil d'État, en date du 22 décembre 1811; l'un des motifs est ainsi conçu :

« Considérant que dans l'état actuel le lit du
« ruisseau se trouve tellement comblé, qu'aux moin-
« dres crues les eaux menacent les propriétés voi-
« sines et la grande route ; et qu'aux termes de la loi
« du 14 floréal an 11, l'administration seule est
« chargée d'ordonner et de surveiller les travaux à
« faire ; que le tribunal de Grenoble, en ordonnant
« le changement du lit du ruisseau dans la circon-
« stance où il se trouve, a évidemment commis un
« excès de pouvoir, et violé les règles de compétence
« établies par la loi. »

FIN.

APPENDICE

DE LA PREMIÈRE PARTIE.

Nous avons dit, 1.ere partie, art. 2, que la police des rivières navigables et flottables, canaux, chemins de halage, etc., appartient aux préfets des départemens quant au droit de prendre toutes les mesures nécessaires pour prévenir les contraventions et les accidens nuisibles à l'intérêt général;

Nous devons faire remarquer qu'il a été fait en partie exception à cette disposition pour le département de la Seine.

La loi du 28 pluviose an 8, article 16, crée un préfet de police à Paris.

Les fonctions de ce préfet de police sont déterminées par un arrêté du Gouvernement du 12 messidor an 8. Voici les dispositions de cet arrêté relatives à la matière des eaux.

Art. 22. Il fera observer les règlemens sur l'établissement des conduits pour les eaux de pluie et les goutières; il fera effectuer l'enlèvement des boues, matières malsaines, neiges, glaces, décombres, vases sur les bords de la rivière après les crues des eaux.

Art. 24. En cas de débordemens et débacles, il

ordonnera les mesures de précautions , telles que déménagement des maisons menacées, rupture de glaces, garage de bateaux. Il sera chargé de faire administrer des secours aux noyés.

Art. 53. Il fera surveiller la rivière , les chemins de halage , les ports, chantiers, quais , berges , gares , estacades, les coches , galiotes , les établissemens qui sont sur la rivière pour les blanchisseries , le laminage ou autres travaux; les magasins de charbon , les passages d'eau , bacs, batelets, les bains publics , les écoles de natation et les mariniers , ouvriers , arrimeurs , chargeurs , déchargeurs , tireurs de bois , pêcheurs et blanchisseurs ; les abreuvoirs, puisoirs, fontaines , pompes et les porteurs d'eau.

« Art. 34. Il requerra, quand il y aura lieu , les réparations..... des voiries et égouts, des fontaines , regards, aqueducs , conduits , pompes à feu et autres ; des ports , quais , abreuvoirs , bords , francs-bords , puisoirs, gares , estacades et des établissemens et machines placés près la rivière pour porter secours aux noyés.

» Art. 43. Il ordonnera les dépenses extraordinaires en cas d'incendies, débordemens et débacles. »

Un arrêté du Gouvernement du 3 brumaire an 9 étend les attributions du préfet de police : il établit qu'il les exercera dans toute l'étendue du département de la Seine et dans les communes de

Saint-Cloud, Meudon et Sèvres du département de Seine-et-Oise, en ce qui concerne notamment les objets ci-devant énoncés.

Un autre arrêté du 6 messidor an 10 détermine les rapports que doit avoir chacun des deux préfets avec le conseil de préfecture.

Art. 1.ᵉʳ Le conseil de préfecture du département de la Seine, présidé par le préfet du département connaîtra, dans les séances qui auront lieu les lundis, mercredis et samedis, des affaires contentieuses administratives qui sont dans les attributions du préfet du département.

Art. 2. Le même conseil présidé par le préfet de police connaîtra, dans une séance qui aura lieu le vendredi de chaque semaine, de toutes les affaires contentieuses administratives qui sont dans les attributions du préfet de police, d'après le règlement des consuls du 12 messidor an 8, et les dispositions de la loi du 19 floréal an 10.

TABLE ALPHABÉTIQUE

DES MATIÈRES.

Le chiffre indique la page.

A.

ACTION *civile* peut avoir lieu dans tous les cas où des intérêts privés sont lésés. 68. Devant qui doit-elle être portée, *ibid.* et 81, 100, 101.

Correctionnelle. Il y a lieu à cette action dans les cas d'inondation causée par la trop grande élévation d'un déversoir ou autrement. 78, 101. Dans le cas de pêche sans autorisation. 80, 81.

Possessoire, complainte. Quand peut-elle avoir lieu à raison des entreprises faites sur les rivières navigables et flottables. 68 à 73 et 83. Et à raison des entreprises faites sur les rivières non navigables ni flottables. 100 à 110. Dans quels cas ne peut elle avoir lieu. *Ibid.* N'est pas restreinte à l'entreprise sur les cours d'eau, servant à l'arrosement des prés. *Ibid.* Voyez *Alluvion, Aqueduc.*

Possessoire, réintégrande. Ce que c'est. 73. Quand peut-elle être intentée. *Ibid.* et 74, 77, 78. En quoi elle diffère de la complainte. *Ibid.* et 75, 76, 83.

ADMINISTRATION. Voyez *Autorité administrative.*

ALLUVION. Appartient au propriétaire riverain, que la

rivière soit navigable, flottable ou non. 9. 47. N'a pas lieu à
l'égard des lacs et étangs, et la possession dans ce cas ne peut
autoriser la complainte. 158.

AMENDE. A raison des contraventions sur les rivières navigables et flottables ne peut être prononcée que par les
conseils de préfecture. 37 à 40. Voyez contravention, délit.

AQUEDUC. Ce que c'est 165, 166. quels actes le constituent. 166. Le curage en général n'est pas un fait possessoire.
Ib. Différence entre le droit d'aqueduc et celui acquis contre le
propriétaire d'une source. 167. Règles pour déterminer par qui
l'aqueduc est censé construit et à qui il apartient 170. Comment
s'exerce la servitude d'aqueduc. *Ib.* Quand s'éteint-elle. 171.
Celui qui a un droit d'aqueduc ne peut l'étendre. 173. Mais il
peut le céder à un tiers. *Ib.* et 174. L'existence de l'aqueduc pendant un an autorise la complainte. *Ib.* La servitude d'aqueduc
ne confère pas plus de droits que n'en ont les riverains. 174.

ATTÉRISSEMENS. Voyez *Iles, Ilots.*

AUTORISATION. Voyez *conseils de préfecture, préfet,
Rivières navigables.*

AUTORITÉ *administrative.* Elle a la police de toutes les
rivières navigables, flottables, canaux, chemins de halage,
francs-bords, fossés et ouvrages d'art qui en dépendent. 20.
Cette attribution se divise en deux parties : 1.° droit de prévenir; 2.° pouvoir de reprimer. *Ibid.* Le premier appartient
aux préfets et sous-préfets. *Ibid.* Le second aux conseils de
préfecture 32 Voyez *Conseils de préfecture, Préfet.*

AUTORITÉ *judiciaire.* Voyez *Conflit, Propriété, Tribunaux.*

B.

BACS (droits de) bateaux. Ceux qui appartenaient aux particuliers sur les rivières navigables et flotables sont supprimés sans indemnité et dévolues à l'état, sauf remboursement des objets matériels 57. Exceptions. *Ibid.* et 58.

C.

CANAL. Fait de main d'homme est réputé la propriété du maitre du moulin auquel il conduit l'eau 184. Explication de ce principe 184 à 191. Les riverains ne peuvent le percer et en extraire l'eau, lors même qu'il en resterait encore suffisamment pour le propriétaire du moulin 197, 198. L'entreprise sur un canal même naturel donne lieu à la complainte. 190, 200. Voyez *Action possessoires, Aqueduc, Rivières navigables.*

CHEMIN DE HALAGE. Ce que c'est ; obligation de le souffrir. 6 à 11. Indemnité due à raison de terreins pris pour former chemin de halage, depuis le 22 janvier 1808, 11. Voyez *Autorité administrative.*

COMMUNAUTÉ D'HABITANS. Droit d'empêcher de détourner ou faire disparaître le cours d'une source, lorsqu'elle est nécessaire à une commune, village ou hameau. 147. Comment ce droit peut il être exerce. 149. Il est le même pour l'eau des fontaines, puits, étangs, mares. 150. Peut devenir l'objet d'une action possessoire, en faveur de la commune et même de chacun de ses habitans. 148. 149.

COMPÉTENTE. Ligne de démarcation entre le pouvoir administratif et le pouvoir judiciaire. 219 à 221. L'autorité administrative ordonne et dispose dans l'intérêt général. 219, 220. L'autorité judiciaire prononce sur les intérêts privés. 220. Les objets d'intérêt général, la fixation de la hauteur des eaux sont du ressort de l'autorité administrative. 244. Les questions d'intérêt privé, celles qui tiennent à la propriété, à l'usage des eaux, l'interprétation des actes, l'appréciation des faits et de la possession appartiennent aux tribunaux. 244. C'est aux tribunaux à prononcer sur une demande tendant à faire démolir un moulin, en vertu d'un acte qui en contient l'obligation. 257 à 264. C'est à ceux à statuer lorsqu'il s'élève une question de propriété fondée sur des actes et jugemens, entre les acquéreurs et les actionnaires d'un canal d'irrigation. 264 à 268. Et lorsqu'il s'agit de savoir si une source est la propriété de tiers ou si elle est compris dans une vente nationale. 269. Autres cas analogues. 270,271. Il en est de même d'une contestation entre un société d'arrosans et un propriétaire qui prétend n'en pas faire partie. 271 à 280. Autres questions de propriété ou d'usage des eaux qui sont du ressort des tribunaux. *Ibid.* à 285. Lorqu'il s'élève des difficultés sur les titres de propriété ou sur la possession d'une usine, que l'administration veut faire démolir pour cause d'utilité publique, la connaissance en appartient, suivant les cas, ou au pouvoir administratif ou aux tribunaux. 332, 333. Voyez *Conseils de préfecture*, *Préfets*, *Tribunaux*.

COMPLAINTE. Voyez *Action possessoire*.

CONFLIT. Les jugements ou poursuites judiciaires qui tendent à paraliser l'effet des arrêtés administratifs doivent êtres annulés par la voie du conflit. 30. Le conflit peut être élevé après un arrêt de cour royale, ettant que les délais pour se pourvoir en cassation ne sont pas expirés. 236.

CONSEILS DE PRÉFECTURE. Ils ont le pouvoir de réprimer les contraventions commises sur les rivières navigables, flottables et accessoires. 20, 32, 33, 34, 35, 38, 39, 40, 41. Ils peuvent statuer sur une question de propriété, lorsqu'elle dépend de l'appréciation d'un acte de concession émané du gouvernement. 33. 34. Sont chargés de prononcer sur les questions qui intéressent l'ordre public. 42. N'ont aucun pouvoir de répression sur les rivières non navigables ni flottables. 288 à 298. Ne peuvent connaître que des contestations sur les frais de curage, entretien, réparation ou reconstructions. 298 à 301.

CONTRAVENTIONS. Lorsqu'une contravention de grande voirie présente un délit entrainant la peine corporelle, les conseils de préfecture ne prononcent que les amendes et autres condamnations de leur compétence, et la peine corporelle est prononcée par les tribunaux. 41, 42. Le détournement des cours d'eau, l'anticipation sur leur largeur, le dépôt de matériaux ou jet d'immondices dans leur lit, ne constituent ni délit ni contravention. 302. à 304. Et ne peuvent donner lieu qu'à une action civile devant les tribunaux ordinaires. 318, 319. les seuls faits qui constituent des délits ou contraventions, sont la pêche et l'inondation ou transmission nuisible des eaux. 303, 317. Ils sont de la compétence des tribunaux de police simple ou correctionnelle. 302 à 318.

CONVENTION, Voyez *Eaux*.

COURS D'EAU. Ce que c'est. 197. Est toujours présumé naturel jusqu'à preuve contraire. 124. Son lit présumé mitoyen. 176. Un des riverains peut en acquérir la propriété exclusive et comment. 177 à 182. Droits que confère la propriété exclusive d'un cours d'eau. 182, 183. Celui dont un cours d'eau traverse l'héritage peut le détourner, pourvu qu'il le rétablisse dans son lit ordinaire à la sortie de son fonds. 209. Et sans l'absorber. 210 à 214.

CURAGE *des rivières navigables et flottables* est en général à la charge de l'Etat. 44. Cas dans lesquels il est à la charge des particuliers. 44, 45, 46. Doit être ordonné par le Préfet. 46, 47.

Des rivières non navigables ni flottables; est aux frais des riverains, lors même que le lit des eaux serait comblé par un événement indépendant de leur volonté. 91. C'est au Préfet à l'ordonner d'office ou sur la provocation des parties intéressées. 3oo. Règles à suivre pour le curage et la décision des difficultés qu'il peut présenter. 298 à 3o1. Les tribunaux ne peuvent dans aucun cas ordonner le curage. 333 à 336. Ni ordonner le changement du lit d'un ruisseau. *Ibid.* Voyez *Police des Rivières*

D.

DELIT. Voyez *Contravention.*

DIGUES. Ne peuvent être construites sans autorisation administrative. 45, 49. N'en peut être élevé par le propriétaire de l'héritage inférieur pour empêcher l'écoulement des eaux. 91.

E.

EAUX. Nécessité qu'elles aient un cours. 2, 90 à 93. Le propriétaire supérieur ne peut, à l'aide de travaux, en augmenter le volume, inonder les riverains, ni corrompre les eaux. 94, 95. Ne peut rien innover au cours d'eau qui doit toujours être naturel, *ibid.* Et sans que la main de l'homme y ait contribué, *ibid.* et 96. Exception dans l'intérêt de l'agriculture. 97. Faculté d'aider et de diriger l'écoulement naturel. 97, 98. Que chaque propriétaire supérieur peut user des eaux pour son avantage, sans être tenu à aucune indemnité, quand même il ferait du tort à autrui. 98, 99. Exceptions. 99, 100. Comment les riverains, même ceux qui possèdent les deux rives doivent user des eaux. 210 à 214. On ne peut avoir sur les eaux qu'un droit d'usage.

214 à 216, 232, 233. Que les particuliers peuvent faire des conventions à cet égard, sans préjudicier à l'intérêt général. 234 à 244:

Eaux minérales , thermales. Sont assujetties pour leur police à des règles particulières. 153. Les contestations entre l'Etat et une commune sur une question de propriété sont jugées par les Conseils de Préfecture. 154, 155. Seeùs d'une action possessoire et des contestations entre communes et particuliers. 155.

Eaux pluviales, vicinales. Voyez *Action possessoire, Eaux, Sources.*

ETANG. Ce que c'est, qui peut en former. 155. Aucune loi n'exige d'autorisation. Le projet de code rural n'en exige que dans un cas. 156. Obligations de ceux qui font des étangs. *Ibid.* à 159. Cas dans lesquels l'administration peut en ordonner la destruction. 157, 158. Le canal qui conduit l'eau à un étang n'est pas comme celui qui conduit l'eau à un moulin, censé appartenir au propriétaire de cet étang. 190. A moins qu'il ne soit prouvé qu'il a été construit de main d'homme pour l'usage exclusif de l'étang. *Ibid.* et 197. Voyez *Cours d'eau.*

F.

FONTAINE. Voyez *Communauté d'Habitans , Canal, Cours d'eau.*

FOSSÉS. Sont de trois sortes. 177. Et mitoyens. *Ibid.* Peuvent devenir la propriété exclusive d'un des riverains, et comment. *Ibid.* et 178, 179. Distinction à faire entre les deux riverains opposés et le propriétaire inférieur ou supérieur. *Ibid.* Voyez *Cours d'eau.*

G.

GRANDE VOIRIE. Voyez *Compétence, Conseils de Préfecture, Contraventions, Préfets.*

H.

HABITANS. Voyez *Communauté d'Habitans.*

I.

ILES, ILOTS, ATTÉRISSEMENS. Formés dans le lit des fleuves, rivières navigables et flottables, appartiennent à l'Etat, sauf titre ou prescription contraires. 48.

INDEMNITÉ. N'en est point dû à raison du lit d'une rivière rendue navigable, les particuliers conservant toujours la propriété de ce lit. 13, 14. L'indemnité doit être accordée dans tous les cas où un particulier est obligé de sacrifier sa propriété à l'utilité publique. 54. Voyez *Conseils de Préfecture, Rivières navigables, Source.*

IRRIGATION. Les riverains ont le droit de se servir des eaux à leur passage pour l'irrigation de leurs propriétés. 161, 162. Le riverain des deux côtés peut les détourner, à quelles conditions. *Ibid.* Celui qui n'est pas riverain ne peut se servir des eaux. 163.

J.

JOUR. Voyez *Action possessoire.*

L.

LAVOIR. Voyez *Servitude.*

M.

MARE. Voyez *Communauté d'Habitans.*

MARAIS. Faculté de les dessécher. 97 , 98. L'obligation peut même en être imposée au propriétaire du marais, sauf indemnité envers celui dont le terrain sert à faire un canal de desséchement, lorsqu'il n'est pas naturellement assujetti à recevoir les eaux. *Ibid.*

MITOYENNETÉ. Voyez *Cours d'eau , Fossé.*

MOULIN. *Sur les rivières navigables ou flottables.* Personne n'en peut établir sans autorisation du Gouvernement, 8. Formalités à remplir pour obtenir cette autorisation. 54, 55, 56 , 57. Lorsque la propriété d'un moulin est acquise à un particulier, il ne peut être supprimé que pour cause d'utilité publique , et moyennant indemnité. 33. Il n'en peut être établi sur les cours d'eau non navigables , sans autorisation administrative. 244 à 248. Formalités à remplir pour l'obtenir. 248. Les tiers peuvent former opposition et dans quels cas. *Ibid.* Quelle autorité doit en connaître. *Ibid.* Les autorisations de construire des usines avec droit de prise d'eau conférées par les ci-devant seigneurs , n'ont point été anéanties par les lois suppressives de la féodalité. 191 à 196. L'autorisation de construire un moulin ne préjudicie ni aux droits de propriété des tiers, ni à l'intérêt général. 249 à 251.

N.

NON USAGE. Voyez *Servitude.*

O.

OPPOSITION. Voyez *Moulin.*

(550)

OUVRAGES APPARENS. Voyez *Prescription, Travaux apparens*.

P.

PÊCHE. *Dans les rivières navigables* , les délits sont du ressort des tribunaux. Cas où ils sont du ressort des conseils de préfecture. 43 , 44. Le droit de pêche des particuliers est supprimé sans indemnité , et appartient à l'Etat, nonobstant tous titres et possessions contraires. 58 à 62. Il en est autrement de la pêche des rivières purement flottables. 62. Dans quel cas le fait de pêche peut donner lieu à complainte ou à l'action en réintégrande. 83. 84. 85. L'adjudicataire de la pêche peut intenter les deux actions , pourvu qu'il représente son bail. *Ibid.* Lorsqu'il y a difficulté sur le point de savoir si la masse d'eau dans laquelle la pêche a eu lieu est ou non affermée ; c'est aux tribunaux à prononcer. 82. Cas dans lequel il faut se pourvoir devant l'autorité administrative. 83. Autre cas dans lesquels il faut s'adresser aux tribunaux. 85 à 88. La pêche *dans les cours d'eau non navigables* appartenait autrefois aux seigneurs. 200. 201. Elle appartient maintenant aux riverains, à l'exclusion des communes. *Ibid.* et 202. 203. Elle ne peut être aliénée séparément du fonds, si ce n'est en faveur du riverain opposé. 203. 204. Peut-être affermée. *Ibid.* Quand le fait de pêche constitue un délit, par qui et devant qui il peut être poursuivi. 205 à 208.

PEINE. La loi du 29 floréal an 10 ne s'étant pas expliquée sur les peines applicables aux contraventions de grande voirie, il faut se conformer aux lois antérieures. 41. 42. 44. Voyez *Contravention*.

POLICE DES RIVIÈRES. Pour les rivières navigables

et flottables. Voyez ces mots et *Conseils de Préfecture*, *Préfets*, *Sous-Préfets*.

Des rivières non-navigables ni flottables, n'appartient pas aux conseils de préfecture. 286. 288 à 298. N'y ont aucun pouvoir de surveillance, de conservation ni de répression. 298 à 301. La police administrative en appartient uniquement aux préfets. 286 à 288. La répression des faits constituant délits ou contravention appartient aux tribunaux. Voyez *Contravention*.

POSSESSION. Voyez *Action possessoire*, *Prescription*.

PRÉFET. Sa compétence relativement aux rivières navigables et flottables, canaux, chemins de halage, etc. 20. 21. 22. 31. 32. Il décide si une rivière est navigable ou flottable. *Ibid.* et 12. Peut ordonner la construction de barrages pour éviter la déperdition des eaux. 24. 25. Doit fixer la hauteur des eaux des moulins et usines, sous les rapports du flottage, de la navigation, de l'intérêt des riverains, du passage des gués. 26. 29. Peut ordonner le rétablissement d'un puisard destiné à assainir la grande route. *Ibid.* Peut faire un nouveau règlement sur le cours d'une rivière et dans quels cas. 27. 44. Quoiqu'une ordonnance royale confirmative de l'avis du préfet ait autorisé la construction d'une usine, les tiers qui ne s'y sont pas d'abord opposés, et à la propriété desquels elle porte atteinte peuvent former opposition à l'ordonnance par voie de recours au Conseil d'Etat, comité contentieux. 27. 28. Le préfet peut ordonner la destruction d'une usine pour des motifs d'utilité publique régulièrement constatés. 30. Empêcher la continuation et ordonner la destruction de travaux d'usines construites, sans permission préalable. *Ibid.* 31. 32. De même, lorsque le concessionnaire a une autorisation nulle ou contestée, qu'il lui donne trop d'extension ou n'exécute pas les obligations qu'elle lui imposc. 33. 34. 35. 36. C'est au préfet à fixer la hauteur des eaux non navigables ni flottables. 221. 236. 243. Un préfet ne peut seul ordonner la démolition d'une usine que lorsqu'elle a été construite sans autorisation, et que la prescription n'est point acquise. 332.

PRÉFET DE POLICE. Voyez *Préfet et l'Appendice.*

PRESCRIPTION. Empêche le propriétaire de la source d'en changer le cours. 125. 135. Quelles conditions sont requises pour cette espèce de prescription. *Ibid.* à 140. 148. Il n'est pas toujours nécessaire que les travaux soient achevés pour faire courir la prescription et donner lieu à la complainte. 139. 140. Des propriétaires éloignés de la source peuvent avoir acquis la prescription, sans que les propriétaires intermédiaires l'aient acquise. L'existence d'ouvrages apparens pendant un an, suivie de l'écoulement de l'eau pendant le même temps, suffit pour autoriser la complainte, malgré la contestation élevée par le propriétaire supérieur. 140 à 143. La prescription empêche le propriétaire de la source d'en changer le cours, mais ne le prive pas du droit de l'employer à tous ses besoins. 144. Il n'y a pas lieu à doubler le temps de la prescription, lorsque la source est intermittente, ou qu'on n'en peut jouir que pendant une saison ou alternativement un mois ou une année. 146. 149. Voyez *Propriété.*

PRISE D'EAU. Les contestations y relatives sont de la compétence des tribunaux. Voyez *Source.* Peut être concédée par un riverain à celui qui ne l'est pas, sans nuire aux tiers. 168. Cas dans lesquels la prise d'eau devrait être maintenue quoique préjudiciable aux tiers. 169. 170.

PROPRIÉTÉ. Les questions de propriété sont du ressort des tribunaux. Les préfets qui ont le pouvoir de prendre toutes les mesures d'intérêt général nécessaires à la conservation des rivières, navigables et flottables, et accessoires doivent se borner là, et renvoyer à l'autorité judiciaire le jugement des questions de propriété. 21 à 31. Un établissement sur les cours d'eau non navigables peut former une propriété, ou par l'autorisation ou par la possession. 321 à 331.

PUITS. Chacun peut en creuser en se conformant aux règlemens. 159. A quelles conditions. *Ibid.* Il ne pourrait y être dérogé par des conventions particulières. 160.

PUISARD. Voyez *Préfet.*

Q.

QUESTION DE PROPRIÉTÉ. Voyez *Propriété.*
QUESTION PRÉJUDICIELLE. Voyez *Pêche.*

R.

RAVINS. Voyez *Eaux.*
RÈGLEMENT. *Sur les rivières navigables et flottables.* C'est au préfet qu'il appartient de le faire ; mais les contestations qu'il peut exciter entre particuliers sont de la compétence des tribunaux, s'il s'agit d'une question de propriété ou d'usage, et des conseils de préfecture, s'il s'agit d'un point d'intérêt général. 43.

Sur les cours d'eau non navigables ni flottables. Cas dans lesquels c'est au préfet de le faire. 217 à 219. Cas dans lesquels c'est aux tribunaux. 219. 231. L'exécution des règlemens entre particuliers appartient aux tribunaux. 249 à 256. Il ne peut être fait de changement dans un intérêt privé à un règlement arrêté par le préfet, contradictoirement avec les riverains. 251. Aucun règlement ne peut établir de peine non prononcée par la loi. 305 à 308. Quand les infractions aux règlemens d'eaux forment-ils des délits ou contraventions? *Ibid.* Voyez *Compétence* , *Conseils de préfecture* , *Préfet.*

RIVERAINS , RIVES. Les rives des fleuves et rivières navigables et flottables appartiennent aux riverains qui peuvent les garantir, entretenir et réparer. 47. 48. Un riverain, ne peut détourner le cours des eaux au préjudice des inférieurs. 175. 176. Les riverains ont entre eux une action pour faire réparer les entreprises commises par l'un au préjudice des autres. *Ibid.* Un riverain peut être autorisé à construire une usine dans sa partie mitoyenne d'un cours d'eau. 183. 184.

RIVIÈRES. Sont de trois sortes : ou navigables, ou seulement flottables, ou ni l'un ni l'autre. 3. 89.

Rivières navigables et flottables. Ce que c'est. 4. 5. 12. Font partie du domaine public. *Idid.* et 9. Nul n'en peut détourner l'eau , sans l'autorisation du Gouvernement. 6. 8. 19. 49. Les parties non navigables des rivières navigables ne font pas partie du domaine public. 14. 15. 16. 17. Mais le riverain n'en peut détourner le cours. *Ibid.* Les bras non navigables des rivières navigables appartiennent à l'Etat. 18. 19. Les rivières ne sont navigables que lorsqu'il y a acte administratif qui les déclare telles. 22. Leur police et leur conservation appartiennent aux préfets , sous-préfets et aux conseils de préfecture. 20. 22. 23. Voyez ces mots, *et autorité administrative , compétence.* Les riverains d'une rivière dont on veut changer ou élargir le lit, ont droit d'être entendus sur la mesure à prendre. 32. A plus forte raison, s'il y a lieu à expropriation pour cause d'utilité publique. *Ibid.* Il y a lieu dans ce cas au paiement d'une indemnité. *Ibid.* et 24. Quels droits les particuliers peuvent avoir sur les rivières navigables et flottables. 51 à 55. Dans quels cas peuvent-ils conserver ces droits. *Ibid.* Dans quels cas ne le peuvent-ils pas. *Ibid.* et 57 à 62.

S.

SEIGNEUR. Voyez *Moulin*, *Source*.

SERVITUDE. L'écoulement des eaux est une servitude naturelle. 90 , 91. Ce qui s'applique aux eaux pluviales comme aux autres. 92, 93. Si cet écoulement nuit au fonds inférieur , il n'y a lieu à aucune indemnité. *Ibid.* Servitude discontinue, donne lieu à l'action possessoire, lorsqu'il y a titre. 128 à 131. Un droit de lavoir et de trempage de peaux dans un cours d'eau non navigable n'est qu'une servitude discontinue. *Ibid.* Les servitudes naturelles et légales donnent lieu à la complainte parce que le titre est dans la loi. 132 à 135. L'obligation de ne pas détourner le cours d'une source est une servitude pour le propriétaire, il en est libéré par la disparition de cette source pendant 30 ans, s'il y a eu destruction des ouvrages. 144, 145, 146.

SOURCE. On appelle ainsi, non seulement le lieu où l'eau jaillit, mais encore le point d'où elle est dérivée. 77, 112. Le propriétaire d'une source peut en disposer à volonté. 111. Lors même qu'il l'aurait laissé couler de temps immémorial sur les héritages inférieurs. 112. 113. Ancienne jurisprudence. 114 à 121. Ce principe recevait son application lors même que le moulin avait été autorisé par le seigneur. *Ibid.* et 122. Il en est de même aujourd'hui, malgré l'autorisation administrative. 123. Exception en faveur des communautés d'habitans, et quand il y a titre ou prescription. 125 à 135. Et lorsque la source donne naissance à un fleuve ou une rivière navigable ou flottable. 150, 151. Et sans que le pro-

priétaire du fonds où elle jaillit puisse demander une indemnité. 151 à 153.

SOUS-PRÉFET. A dans son arrondissement la surveillance de police et de conservation des rivières navigables ou
flottables et accessoires. Peut prescrire provisoirement et sauf
recours au préfet, les mesures nécessaires pour faire cesser la
contravention. 21, 32.

T.

TITRE. Voyez *Servtiude*, *source*.

TORRENS. Voyez *Eaux*.

TRAVAUX APPARENS. Voyez *Ouvrage*, *Prescription*,
Source.

TRIBUNAUX. Ne peuvent connaître de la validité ni de
l'interprétation des actes administratifs. 34. Secùs de la validité et de l'interprétation d'actes privés et de toutes les questions de propriété qui s'y rattachent. 24, 38, 40. Sont compétens pour statuer sur les contraventions commises sur les
rivières navigables et flottables qui ne blessent que des intérêts privés. 63, 64, 65, 66, 67, 68. Voyez *Action*, *Compétence*.

U.

USAGE. Voyez *Cours d'eau*.

UTILITÈ PUBLIQUE. Quand existe-t-elle. 319 à 321.
Le Préfet ne peut ordonner pour ce motif la destruction d'un
moulin dont la propriété est certaine qu'avec les formalités
prescrites par la loi du 8 mars 1810. *Idid.* Et alors il y a
lieu à indemnité. *Ibid.* Voyez *Indemnité*, *Propriété*.

FIN DE LA TABLE.

www.ingramcontent.com/pod-product-compliance
Lightning Source LLC
LaVergne TN
LVHW011955170726
843503LV00001B/108